장애인복지론

Social Welfare for the Disabled

최기창, 박관영 공저

TRM 영림미디어

장애인복지론

첫째판 1쇄 인쇄 2014년 8월 18일
첫째판 1쇄 발행 2014년 8월 25일

지은이   최기창, 박관영

발행인   이혜미
디자인   최서예
발행처   (주)영림미디어
주소   (121-838)서울특별시 마포구 서교동 375-32 무해빌딩 2층
전화   (02)6395-0045 / **팩스** (02)6395-0046
등록   제2012-000356호(2012.11.1)

ISBN 979-11-85834-02-3
정 가 16,000원

머리말

21세기 사회복지는 전문화와 통합의 과정을 거치면서 변화된 형태의 사회복지와 세련된 서비스 전달체계를 요구하고 있다. 이를 위하여 우리나라는 2014년에 장애인차별금지 및 권리구제 등에 관한 법률을 개정하고, 발달장애인권리보장 및 지원에 관한 법률도 제정하였다.

이와 같은 법률제정으로 장애인에 대한 사회적 관심과 장애인을 위한 사회 · 제도적인 구조화가 이루어지고 있음은 반가운 일이다.

본서는 시민의 인식과 사회제도적 측면에서 장애인에게 더 이상 장애가 사회적 장애로까지 확산되지 않도록 하기 위한 여러 가지 제도와 이념들을 가급적 장애인의 입장에서 기술하고자 하였다.

이는 책을 읽은 독자의 마음이 좀 더 따뜻해졌으면 하는 저자의 심정이 담긴 것이기도 하다. 그래서 일부의 내용은 저자가 직접 경험한 장애인 문제를 바탕으로 저자의 주장을 담은 경우도 있고, 일부의 경우는 기존 이론과 법령을 정리하여 기술하기도 하였다.

따라서 본서는 장애인복지를 공부하는 학생뿐만 아니라 장애인 당사자에게도 일부 도움이 될 것으로 믿는다.

부디 독자는 이 책을 통하여 장애인에 대한 현대적 시각을 이해하고, 장애인을 위한 서비스, 그리고 법률적 권리 및 제도 등에 대한 충분한 이해를 통하여, 장애인을 위한 서비스가 보다 장애인 중심으로 한 발짝 더 다가가길 바란다.

마지막으로 본서를 집필하는데 함께 하여준 자립생활센터 등 장애인 관련 단체에 감사드리며, 즐거운 마음으로 출판을 허락해 준 (주)영림미디어 이혜미대표님께도 고마운 마음을 전한다.

저자 일동

목차

contents

제4장 정신적 장애

제5장 장애인복지의 변천과정

제6장 장애인복지정책

제7장 장애인관련 법률

제8장 장애인복지서비스 전달체계

제9장 장애인의 자립생활

제10장 장애인복지서비스 욕구 및 자원

제11장 장애인과 가족

제1절 장애인과 부모

제2절 장애 부모 상담

제3절 장애인 가족의 정서문제

제4절 장애자녀와 형제 관계

제12장 기타장애

제1절 인격장애

제2절 주의력결핍과잉행동장애

제3절 섭식장애

제13장 장애인복지의 전망과 과제

장애인은 없다
사람은 있다

제 1 장

장애의 개념
Social Welfare for the Disabled

사람이 장애일까 환경이 장애일까?

누가 사람일까? 온전히 볼 수 있고, 들을 수 있으며, 걸을 수 있고, 기억할 수 있는 사람만 사람일까? 혹시 걸을 수 없는 사람, 볼 수 없는 사람, 들을 수 없는 사람, 제대로 기억하고 행동하기 어려운 사람은 사람이 아닐까? 또 사람은 언제나 신체부위 즉, 눈이나 귀나, 다리나 손 등이 몸에 붙어 있어야 할까? 아니면 몸과 분리되어 떨어져 있어도 되는 걸까?

이런 질문들에 관련하여 현대에는 그 해답이 간단하다. 사람은 그냥 사람인 것이다. 사람은 그 손상과 상관이 없다. 즉, 사람은 볼 수도 있고 볼 수 없을 수도 있다. 들을 수 있기도 하고 들을 수 없기도 하다. 사람은 두 발로 걸을 수도 있고 걸을 수 없기도 하다. 또 기억하고 행동할 수도 있고 그렇지 못할 수도 있다. 그냥 사람인 것이다.

마찬가지로, 사람의 신체는 몸과 함께 붙어 있을 수도, 몸의 일부가 분리되어 떨어져 있을 수도 있는 것이다. 예를 들어 휠체어와 목발들이 그러하다. 또 시각장애인에게 보조견은 눈이 분리되어 있는 신체의 일부다.

우리는 근래 들어 정보화 혁명으로 두뇌에 있어야 할 기억을 자주 핸드폰에 의지한다. 제대로 암기하는 전화번호 등이 없다. 그냥 핸드폰 속에 있다고 말한다. 기억장치가 두뇌에 있지 않고 두뇌 밖 핸드폰에 있는 것이다.

비약하면 이 역시 몸과 분리되어 몸 밖에 있는 몸, 즉 핸드폰이 신체의 일부인 것이다.

사람은 그냥 사람이다. 이 '그냥 사람'이 활동하기에 불편하다면 사람에게 문제가 있어서가 아니라 사람에게 불편을 주는 환경이 문제인 것이다. 그래서 환경이 장애인 것이다.

제 1 절

장애의 의의

1. 장애의 개념

장애에 대한 정의는 그 관점에 따라 학자마다 다양하게 표현된다. 그러나 오늘날 가장 일반적으로 받아들여지는 장애의 정의는 세계보건기구(WHO: World Health Organization)가 제시한 ICIDH(International Classification of Impairments, Disabilities and Handicaps)-2의 장애개념이다.

ICIDH-2에서는 장애를 개인적 차원과 사회적 차원으로 구분하여 설명하면서, 장애에 대한 사회적 책임과 역할을 강조하고 있다. 이는 장애에 대한 사회적 인식이 시대에 따라 변화하고 있음을 시사하고 있다.

ICIDH-2에 의한 장애의 개념은 개인의 손상과 활동, 그리고 참여라는 차원을 바탕으로 출발한다. 개인적 요인과 환경적 요인의 상호작용으로 나타나는 문제들인 것이다.

즉, 장애는 신체기능 및 구조적 손상이 활동 제한을 수반하고(개인적 차원), 이러한 개인적 상황요인이 사회참여를 제한하게 되는 것(사회적 차원)이 문제인 것이다.

장애의 사전적 의미는 "어떤 사물의 진행을 가로막아 거치적거리게 하거나 충분히 기능을 하지 못하게 함. 또는 그런 일"을 뜻한다. 장애(障碍)를 한자(漢字)로 풀어보면 "장(障)"은 가로막다, 막다, 구멍으로 물건이 통하지 못하게 하다, 방어하다, 가리다의 뜻이며, "애(碍)"는 거리끼다, 가로막다, 방해하다, 한정하다의 뜻으로 사용된다.

우리나라에서의 장애인의 정의는 장애인복지법 제2조에서 "장애인이란 신체적

· 정신적 장애로 오랫동안 일상생활이나 사회생활에서 상당한 제약을 받는 자"로서 "대통령령이 정하는 장애의 종류 및 기준에 해당하는 자"를 의미한다.

정리하면, 장애는 신체기능 및 구조적 손상이 오랜 기간 또는 영구적으로 일상생활의 활동수행 능력을 제한하여, 사회참여를 자유롭지 못하게 하는 상태를 의미한다.

〈표 1-1〉은 장애의 개념을 요약한 것인데, 장애는 개인기능차원에서 신체의 일부가 상실되었거나 신체기능의 손상, 인지기능의 손상 등으로 인하여 이동활동이나 학습 및 직업활동, 일상적인 생활 활동 등에 제약이 있는 경우를 의미한다.

이와 같은 개념에 의하면 개인차원에서의 기능 상실이나 손상이 사회참여 차원에서의 사회적 참여에 아무런 제약이 없을 경우 장애로 보지 않을 수도 있는 것이다.

〈표 1-1〉 장애의 개념

개인 기능 차원		사회 참여 차원
신체 일부 상실	→	이동 활동
신체기능 손상		학습 및 직업 활동
인지기능 손상		일상적인 가정생활 활동

2. 장애인복지의 개념

장애인복지는 인간으로서의 장애인의 존엄한 가치를 인정하고 이를 실현하며, 이들의 행복한 삶을 지향하려는 실천적 활동으로 정의할 수 있다.

이와 같은 관점에서 장애인복지의 지향점은 다음과 같이 정리할 수 있을 것이다.

〈표 1-2〉는 장애인복지의 개념을 도표로 요약한 것이다. 이에 대하여 간단히 설명하면 다음과 같다.

<표 1-2> 장애인복지의 개념

<개인능력 향상>		<사회통합 지원>
기능재활훈련	←→	주 거
		소 득
		의 료
사회기술훈련	↑	고 용
		교 육
통합서비스제공	←→	사회통합 인식제고

1) 개인능력 향상

세계보건기구는 장애인복지를 의료적 · 사회적 · 교육적 · 직업적 서비스를 통합적으로 사용하여 개인을 훈련시키고 재훈련시켜 개인의 기능적 능력을 가능한한 최고의 수준으로 높이는 것으로 정의하였다.

즉, 장애인 개인의 기능과 능력을 향상시키기 위한 노력을 지속적으로 전개한다는 것이다. 이를 위하여 장애인의 추가적인 손상을 예방하고 잔존하고 있는 능력을 최대한 활용하여 적응력을 최대한 향상시키는 것이다. 이를 위한 장애인복지서비스는 통합적 · 지속적이어야 한다.

2) 사회통합 지원

장애인복지에서의 지향점은 장애인 개인능력 향상뿐만 아니라 사회통합이라는 궁극적인 목표에 두어야한다. 장애인이 사회구성원으로 살아갈 수 있도록 주거, 소득, 의료, 고용, 교육 등의 서비스를 제공해주는 것이 장애인복지의 올바른 방향인 것이다.

이와 같은 사회통합을 이룩하기 위해서는 장애인을 이해하고 배려하는 사회가 아니라, 장애인도 이 사회의 한 구성원으로 인정되고, 장애도 사회 환경의 일부라는 인식을 가지는 것이 중요하다. 이를 위한 실천적 활동들이 장애인복지이다.

제 2 절

장애개념의 변화

1. ICIDH-1의 장애개념

국제장애분류(International Classification of Impairments, Disabilities, and Handicaps) ICIDH-1에 의한 장애 분류에서의 장애개념은 기능이나 구조 손상의 기능장애(Impairments), 손상으로 인한 능력의 제약이나 결여의 능력장애(Disabilities), 기능장애와 능력장애로 야기된 사회적 불리(Handicaps)의 세 가지 차원에서 장애를 설명하고 있다. 이를 설명하면 다음과 같다.

1) 기능장애(Impairments)

기능장애는 사고나 질병과 같은 원인으로 인하여 신체의 구조적인 손실이나 비정상, 또는 정신적인 기능체계의 결손이나, 비정상의 상태가 일시적·영구적으로 나타난 상태를 의미한다. 즉, 신체구조의 장애로 인한 장애(결손, 비정상)가 밖으로 나타난 것이다. 이는 다분히 개인적 차원의 문제이다.

2) 능력장애(Disabilities)

능력장애는 앞의 기능장애의 결과로 나타난 개인의 활동수행능력의 저하와 상실이다. 즉, 기능장애에서 야기된 것으로 일상생활에서 활동을 수행하는 능력을 제약하게 만든 것이고 이 역시 장애인 개인적 차원의 문제인 것이다.

3) 사회적 불리(Handicaps)

사회적 불리는 기능장애와 능력장애에 대한 사회의 반응으로서의 사회적 불이익, 즉 정상적인 사회적 역할 수행에 있어서의 제약이나 방해를 받는 개인의 불이익을 말한다. 즉, 사회문화적 수용정도에 따라 정상적인 역할수행을 방해하는 개인에 대한 불이익이라 할 수 있는 것이다. 이는 개인적 차원의 문제가 아니라 사회적 차원의 문제인 것이다.

4) ICIDH-1 장애개념의 문제점

〈표 1-3〉은 ICIDH-1의 장애개념 및 문제점을 요약한 것이다. 〈표 1-3〉에서 보는 바와 같이 ICIDH-1에서는 장애인을 기능장애와 능력장애 그리고 사회적 불리로 정하고 있다. 이와 같은 ICIDH-1에서의 장애분류는 장애개념을 사람의 질병이나 이상의 수준을 넘어 사회적 차원의 접근이라는 의미있는 평가를 받을 수 있지만 문제점 역시 가지고 있었다.

즉, 기능장애를 정의하였으나 기능장애에 대한 설명이 미흡하다는 점, 능력 장애에 대한 정의를 하였으나 그 능력의 주체인 인간이 배제된 점, 사회적 불리에 대하여 개인의 손상이 반드시 사회적 불리를 가져올 것으로 보는 문제 등이다.

〈표 1-3〉 ICIDH-1 장애개념의 문제점

분류	차원	문제점
기능장애	개인차원	기능장애에 대한 설명 미흡
능력장애	개인차원	능력의 주체인 인간이 배제
사회적 불리	사회차원	개인의 손상이 결국 사회적 불리를 가져올 것이라는 가정

2. ICIDH-2의 장애개념

세계보건기구(WHO)는 1980년에 ICIDH-1 장애 개념을 제시하였지만, 위에서 언급한 문제점을 수정·보완하여, 1977년에 ICIDH-1을 수정하여 ICIDH-2를 제안하였다.

ICIDH-2에서는 손상, 활동, 참여의 세 가지 요소로 구분하여 장애를 설명하였다. 이에 대하여 설명하면 다음과 같다. 그리고 〈표 1-4〉는 ICIDH-2에서의 장애개념을 요약한 것이다.

〈표 1-4〉 ICIDH-2에 의한 장애개념

	손상 (Impairments)	활동 (Activities)	참여 (Participation)	상황요인 (Contextual Factors)
기능수준	신체 (신체의 부분)	개인 (전체로서의 개인)	사회 (사회와의 관계)	환경적 요인 (기능에 영향을 미치는 외적요인) 개인적 요인 (기능에 영향을 미치는 내적요인)
특징	신체기능 신체 구조	개인의 일상활동	상황에서의 관련	신체적 · 사회적 · 태도
긍정측면	기능적 · 구조적 통합	활동	참여	촉진 요소
부정측면	손상	활동 제한	참여 제한	장벽, 어려움

자료 : WHO(1997). *ICIDH-2:International Classification of Impairments, Activities and Participation. A Manual of Dimensions of Disablement and FUNctioning. Beta-1 Draft for Field Trials.* Geneva:Author.

1) 손상(Impairments)

손상은 신체 구조나 물리적 · 심리적 기능상의 상실이나 비정상을 말한다. 즉 신체기능 및 구조와 관련된 것으로 기능상의 제한, 기능을 수행하는 데 따르는 불능을 말한다. 이는 ICIDH-1에서의 장애개념에서 진일보 한 것으로 기능장애에 대한 설명을 보다 구체적으로 하고 있다. 그리고 손상에 대하여 기능수준과 특징, 긍정적 측면과 부정적 측면을 함께 고려하고 있다.

2) 활동(Activities)

활동은 ICIDH-1에서 정의한 능력장애의 단순한 행위를 넘어 일상의 과업에서 기대되는 개인의 통합된 활동을 말한다. 이러한 활동에 제한이 따르는 상태를 장애로 규정한다. 즉, ICIDH-1에서 정의한 능력에는 주체자인 사람이 배제되었으나 이제는 주체자인 인간을 중심으로 활동을 강조하고 있는 개념이다. 이역시 활동에 대하여 기능수준과 특징, 긍정적 측면과 부정적 측면을 함께 고려하고 있다.

3) 참여(Participation)

참여는 ICIDH-1에서의 사회적 불리와 연관된 개념으로 기존에는 기능장애나 능력장애로 인하여 사회적 불이익이 발생하는 개념으로 보았으나 이제는 상황의 맥락에서 개인의 참여를 촉진하거나 방해하는 사회적 반응을 담고 있다. 즉, 장애인에 대한 사회적 배려상황이 장애를 결정할 수도 있다는 개념이 된다.

결국, 손상과 활동이 개인적 차원에서 설명된다면, 참여는 개인과 지역사회 환경과의 상호작용에 의하여 결정된다고 볼 수 있다.

4) 상황요인(Contextual Factors)

상황요인은 장애개념에 새로이 도입된 개념으로서 개인이 처한 상황이나 사회적 상황에 따라 장애의 개념이 변화될 수 있음을 강조한 개념이다. 즉, 기능수준에 있어서도 환경적 요인(기능에 영향을 미치는 외적요인)에 따라 장애개념이 달라질 수 있으며, 개인적 요인(기능에 영향을 미치는 내적요인)도 장애개념에 영향을 미칠 수 있다는 것이다. 또한 특징에 있어서도 신체적·사회적·태도 측면이 장애개념에 영향을 미친다고 보고 있다. 긍정측면과 부정측면에서도 사회적으로 장벽이 없거나 사회적 인식이 개선될 경우 촉진요인으로 작용할 수 있으나 반대로 그렇지 못할 경우 장벽이나 어려움으로 남아 장애가 될 수 있다는 견해이다.

3. ICF에서의 장애개념

세계보건기구(WHO)에서는 장애개념 분류를 건강상태 중심의 단편적 정의에서 환경과의 상호작용을 통한 개념으로 확장하고자 하였다. 이를 위하여 세계보건기구에서는 2001년에 ICIDH-2에서 제시한 장애개념을 계승하면서, 개인의 장애와 질병을 영역별로 구분한 ICF(International Classification of Functioning)를 발표하였다.

ICF에서는 장애개념을 장애체계와 상황적 맥락을 강조하여 설명하고 있는데, 크게 두 영역 즉, 기능과 장애, 상황적 요인으로 나누었다. 이는 다음과 같다. ⟨표 1-5⟩는 ICF에 의한 장애개념을 요약한 것이다.

ICF의 장애개념은 개인 모델과 사회 모델의 통합을 시도하는 개념으로 평가할 수 있으며, 개인의 건강 및 질병은 상황요인과의 상호작용에 의하여 기능과 장애가 다르게 해석될 수 있음을 설명하고 있어 가장 진보적인 장애개념이라 할 수 있다.

⟨표 1-5⟩ ICF에 의한 장애 개념

구분	영역 1 : 기능과 장애		영역 2 : 상황요인	
구성요소	신체기능 및 구조	활동과 참여	환경요인	개별요인
영역	신체기능 신체 구조	생활영역 (과업, 행동 등)	기능과 장애에 영향을 미치는 외적 영향력	기능과 장애에 영향을 미치는 내적 영향력
구성물	신체기능의 변화 (생리학) 신체구조의 변화 (해부학)	표준 환경에서의 과제수행 능력 현재 환경에서의 과제수행 정도	물리적·사회적·인식적 측면에서 촉진 또는 방해하는 힘	개별 특성에 의한 영향
긍정측면	기능적·구조적 통합성	활동과 참여	촉진요소	해당 없음
	기능			
부정측면	손상	활동제한 및 참여제한	장벽/방해물	해당 없음
	장애			

자료:WHO(2001). *ICF:International Classification of FUNctioning, Disability and Health*. Geneva:Author.

1) 영역1: 기능과 장애

기능과 장애 영역은 신체기능 및 구조, 활동과 참여로 구성된다. 이 때 기능이 긍정적인 측면에서 활동과 참여가 가능하다면 장애로 보지 않을 수 있을 것이나, 부정적인 측면에서 활동과 참여가 힘들면 장애로 보는 것이다. 이를 설명하면 다음과 같다.

(1) 신체기능 및 구조

신체기능은 심리학적 기능을 포함하는 생리학적 기능, 신체구조는 신체의 내부 기관과 사지 및 구성요소를 포함하는 해부학적 부분을 뜻한다. 이 때 신체기능과 구조의 손상은 심각한 변형 또는 손실과 같은 경우를 말한다.

(2) 활동과 참여

활동은 과업 및 행동의 실행을 의미한다. 여기에서 활동제한은 활동수행에 있어서의 어려움을 뜻한다.

그리고 참여란 일상생활의 상황에 개입하는 것을 의미한다. 여기에서 참여제한은 일상생활의 상황에 개입 중에 발생하는 문제를 뜻한다.

2) 영역2: 상황요인

상황요인은 환경요인과 개별요인으로 구분된다. 이를 설명하면 다음과 같다.

(1) 환경요인

환경요인은 기능과 장애에 영향을 미치는 외부의 영향을 말하며, 개인에게 가장 가까운 환경부터 먼 환경 순으로 정리된다.

환경요인은 물리적·사회적·인지적 환경으로 구성되어 있으며, 장애에 대한 사회의 인식 그리고 편의시설 설치여부와 같은 요인 등이 이에 해당한다.

이들 환경은 개인의 일상활동 및 과업수행 능력, 그리고 신체기능 및 구조에 크게 영향을 미칠 수 있다.

(2) 개별요인

개별요인은 개인의 삶과 생활의 특정한 배경을 의미하는 것으로 성별, 연령, 종교, 인종, 생활양식 등과 같은 개인적 특성을 의미한다.

제 3 절

장애의 범주

1. 우리나라의 장애범주

1) 장애인 범주변화

장애범주를 정하는 문제는 그 나라의 장애정책과 제도, 재정적인 상황을 반영한 결과이다. 따라서 장애범주의 정도를 보면, 그 나라의 장애인복지 수준을 알수 있을 것이다. 〈표 1-6〉은 우리나라의 장애인 범주 변화 과정을 도표로 제시한 것이다.

우리나라의 경우, 1988년 11월 장애인등록사업이 전국적으로 확대 실시되었고, 1989년 장애인복지법에서 법적인 장애인을 지체장애, 시각장애, 청각장애, 언어장애, 정신지체의 5가지 범주로 한정하였다.

이후 2000년 장애인복지법 개정에 따라 지체장애에서 뇌병변장애가 분리되었으며, 발달장애와 정신장애가 추가되었고, 내부기관의 장애에 신장장애와 심장장애가 추가되어 10가지 범주로 확대되었다.

장애에 대한 패러다임의 변화와 함께 복지에 대한 사회적 관심이 높아지면서 2003년에는 안면장애, 장루·요루장애, 간장애, 호흡기장애, 간질장애가 추가되어

〈표 1-6〉 우리나라의 장애범주 변화

년도	장애범주	추가장애	장애명 변경
1989	지체장애, 시각장애, 청각장애, 언어장애, 정신지체		
2000	지체장애, 시각장애, 청각장애, 언어장애, 정신지체, 뇌병변장애, 심장장애, 신장장애, 발달장애, 정신장애	뇌병변장애, 심장장애, 신장장애, 발달장애, 정신장애	뇌변변장애를 지체장애에서 분리하여 별도 장애로 구분
2003	지체장애, 시각장애, 청각장애, 언어장애, 정신지체, 뇌병변장애, 심장장애, 신장장애, 발달장애, 정신장애, 안면장애, 장루·요루장애, 간장애, 호흡기장애, 간질장애	안면장애, 장루·요루장애, 간장애, 호흡기장애, 간질장애	
2007	지체장애, 시각장애, 청각장애, 언어장애, 지적장애, 뇌병변장애, 심장장애, 신장장애, 자폐성장애, 정신장애, 안면장애, 장루·요루장애, 간장애, 호흡기장애, 간질장애		정신지체→지적장애로, 발달장애→ 자폐성장애로 명칭변경

현재 우리나라의 장애범주는 15개 유형이다. 이후 2007년에 정신지체를 지적 장애로, 발달장애를 자폐성장애로 용어를 변경하였다.

하지만, 우리나라 장애인 범주는 선진국에 비하여 의학적 측면인 손상장애 개념 에 치우친 감이 없지 않다. 따라서 지속적인 장애범주의 확대·보완이 필요하다.

2) 우리나라의 장애인 범주 및 세 분류

〈표 1-7〉은 현재 우리나라의 장애인 범주 및 세 분류를 도표로 요약한 것이 다. 표에서 보는 바와 같이 우리나라의 장애인 범주는 신체적 장애와 정신적 장 애로 분류되며 신체적 장애에는 지체장애, 시각장애, 청각장애, 언어장애, 뇌병변 장애, 심장장애, 신장장애, 안면장애, 장루·요루장애, 간장애, 호흡기장애, 간질장 애 등이 해당하고, 정신적 장애에는 지적장애, 자폐성장애, 그리고 정신장애가 해 당한다.

<표 1-7> 장애인복지법에 따른 장애분류 및 장애범주

대분류	중분류	소 분 류	세 분 류
신체적 장애	외부 신체 기능 장애	지체장애	절단장애, 관절장애, 지체기능장애, 변형 등의 장애
		뇌병변장애	중추신경의 손상으로 인한 복합적인 장애
		시각장애	시력장애, 시야결손장애
		청각장애	청력장애, 평형기능장애
		언어장애	언어장애, 음성장애, 구어장애
		안면장애	안면부의 추상, 함몰, 비후 등 변형으로 인한 장애
	내부 기관 장애	신장장애	투석치료 중이거나 신장을 이식받은 경우
		심장장애	일상생활이 현저히 제한되는 심장기능 이상
		간장애	일상생활이 현저히 제한되는 만성중증의 간기능 이상
		호흡기장애	일상생활이 현저히 제한되는 만성중증의 호흡기기능 이상
		장루·요루장애	일상생활이 현저히 제한되는 장루·요루
		간질장애	일상생활이 현저히 제한되는 만성중증의 간질
정신적 장애		지적장애	지능지수가 70 이하인 경우
		정신장애	조현병(정신분열병), 분열정동장애, 양극성정동장애, 반복성우울장애
		자폐성장애	소아자폐 등 자폐성장애

자료: 장애인복지법(2013. 10. 31)

2. 외국의 장애범주

　장애인의 범주는 복지정책의 수립과 예산 편성 등에서 다양한 분야에 영향을 미친다. 따라서 장애범주를 채택함에 있어서 장애인구의 비율을 신중히 고려하여야 할 것이다.

　스웨덴의 경우 장애인의 수는 전 국민의 20.60%에 달한다. 우리나라가 4.59%인 점을 고려하면 4배를 넘는 수준이다. 이는 스웨덴이 건강상의 문제로 장애인이 많아서가 아니라 스웨덴의 경우는 장애인 범주의 폭을 상당부분 넓혔기 때문이다. 〈표 1-8〉은 나라별 장애범주 범위와 인구비율 등을 도표로 제시한 것이다.

〈표 1-8〉 나라별 장애범주 및 장애인구 비율

국가	장애인구비율(연도)	장 애 범 주
한국	4.59%(2005)	지체, 뇌병변, 시각, 청각, 언어, 안면, 신장, 심장, 간, 호흡기, 장루·요루, 간질, 지적, 정신, 자폐성
일본	4.70%(2000)	지체, 시각, 청각, 언어, 정신, 지적, 심장, 호흡기, 신장, 방관 및 직장, 소화기능
미국	19.30%(2000)	지체, 시각, 청각, 언어, 외형적 추형, 신경계, 근골격계, 감각기관, 정신질환, 자폐성, 정서, 학습, 알코올중독 생식기, 소화기, 비뇨기, 피부, 혈액·내분비계, 암, AIDS
스웨덴	20.60%(1997)	지체, 시각, 청각, 언어, 지적, 학습, 정신, 정서, 약물·알코올 중독, 폐질환, 심장질환, 알레르기, 당뇨, 의사소통이 어려운 외국이민자, 타인 의존자
호주	12.80%(1998)	지체, 시각, 청각, 언어, 추형, 지적장애, 정신, 정서, 알코올중독, 약물중독, 심장, 신장, 호흡기, 당뇨, 암, Aids
독일	10.20%(2003)	지체, 시각, 청각, 언어, 추형, 지적장애, 정신질환, 정서장애, 호흡기, 심장·순환기, 소화기, 비뇨기, 신장, 생식기, 신진대사, 혈관, 피부

　우리나라와 일본의 경우 장애인 인구 비율이 상대적으로 낮으며, 유럽 등 선진국가와 비교할 경우 장애인 인구비율과 장애 범주정의가 상당히 제한되어 있음을 알 수 있다.

제 4 절

장애관련 현황

1. 장애인구 및 출현율

우리나라의 장애유형별 장애인 출현율을 살펴보면 〈표 1-9〉와 같다. 표에서 보는 바와 같이 가장 출현율이 높은 장애유형은 지체장애로 약 130만명이었으며, 출현율은 2.72%인 것으로 나타났다. 다음은 뇌병변장애가 약 28만명으로 출현율은 0.59%이다. 그리고 시각장애가 약 24만 5천명, 청각장애가 약 24만명 순이었다.

2011년 장애인 수와 장애 출현율을 2005년 실태조사 결과와 비교해 보면, 장애인은 약 534,000명 정도 증가하였으며, 장애인 출현율은 1.02% 포인트가 증가하였다.

이처럼 장애인 수와 출현율이 증가한 것은 장애에 대한 인식개선, 장애인복지시책의 다양화 등으로 장애인 등록이 많아지고 있기 때문으로 보인다. 그리고 인구고령화 및 각종 사고의 증가, 만성질환 증가 등으로 인하여 장애발생률 자체도 높아지는 것으로 유추된다.

또한 재가장애인과 시설장애인을 합한 전체 장애인에 대한 출현율을 보면 〈표 1-10〉과 같다.

<표 1-9> 장애인 출현율의 변화추이

구분	2000년[1]		2005년[2]		2011년[3]	
	출현율	추정수	출현율	추정수	출현율	추정수
전체	3.09	1,449,496	4.59	2,148,686	5.61	2,683,477
지체장애	1.19	556,861	1.99	933,553	2.72	1,303,032
뇌병변장애	0.23	109,866	0.32	150,756	0.59	280,180
시각장애	0.35	163,309	0.42	198,456	0.51	245,917
청각장애	0.23	109,503	0.40	185,911	0.50	240,695
언어장애	0.03	12,956	0.02	10,538	0.04	17,010
지적장애	0.12	57,780	0.12	56,268	0.28	131,648
자폐성장애	0.01	4,626	0.01	3,212	0.01	5,880
정신장애	0.14	64,953	0.18	82,492	0.23	109,817
신장장애	0.05	21,685	0.06	29,720	0.10	48,741
심장장애	0.08	36,221	0.08	35,184	0.04	17,852
호흡기장애	-	-	0.05	23,484	0.04	17,068
간장애	-	-	0.02	9,975	0.02	8,314
안면장애	-	-	0.01	3,223	0.00	2,111
장루 · 요루장애	-	-	0.03	12,614	0.03	14,096
간질장애	-	-	0.02	11,235	0.02	9,895
중복장애	0.66	311,736	0.86	402,065	0.48	231,222

자료 : 보건복지부(2012). "2011 장애인실태조사보고서"

---

1) 시설장애인 포함

2) 시설장애인 포함

3) 2011년의 경우 재가장애인은 중복장애로 별도 선정하였으나, 시설장애인은 행복e음을 통해 파악하여 중복장애에 대한 정보가 없어 한 가지 장애만 가지고 있는 것으로 추정함

<표 1-10> 전국 장애인 출현율 (단위 : 명, %)

구분		재가장애인	시설장애인	전체
2011년	장애인수	2,611,126	72,351	2,683,477
	출현율	5.47	-	5.61
2005년	장애인수	2,101,057	47,629	2,148,686
	출현율	4.50	-	4.59
2000년	장애인수	1,398,177	51,319	1,449,496
	출현율	2.98	-	3.09

자료 : 보건복지부(2012). "2011 장애인실태조사보고서"

나를 위한 복지
개인 복지

너나를 위한 복지
사회복지

장애인복지의 이념

Social Welfare for the Disabled

장애인 / 노인 / 빈곤의 사회적 책임

가난한 사람들의 사회적 책임을 이야기 할 때, 일부는 "누가 가난하게 살라고 했나요?, 능력이 부족해서 가난하게 사는 걸 어쩌자는 거지요?" 라는 식의 반응을 하는 경우가 있다.

또한 노인에 대한 사회적 책임을 이야기 할 때도 비슷한 논리가 있다. "누가 노인이 되래요?, 자식은 뭐한대요?, 노인이 된 걸 어쩌자는 거지요?" 라는 식의 반응이다.

장애인의 경우도 마찬가지다. "누가 장애인 되라고 했나요?", "본인이 장애인이 된 걸 어쩌자는 거지요?"

여기에 대한 대답은 간명하다.

가난문제에 대하여는 "누군들 가난하고 싶어 가난하게 사나요?, 아무리 노력해도 가난하게 되는 사회문제는 어떡하지요?"

또 노인 문제에 대해서도 마찬가지로 유사하다. "누가 노인이 되고 싶어 노인이 되었나요?. 사회에서 작은 역할이라도 하다 보니 노인이 된 거 아닌가요?"

장애인의 경우 대답은 더욱 절실하다. "누가 장애인이 되고 싶어 장애인이 되었나요? 장애인인들 한번 있는 인생 멋지게 살고 싶은 마음이 없었을까요?"

이와 같은 질문에 대한 대답이 바로 빈곤/노인/장애인에 대한 사회적 책임을 강조하는 것이다.

가난한 사람에게 학자금을 지원하는 제도나, 노인에게 노인요양보호를 하고 연금을 지급하는 제도, 그리고 장애인을 위해 활동보조를 하고 연급을 지급하는 것이 바로 사회적 책임을 다 하려는 노력인 것이다.

제 1 절

장애인복지의 이념

장애인복지는 장애인이 사회에서 사회구성원으로 살면서 제대로 역할을 수행하고 행복한 삶을 살아가도록 지원하기 위하여 장애와 장애로 인하여 파생될 수 있는 여러 가지 문제들을 해결하는 과정이다.

이와 같은 장애인복지를 실현하기 위한 이념은 인권존중, 정상화, 사회통합, 자립생활, 사회책임 등으로 구분하여 볼 수 있다. 〈표 2-1〉은 장애인복지의 이념을 도표로 요약한 것이다.

〈표 2-1〉 장애인복지의 이념

이 념	내 용
인권존중	장애인을 사회의 구성원으로 인정하고 존중받으며 주체적 삶을 살 수 있도록 하는 인권존중에 대한 구성원의 정서적 합의 필요
정상화	장애인이 지역사회의 한 구성원으로서 보통의 생활환경 속에서 다른 구성원들과 마찬가지로 일상생활을 할 수 있도록 정신적·물리적·문화적 환경을 이루어 가는 것임
사회통합	장애인이 사회구성원으로서 역할을 수행하며 살아가도록 하는 것으로 장애인을 지류(支流)가 아니라 본류(本流)로 생각하여야 한다는 이념
자립생활	장애인이 시설중심에서 지역사회중심으로 전환되면서 장애인 스스로 자신의 삶에 책임을 지고 결정하고 선택하며, 능동적이고 주체적인 삶의 살 수 있도록 하는 이념
사회책임	장애를 개인의 범위를 넘어 사회의 문제로 인식하고 사회와 구성원 모두가 극복하고 해결해야 할 문제로 보아야 한다는 이념

1. 인권존중

장애는 인구사회학적 분류 중 어느 부류로 구분되어야 할까? 인구사회학적 분류에서는 일반적으로 남자와 여자 또는 아동, 청소년, 성인, 노인으로 분류하기도 하고, 외국인과 내국인 등의 형태로 분류한다.

장애인은 위에서 언급한 모든 부류의 하위체계에 속할 수 있다. 결국 장애인이라고 하였을 때, 그가 남자 혹은 여자인지, 외국인 혹은 내국인인지, 아동 또는 성인인지의 부가적인 설명이 없으면 어느 부류에 속하는지를 알 수가 없다.

따라서 장애인을 장애라는 특성에 초점을 맞추지 않고 한 인간으로 바라보는 시각이, 인간으로서의 존엄성을 지켜주는 출발점일 것이다. 장애인복지법 제4조에서는 "장애인은 인간으로서의 존엄과 가치를 존중받으며, 이에 상응하는 처우를 받는다. 장애인은 국가, 사회의 구성원으로서 정치, 경제, 사회, 문화, 기타 모든 분야의 활동에 참여할 권리가 있다."고 규정하고 있다.

하지만 법률과 현실의 큰 장벽을 고려하면, 이러한 선언적 법률보다는 장애인이 구성원으로서 존중받으며 주체적 삶을 살 수 있는 구성원들의 정서적 합의가 요구된다. 이를 위한 노력이 바로 장애인복지의 이념인 것이다.

따라서 인권의 보편적 보장의 당위성에 따라 「헌법」 제34조 제5항4)에 의한 장애인권리의 보호·보장은 당연한 것이다(위계출, 2012).

2. 정상화

정상화는 장애인이 지역사회의 한 구성원으로서 보통의 생활환경 속에서 다른 구성원들과 마찬가지로 일상생활을 할 수 있도록 정신적·물리적·문화적 환경을 조성해 가는 것이다.

따라서 정상화는 기본적으로 장애인의 인권옹호와 평등한 사회관계의 실현을

---

4) 신체장애자 및 질병, 노령 기타의 사유로 생활능력이 없는 국민은 법률이 정하는 바에 의하여 국가의 보호를 받는다.

지향하며, 장애인이 인간으로서의 존엄성을 보장받는 시민으로서 생활해나가기 위한 철학적 기반의 실현을 지향한다(위계출, 2012).

이는 장애인복지에서 지향하는 사회통합과 밀접한 관련이 있는 중요한 이념이다. 이와 유사한 이념으로 탈시설화가 있는데 탈시설화는 선진복지국가들이 1940년대부터 복지국가의 기틀을 마련하던 중, 1970년대부터 시설수용의 비인도주의를 비판하며 출발하였다. 탈시설화와 정상화는 유사한 개념이지만 탈시설화는 비인도주의적인 문제에 초점을 둔 반면, 정상화는 장애인의 사회통합을 강조하였다는 점에서 차이가 있다.

또 탈시설화는 복지비용 절감을 위한 목적도 있었다. 현재 장애인복지는 패러다임의 변화로 시설중심에서 지역사회로, 대규모 시설보호에서 소규모 시설보호로의 변화가 이루어지고 있다. 이는 단순히 복지예산의 축소라는 측면에서 살펴볼 문제가 아니다. 오히려 장애인의 정상적인 성장과 발달을 위한 다양한 경험의 기회제공과 지역사회자원에 대한 선택의 자유, 사회통합의 과정으로 이해하여야 한다. 또한 정상화를 통하여 장애인의 사회통합을 이루기 위해서는 오히려 시설보호에 투입되는 재정투입보다 사회통합을 위한 재정투입을 확대할 필요가 있다. 이와 같은 이념이 바로 정상화의 이념인 것이다.

3. 사회통합

사회통합은 장애인이 사회구성원으로서의 역할을 수행하며 살아가는 것을 말한다. 사회통합은 사회통합의 주체에 따라서 개인주도형 사회통합, 사회주도형 사회통합, 보완적 사회통합으로 구분할 수 있다. 〈표 2-2〉는 이를 요약한 표이다. 이를 설명하면 다음과 같다.

<표 2-2> 사회통합 유형

유형	내용
개인주도형	정상화 과정에서 장애인이 스스로 사회의 구성원으로서 역할하기 위해 사회환경에 적응하며 살아가는 경우
사회주도형	장애인의 사회통합을 사회구조에 의해서 실현되도록 사회환경과 제도를 마련하는 것
상호보완형	개인과 사회의 상호작용에 의한 보완적 관계에서 사회통합이 진행되는 것

1) 개인주도형 사회통합

개인주도형 사회통합은 정상화 과정에서 장애인이 스스로 사회의 구성원으로서 역할하기 위해 사회환경에 적응하며 살아가는 경우이다. 가장 이상적이라 할 수 있겠으나 모든 장애인이 개인주도형의 형태로 사회통합되기는 어려울 것이다.

2) 사회주도형 사회통합

사회주도형 사회통합은 장애인의 사회통합을 사회구조에 의해서 실현되도록 사회환경과 제도를 마련하는 것을 의미한다.

3) 상호보완형 사회통합

상호보완형 사회통합은 개인과 사회가 상호 간의 요구를 절충·보완하는 상호작용에 의한 보완적 관계에서 사회통합이 진행되는 것을 말한다.

4) 사회통합을 위한 전제

장애인이 몸담고 있는 사회의 문화와 정서가 장애인을 받아들이지 않으면 사회통합의 의미는 없다. 어린아이가 가정과 학교, 지역사회에서 적응하고 살아가기 위해서는 그 사회가 필요로 하는 지식과 기술 등을 배우게 되는데 이를 사회화라고 한다.

이러한 사회화 과정에서 장애인에 대한 편협한 인식을 버리고 올바른 개념이 전수되어질 때, 사회통합이 실현된다고 볼 수 있다. 이러한 측면에서 사회통합을 위해 주의해야 할 점을 살펴보면 다음과 같다.

첫째, 가능한 한 빠른 시기에 장애에 대한 간접경험과 접근이 필요하다. 어린 아이의 인지 및 사고의 틀이 굳어지기 전에 또는 사회화의 과정 초기에 장애에 대한 경험을 통하여 장애를 올바르게 이해하도록 하여야 할 것이다.

둘째, 장애에 대한 기성세대의 인식을 이후세대들에게 강요하지 말아야 한다. 어린아이가 장애에 대한 경험을 통하여 스스로 정의(定義)를 내리도록 도와주어야 한다.

셋째, 장애인이 참여할 수 있는 다양한 장(場)을 마련해주어야 한다. 교육, 직업, 여가 등 다양한 분야에서 활동할 수 있도록 기회를 제공하고, 그 활동이 자유로울 수 있도록 물리적 환경을 마련해 주어야 한다.

최근에 장애인복지 정책의 방향이 개인에서 사회통합으로 변화하면서 장애인이 참여할 수 있는 프로그램이 많이 개설되었으나, 단순한 장애인 참여 위주의 프로그램으로 진정한 사회통합을 실현하기에는 문제가 있다. 장애인을 위한 장애인만이 참여하는 사회적 환경 조성보다는 사회가 장애인을 포함하여 전체 사회 구성원과 장애인이 함께 어우러질 수 있도록 하여야 한다(한상일, 2012).

4. 자립생활

장애인을 재활패러다임[5]으로 바라볼 경우, 장애는 장애인이 극복해야 할 과제이며, 개인이 변화해야 할 문제였다. 그리고 의사, 물리치료사, 작업치료사, 직업

---

5) 재활패러다임에 대한 설명은 이후 장을 달리하여 설명할 예정이다.

재활상담사 등의 의료적 접근을 통하여 문제를 해결하여야하였다.

이 때 재활의 목표는 최대한 신체적 기능을 회복하여 사회활동에 적응하는 것 이었다. 이러한 재활패러다임의 관점은 장애 이전의 신체적 기능을 회복하기 위 한 노력이었다(과거지향적 노력).

반면에 자립패러다임은 현재의 장애 상태에서 어떻게 사회와 상호작용할 것인 지에 대하여 고민하는 노력이다(미래지향적 반응).

즉, 재활패러다임은 신체적 손상이나 결함, 작업기술의 부족과 미숙을 해결해 야 할 문제로 보는 것이라면, 자립생활패러다임에서는 그 개인이 처한 환경이나 여건 그리고 재활해 나가는 과정상에 문제가 있다고 보며, 환경이나 구조의 개 선으로 자립생활이 가능해진다는 것이다(윤순이, 2010).

이와 같은 자립생활 이념은 장애인의 생활이 시설중심의 보호에서 지역사회로 전환되면서 시작되었다. 장애인이 보호의 대상 또는 통제의 대상이 아니라 스스 로가 자신의 삶에 책임을 지고 결정하고 선택하면서, 능동적이고 주체적인 삶의 형태를 지니는 것이다.

<표 2-3> 재활패러다임과 자립패러다임간 이념 변화

재활 패러다임이념		자립 패러다임이념
장애극복		현재의 장애상태 인정
개인차원 (개인의 불행, 장애 기능향상)	→	사회차원 (사회적 책임, 사회적 상호작용)
과거지향적 (이전 상태로 돌아가는 것)		미래지향적 (현 상태에서의 사회적응 노력)
시설중심 사고		지역사회중심사고

또한 자립생활센터는 장애인 개인의 목적과 생활방식을 스스로 선택하도록 하 면서 전문가들에게 빼앗긴 지배권과 선택권을 이용자들에게 찾아주고자 한 것이 다. 이 점에 있어서 재활과 자립은 근본적인 차이를 들어낸다(윤재영, 2010).

<표 2-3>은 재활패러다임과 자립패러다임 간 이념변화를 간단히 표시한 것이다.

5. 사회책임

　사회복지의 대상자가 전 국민으로 확장되고 있는 이 시대에 더 이상 장애문제를 개인의 불행이라거나 개인이 해결해야 할 문제로 보는 시대는 지나갔다.

　장애를 개인의 범위를 넘어 사회의 문제로 인식하고 사회와 구성원 모두가 극복하고 해결해야 할 문제로 인식되어야 한다.

　사회복지의 역사를 돌이켜 보더라도 빈곤의 책임이 개인에게 있다고 인식하여 자선을 통한 구제활동이 전개되었고, 이후에 빈곤을 벗어나기 위한 환경과 제도개선의 노력이 있었다. 또한 산업화와 현대화 과정을 거치면서 빈곤, 장애, 실업 등이 사회의 구조적인 문제로 인식되면서 국가책임론을 주장하게 되었다. 이와 같은 이념이 바로 사회책임의 이념인 것이다.

제 2 절

장애인복지의 이념 변화

　장애인복지의 이념변화를 산업사회와 정보화 사회로 구분하여 설명하면 다음과 같다. 〈표 2-4〉는 이를 요약한 것이다.

1. 산업사회에서의 장애인복지

　정보화 사회 이전 산업사회에서 장애인복지를 바라보는 시각은 생산성을 강조하는 산업화 과정에서 보는 시각이었다.

　따라서 당시에는 인간을 생산성 보유 여부에 따라 정상과 비정상의 이분법적 기준으로 판단하여, 생산력을 가지고 있지 못하면 산업사회에 적합하지 못한 비정상의 사람 즉 장애인으로 분류되었던 것이다. 이와 같은 관점들은 장애인에 대해 부정적인 시각을 갖도록 만들었다.

　또한 장애인을 보호하고, 범죄시하고, 비인간화하는 장애에 대한 고정관념이 장애인에 대한 사회적 태도를 부정적으로 만들었다(신유리, 2011).

　그 결과, 일반인들은 장애인을 사회의 주류적 부류로 인정하지 않게 되었다. 그리고 철저하게 실용주의에 입각한 사고를 하게 되었다. 즉, 인간의 생활에 도움이 되는 것이라면 모든 것이 선(善)이었으며, 이런 생각이 사람에게도 적용되었다. 그리하여 인간도 하나의 기계처럼 생산성의 도구로 만들어 버렸다.

　이 당시 사람에 대한 인식은 사회에 도움이 될 수 있는 사람만이 인간으로서의 가치를 지니고 있다고 본 것이다.

〈표 2-4〉 장애인복지의 이념변화

이념	산업사회	정보화 사회
사람	표준에 맞는 사람	인간의 다양성 인정
철학적 사조	실용주의	실존주의
장애인	표준에 합당하지 못한 사람(비주류)	한 사람의 인간(주류)
가치	인간 생활에 도움이 되는 것이라면 선(善)이다.	인간 생활에 도움이 되는 것이라 하여 반드시 선(善)인 것은 아니다.

2. 정보화 사회에서의 장애인복지

정보화 사회를 맞아 장애인복지를 바라보는 시각은 생산성을 강조하는 것이 아니라 인간의 존엄성을 강조하는 시각으로 변화되기 시작하였다.

따라서 정보화시대에는 인간을 정상과 비정상으로 구분하지 않고, 인간 자체를 존엄한 가치로 보는 관점으로 장애인을 바라보게 되었다.

기존의 장애인에 대해 부정적인 시각을 갖도록 만들었던 생산성 중심의 장애인에 대한 인식도 변화하기 시작하였다.

그 결과, 사회에서는 장애인을 사회에서의 주류(主流)에 포함시키기 시작하였으며 장애인의 삶의 질을 강조하게 되었다. 그리고 철저하였던 기존의 실용주의에서 실존주의에 입각하여 인생을 뒤돌아보게 되었다.

실존주의는 절대성보다는 상대성이 강조되기 때문에 사람들은 자신의 세계를 획일화된 틀이 아닌 각각의 다른 방식으로 만들 수 있다고 강조한다(홍푸르메, 2013).

즉, 인간의 생활에 도움이 된다하여 모든 것이 선(善)이라는 생각을 버리게 되었다. 인간을 기계의 부품처럼 사용하는 것을 비판하고 각자의 삶의 질을 생각하게 되었다.

결국 사람에 대한 인식은 사회에 도움이 될 수 있는 사람만이 인간으로서의 가치를 지닌다는 생각을 버리고 타인의 생각이나 행동도 남다른 생각으로 인정하게 되었다.

제 3 절

장애인에 대한 관점

장애인에 대한 관점이란 장애인을 어떻게 보는가에 대한 철학적 사고이다. 이는 보통 의료재활, 심리재활, 역할이론, 사회환경 관점으로 구분하여 볼 수 있다. 이를 설명하면 다음과 같다. 〈표 2-5〉는 이를 요약한 것이다.

〈표 2-5〉 분야별 장애인복지의 관점

분야	관점 및 주장
의료재활	장애인 환자가 재활에 성공하기 위해서는 전문가가 제시한 치료체계를 잘 순응하고 동조하여야 가능하다. 그 이유는 장애 자체가 문제의 원인이므로 그 장애를 조속히 회복하거나 치료하는 것이 해결책이기 때문이다.
심리재활	장애인 재활에서 중요한 요인은 동기결여문제를 해결하여야하는데, 이 때 재활동기 발휘에 저해되는 장벽을 제거해 주어야 한다. 또한 바람직한 행동의 습득을 위해 노력하여야 한다.
역할이론	장애인은 의존적인 장애상태가 지속되어 자주적인 대처능력이 약화되고, 사회적으로 모든 면에서 책임성을 경감받으려고 한다.
사회환경	- 장애로 인하여 발생되는 대부분의 문제는 장애 개인의 내적측면에 속한 것이라기보다는 장애인이 속한 사회환경(생활환경) 또는 그러한 환경들과의 부적절한 상호작용에서 기인된 것이다. - 장애인의 사회참여와 통합을 위해서는 적절한 사회환경 조성과 장애에 대한 사회의 편견, 근거 없는 차별 등의 문제를 해결하여야한다.

1. 의료재활 관점

의료재활의 관점에서 보았을 때 장애는 장애인이 사회로 통합되지 못하는 가장 주된 이유가 된다. 의료재활은 장애를 제거할 목적으로 또는 장애의 심각한 정도를 낮추기 위해서 개입하는 것이다(윤순이, 2010).

따라서 의료재활 관점에서는 장애 그 자체에 초점을 둔다. 즉, 장애인을 환자로 보고 이 환자가 재활에 성공하기 위해서는 전문가가 제시한 치료체계를 잘 순응하고 동조하여야 가능하다고 본다. 그 이유는 장애 자체가 문제의 원인이므로 그 장애를 조속히 회복하거나 치료하는 것이 해결책이기 때문이다.

이와 같은 관점은 장애인의 장애치료에 초점을 맞춘 나머지 장애가 고착화된 장애인에게 도움을 줄 수 없다는 문제점을 낳게 되었다.

2. 심리재활 관점

의료재활 관점에 문제가 있음을 알게 된 이후, 학자들은 그 문제가 어디에서 발생하였는가를 탐색하게 되었다. 그 결과 심리적인 문제가 장애인의 재활에 영향을 미치는 요인이 아닌가 의심하게 되었다.

1) 정신분석이론에 의한 심리재활

심리재활 관점에서는 기본적으로 장애인이 지닌 장애에 중심을 두고 재활치료에 역점을 두지만 이를 위해서는 개인의 동기가 중요하다고 보았다. 즉, 정신분석학 입장에서 장애를 바라본 것이다.

장애로 인한 물리적인 불편함은 치료 및 재활과정에서 스스로의 노력 정도에 따라 일정부분 회복할 수 있으나 장애인의 심리적인 위축과 소외는 스스로 극복하기 어려운 부분이다(한상일, 2012).

따라서 심리재활 관점에서는 장애인의 재활을 위해서 가장 필요한 것은 장애인 본인이 장애를 극복하고 재활하겠다는 의지 즉, 동기부여가 가장 중요하다고 보았다.

이와 같은 심리재활 측면에서 장애인을 바라볼 경우, 장애인은 재활치료에 들어가기 전에 장애를 극복하기 위한 동기를 충분히 부여받아야 할 대상인 것이다.

2) 행동주의에 의한 심리재활

심리재활 관점과는 다르게 행동주의에 의한 장애인 심리재활은 그 차원을 달리한다. 장애인은 장애로 인하여 제한된 환경을 지니게 되고 이로 인하여 부적응행동을 보이며, 새로운 학습과정을 제한 받게 된다는 것이다.

행동주의에 의한 심리재활 접근은 개인의 행동과 환경의 결과에서 일어나는 끊임없는 상호 작용을 강조하고 이를 통해서 자기 지시적 행동변화를 추구한다 (이미선, 2010).

따라서 장애인의 재활을 돕기 위해서는 바람직한 행동은 증가시키고 바람직하지 못한 행동을 줄이려는 전문가의 개입이 필요하다고 하였다.

3. 역할이론 관점

역할이론 관점에서는 장애인의 기능을 분석하는 것으로 기능주의 이론에 입각한 생각이다. 즉, 장애인이 왜 장애인처럼 행동하는가에 대한 질문을 던지고, 그, 해답은 장애인이 장애를 입고 재활을 위한 치료에 들어가게 되면 장애인이 타인에게 또는 환경에게 의존적인 생각을 지닌다고 본다.

예를 들어, 기능주의 입장에서 보면, 산업사회에서 서비스업으로의 이동과 급속한 기술의 발달은 고급기술 노동력을 요구하게 되고, 직업능력이나 운동수단의 문제, 낮은 급여직종에서의 종사는 더 이상 시장경제로부터 경제적 지원을 충족시키기 어렵게 만들었다. 따라서 적은 액수의 복지급여라도 이에 이끌리는 사람들이 증가하게 되었고, 그들의 생활에 필요한 급여를 정부에 의존하게 된다는 것이다(정진경, 2004).

이처럼, 장애인도 장애인 스스로가 병자역할에 충실하려 한다는 것이다. 그 결과로 의존상태가 되고 이 상태가 고착화되면 기능적으로 의존적인 사람이 되어 대처능력이 떨어진다고 보았다.

이와 같은 역할이론에 의할 경우 장애인 스스로 인식을 개선하여, 장애인 스스로 병자 역할에 충실한 의존적인 상태에서 벗어나 자기주도적인 역할을 할 수 있도록 도와야 하는 것이다.

4. 사회 환경 관점

사회 환경 관점은 환경이론에 의한 것으로 장애인이 장애로 인하여 발생되는 대부분의 문제는 장애인 개인의 내적측면에 있는 것이 아니라, 이들이 생활할 수 있는 환경을 제공하여 주지 못한데 있다고 보고 있다. 따라서 장애인이 일반적인 생활을 할 수 있는 여건을 마련하여주기 위해서는 장애인이 속한 사회환경 (생활환경) 또는 그러한 환경들과의 부적절한 상호작용을 조정해 주어야 한다.

또한 사회학적 관점에서도 장애인의 사회참여를 유도하고 통합을 이루기 위해서는 개인의 심리적 지원을 통한 개인적 노력과 더불어, 적절한 사회환경 즉, 장애인 개개인의 생활환경에 존재하는 부적절한 환경이나 사회적 편견, 근거 없는 차별 등의 문제가 해결되어야 할 것이다.

현재 사회적 모델은 장애를 사회구조적이고 환경적 장벽과 제한관계로만 설명하는 것에서 탈피하여 문화적 표상과 의미, 언어의 문제를 고려해야 한다는 논의들이 계속되고 있다(신유리, 2011).

예쁜 내 얼굴

내 손으로
온전히
씻을 수 있어 행복하다

제 3 장
신체적 장애
Social Welfare for the Disabled

장애인보장구는 몸이다

　과학발달과 더불어 장애인을 위한 보장구도 많은 발전을 이룩하였다. 원시적으로 사용되던 목발부터 시작하여 전동휠체어에 이르기까지 그리고 엘리베이터가 없는 건물의 계단을 오르내리는 휠체어가 개발되기까지 장애인보장구는 더욱 많은 발전을 이룰 것이다.

　장애인보장구는 몸이다. 2014년 7월 우리나라 대법원은 '의족'을 한 근로자가 일을 하다가 의족이 파손된 경우도 부상을 입은 것으로 '업무상 재해'에 해당한다고 판결했다.

　이는 장애인의 보조기기를 단순한 도구가 아닌 신체의 일부로 인정해 준 대단히 귀중한 판례다. 장애인복지에서는 당연한 것이지만 일반인들에게는 "장애인보장구가 과연 몸일까?" 하는 의심을 하고 있었다. 아직까지 사회적 인식이 거기까지 미치지 못한 것이다.

　장애인보장구와 관련하여 우리 시민의 의식은 달라져야한다. 시각장애인보조견이 시각장애인의 눈이라는 인식, 휠체어를 사용하는 장애인에게 휠체어는 다리라는 인식을 가져야한다.

　이와 같이 장애인보장구가 장애인의 몸이라면 장애인에게 도움을 제공하는 방법도 새로이 생각할 필요가 있다. 땀을 흘리며 열심히 휠체어를 굴리고 있는 장애인을 보면 밀어주고 싶다는 생각이 든다. 이때 그냥 밀어주면 되는 걸까? 아니면 "밀어드려도 되나요?"와 같이 양해를 구하고 밀어주는 것이 합당할까? 보장구가 신체의 일부라는 가정에서 생각을 한다면 대답은 아주 간단하다.

제 1 절

외부 신체장애

1. 지체장애

1) 정의

　지체장애는 지체부자유의 상태로 질병이나 외상 등으로 몸통과 사지에 영구적인 운동기능 및 감각장애를 갖게 되는 것을 말한다. 장애인복지법 시행령(2014. 6. 30. 개정)에 의한 지체장애인 대상은 다음과 같다.

- 한 팔, 한 다리 또는 몸통의 기능에 영속적인 장애가 있는 사람
- 한 손의 엄지손가락을 지골(指骨：손가락뼈)관절 이상의 부위에서 잃은 사람 또는 한 손의 둘째손가락을 포함한 두 개 이상의 손가락을 모두 제1지골 관절 이상의 부위에서 잃은 사람
- 한 다리를 리스프랑(Lisfranc：발등뼈와 발목을 이어주는)관절 이상의 부위에서 잃은 사람
- 두 발의 발가락을 모두 잃은 사람
- 한 손의 엄지손가락 기능을 잃은 사람 또는 한 손의 둘째손가락을 포함한 손가락 두 개 이상의 기능을 잃은 사람
- 왜소증으로 키가 심하게 작거나 척추에 현저한 변형 또는 기형이 있는 사람
- 지체(肢體)에 위 각 목의 어느 하나에 해당하는 장애정도로 이상의 장애가 있다고 인정되는 사람

2) 원인

지체장애의 원인은 선천적 원인과 후천적 원인으로 나누어 살펴볼 수 있는데, 선천적 원인은 장애가 출산 전의 유전적 결함 또는 출산 시 바이러스 감염에 의한 것이며, 대표적으로는 유전, 염색체 이상, 대사장애, 임신 중 흡연 및 음주, 약물복용, 방사능 누출, 매독, 풍진, 난산, 조산, 혈액형 부조화, 고령임신 등으로 다양하다. 하지만 정확한 선천적 원인을 찾지 못하는 경우도 많으며, 각종 질환에 의한 신경계 손상, 교통사고, 산업재해, 당뇨병, 관절염, 혈액순환장애 등의 사고나 질병에 의한 후천적 원인으로 신체적 결함을 갖게 되는 경우도 있다.

3) 지체장애의 유형

지체장애의 유형은 절단, 관절장애, 기능장애, 변형이 있다. 〈표 3-1〉은 이를 요약한 것이다.

〈표 3-1〉 지체장애의 유형

유 형		설 명
절단	상지절단	상지나 하지의 일부분을 잃어버린 상태
	하지절단	
관절장애	상지관절	관절이상으로 관절운동범위가 제한되거나 극히 감소한 상태, 관절운동범위가 제한되어 있는 관절강직, 전혀 움직일 수 없는 완전강직, 부분적으로 관절운동이 가능한 부분강직으로 구분
	하지관절	
기능장애	운동신경마비	상·하지 운동신경 마비와 척수손상에 의한 척추장애 또는 완전마비와 불완전 마비로 구분
	감각신경마비 (척추기능장애)	
변형	다리길이의 단축	다리길이가 단축되거나, 척추가 굽거나, 지나치게 작은 키 등
	허리 굽음	
	왜소증	

(1) 절단

절단은 질병이나 외상 등에 의하여 상지나 하지의 일부분을 잃어버린 상태를 말한다. 상지절단과 하지절단으로 구분할 수 있으며, 상지절단의 경우 일상생활 동작에 영향을 주며, 하지절단의 경우 보행에 영향을 주게 된다. 상지절단장애의 등급 기준은 〈표 3-2〉와 같으며, 하지절단장애의 등급 기준은 〈표 3-3〉과 같다.

〈표 3-2〉 상지절단장애의 등급 기준

장애등급		장애정도
1급	1호	두 팔을 손목관절 이상 부위에서 잃은 사람
2급	1호	두 손의 엄지손가락을 지관절6) 이상 부위에서 잃고 다른 모든 손가락을 근위지관절7) 이상 부위에서 잃은 사람
	2호	한 팔을 팔꿈치관절 이상 부위에서 잃은 사람
3급	1호	두 손의 엄지손가락을 지관절 이상 부위에서 잃고 둘째손가락을 근위지관절 이상 부위에서 잃은 사람
	2호	한 손의 엄지손가락을 지관절 이상 부위에서 잃고 다른 모든 손가락을 근위지관절 이상 부위에서 잃은 사람
4급	1호	두 손의 엄지손가락을 지관절 이상 부위에서 잃은 사람
	2호	한 손의 엄지손가락을 지관절 이상 부위에서 잃고 둘째손가락을 근위지관절 이상 부위에서 잃은 사람
	3호	한 손의 엄지손가락을 지관절 이상 부위에서 잃고 2개의 손가락을 근위지관절 이상 부위에서 잃은 사람
5급	1호	한 손의 엄지손가락을 지관절 이상 부위에서 잃고 1개의 손가락을 근위지관절 이상 부위에서 잃은 사람
	2호	한 손의 엄지손가락을 중수수지관절 이상 부위에서 잃은 사람
	3호	한 손의 둘째손가락을 포함하여 세 손가락을 근위지관절 이상 부위에서 잃은 사람
6급	1호	한 손의 엄지손가락을 지관절 이상 부위에서 잃은 사람
	2호	한 손의 둘째손가락을 포함하여 2개의 손가락을 근위지관절 이상 부위에서 잃은 사람
	3호	한 손의 셋째, 넷째 그리고 다섯째 손가락 모두를 근위지관절 이상 부위에서 잃은 사람

〈표 3-3〉 하지절단장애의 등급 기준

장애등급		장 애 정 도
1급	2호	두 다리를 무릎관절 이상 부위에서 잃은 사람
2급	3호	두 다리를 발목관절 이상 부위에서 잃은 사람
3급	3호	두 다리를 쇼파관절8) 이상 부위에서 잃은 사람
	4호	한 다리를 무릎관절 이상 부위에서 잃은 사람
4급	4호	두 다리를 리스프랑관절9) 이상 부위에서 잃은 사람
	5호	한 다리를 발목관절 이상 부위에서 잃은 사람
5급	4호	두 발의 엄지발가락을 지관절 이상 부위에서 잃고 다른 모든 발가락을 근위 지관절(제1관절) 이상 부위에서 잃은 사람
	5호	한 다리를 쇼파관절 이상 부위에서 잃은 사람
6급	4호	한 다리를 리스프랑관절 이상 부위에서 잃은 사람

(2) 관절장애

관절이 움직일 수 있는 관절운동범위가 제한되거나 극히 감소한 상태를 관절 장애라고 한다. 관절장애는 관절운동범위가 제한되어 있는 관절강직, 전혀 움직 일 수 없는 완전강직, 부분적으로 관절운동이 가능한 부분강직으로 구분할 수 있다. 상지관절장애의 등급 기준은 〈표 3-4〉, 하지관절장애의 등급 기준은 〈표 3-5〉와 같다.

---

6) 손가락관절 첫마디
7) 끝에서 둘째 마디
8) 발목과 발등사이의 관절
9) 발등과 발가락사이의 관절

〈표 3-4〉 상지관절장애의 등급 기준

장애등급		장 애 정 도
1급	1호	두 팔의 모든 3대 관절[10])의 운동범위가 각각 75% 이상 감소된 사람
2급	1호	한 팔의 모든 3대 관절의 운동범위가 각각 75% 이상 감소된 사람
	2호	두 팔 각각의 모든 3대 관절 중 2개의 운동범위가 각각 75% 이상 감소된 사람 두 팔의 모든 3대 관절의 운동범위가 각각 50% 이상 75% 미만 감소된 사람
	3호	두 손의 모든 손가락의 관절총운동범위가 각각 75% 이상 감소된 사람
3급	1호	두 팔 각각의 3대 관절 중 2개의 운동범위가 각각 50% 이상 75% 미만 감소된 사람 두 팔의 모든 3대 관절의 운동범위가 각각 25% 이상 50% 미만 감소된 사람
	2호	두 손의 엄지손가락과 둘째손가락의 관절총운동범위가 각각 75% 이상 감소된 사람
	3호	한 손의 모든 손가락의 관절총운동범위가 각각 75% 이상 감소된 사람
	4호	한 팔의 3대 관절 중 2개의 운동범위가 각각 75% 이상 감소된 사람 한 팔의 모든 3대 관절의 운동범위가 각각 50% 이상 75% 미만 감소된 사람
4급	1호	한 팔의 어깨관절, 팔꿈치관절 또는 손목관절 중 한 관절의 운동범위가 75% 이상 감소한 사람 두 손의 엄지손가락의 관절총운동범위가 각각 75% 이상 감소된 사람
	2호	한 손의 엄지손가락과 둘째손가락의 관절총운동범위가 각각 75% 이상 감소된 사람
	3호	한 손의 엄지손가락 또는 둘째손가락을 포함하여 3개 손가락의 관절총운동범위가각각 75% 이상 감소된 사람
	4호	한 손의 엄지손가락 또는 둘째손가락을 포함하여 4개 손가락의 관절총운동범위가 각각 50% 이상 75% 미만 감소된 사람
5급	1호	한 팔의 3대 관절 중 2개의 운동범위가 50% 이상 75% 미만 감소된 사람 한 팔의 모든 3대 관절의 운동범위가 각각 25% 이상 50% 미만 감소된 사람
	2호	두 손의 엄지손가락의 관절총운동범위가 각각 50% 이상 75% 미만 감소된 사람
	3호	한 손의 엄지손가락의 관절총운동범위가 75% 이상 감소된 사람
	4호	한 손의 엄지손가락과 둘째손가락의 관절총운동범위가 각각 50% 이상 75% 미만 감소된 사람
	5호	한 손의 엄지손가락 또는 둘째손가락을 포함하여 3개 손가락의 관절총운동범위가 각각 50% 이상 75% 미만 감소된 사람

〈표 3-5〉 하지관절장애의 등급 기준

장애등급		장 애 정 도
1급	1호	두 다리의 모든 3대 관절의 운동범위가 각각 75% 이상 감소된 사람
2급	4호	-두 다리 각각의 3대 관절 중 2개의 운동범위가 각각 75% 이상 감소된 사람 -두 다리의 모든 3대 관절의 운동범위가 각각 50% 이상 75% 미만 감소된 사람
3급	5호	한 다리의 모든 3대 관절의 운동범위가 각각 75% 이상 감소된 사람
4급	1호	-두 다리 각각의 3대 관절 중 2개의 운동범위가 각각 50% 이상 75% 미만 감소된 사람 -두 다리의 모든 3대 관절의 운동범위가 각각 25% 이상 50% 미만 감소된 사람
	2호	한 다리의 고관절 또는 무릎관절이 완전강직 되었거나 운동범위가 90% 이상 감소된 사람
	5호	-한 다리의 3대 관절 중 2개의 운동범위가 각각 75% 이상 감소된 사람 -한 다리의 모든 3대 관절의 운동범위가 각각 50% 이상 75% 미만 감소된 사람
5급	1호	한 다리의 고관절 또는 무릎관절의 운동범위가 75% 이상 감소된 사람
	2호	한 다리의 발목관절이 완전강직 되었거나 운동범위가 90% 이상 감소된 사람
	6호	-한 다리의 3대 관절 중 2개의 운동범위가 각각 50% 이상 75% 미만 감소된 사람 -한 다리의 모든 3대 관절의 운동범위가 각각 25% 이상 50% 미만 감소된 사람
	7호	두 발의 모든 발가락의 관절 총운동범위가 각각 75% 이상 감소된 사람
6급	2호	한 다리의 고관절 또는 무릎관절의 운동범위가 50% 이상 감소된 사람
	3호	한 다리의 발목관절의 운동범위가 75% 이상 감소된 사람

(3) 기능장애

　기능장애는 운동신경마비와 감각신경마비로 구분되며, 마비의 정도에 따라 완전마비 및 불완전마비로 구분된다. 운동신경마비에 해당하는 상지기능장애의 등급기준은 〈표 3-6〉, 하지기능장애의 등급 기준은 〈표 3-7〉, 감각신경마비에 해당하는 척추기능장애의 등급 기준은 〈표 3-8〉과 같다.

---

10) 어깨관절, 팔굽치관절, 손목관절

<표 3-6> 상지기능장애의 등급 기준

장애등급		장 애 정 도
1급	1호	두 팔을 완전마비로 전혀 움직일 수 없는 사람(근력등급 0, 1)
2급	1호	한 팔을 완전마비로 전혀 움직일 수 없는 사람(근력등급 0, 1)
	2호	두 팔을 마비로 겨우 움직일 수 있는 사람(근력등급 2)
	3호	두 손의 모든 손가락을 완전마비로 전혀 움직이지 못하는 사람(근력등급 0, 1)
3급	1호	두 팔을 마비로 기능적이지는 않지만 어느 정도 움직일 수 있는 사람(근력등급 3)
	2호	두 손의 엄지손가락과 둘째손가락을 각각 완전마비로 전혀 움직일 수 없는 사람(근력등급 0, 1)
	3호	한 손의 모든 손가락을 완전마비로 각각 전혀 움직일 수 없는 사람(근력등급 0, 1)
	4호	한 팔을 마비로 겨우 움직일 수 있는 사람(근력등급 2)
4급	1호	두 손의 엄지손가락을 완전마비로 각각 전혀 움직이지 못하는 사람(근력등급 0,1)
	2호	한 손의 엄지손가락과 둘째손가락을 완전마비로 각각 전혀 움직일 수 없는 사람(근력등급 0,1)
	3호	한 손의 엄지손가락 또는 둘째손가락을 포함하여 3개의 손가락을 완전마비로 전혀 움직일 수 없는 사람(근력등급 0,1)
	4호	한 손의 엄지손가락이나 둘째손가락을 포함하여 4개의 손가락을 마비로 각각 기능적이지는 않지만 어느 정도 움직일 수 있는 사람(근력등급 3)
5급	5호	한 손의 엄지손가락 또는 둘째손가락을 포함하여 3개의 손가락을 마비로 각각 기능적이지는 않지만 어느 정도 움직일 수 있는 사람(근력등급 3)
6급	1호	한 손의 엄지손가락을 마비로 기능적이지는 않지만 어느 정도 움직일 수 있는 사람(근력등급 3)
	2호	한 손의 둘째손가락을 포함하여 2개 손가락을 완전마비로 각각 전혀 움직이지 못하는 사람(근력등급 0,1)
	3호	한 손의 엄지손가락을 포함하여 2개의 손가락을 마비로 기능적이지는 않지만 어느 정도 움직일 수 있는 사람(근력등급 3)
	4호	한 손의 셋째손가락, 넷째손가락 그리고 다섯째손가락 모두를 완전마비로 각각 전혀 움직이지 못하는 사람(근력등급 0,1)

〈표 3-7〉 하지기능장애의 등급 기준

장애등급		장 애 정 도
1급	2호	두 다리를 완전마비로 각각 전혀 움직일 수 없는 사람(근력등급 0,1)
2급	4호	두 다리를 마비로 각각 겨우 움직일 수 있는 사람(근력등급 2)
3급	5호	한 다리를 완전마비로 전혀 움직일 수 없는 사람(근력등급 0,1)
4급	1호	두 다리를 마비로 기능적이지는 않지만 어느 정도 움직일 수 있는 사람(근력등급 3)
	5호	한 다리를 마비로 각각 겨우 움직일 수 있는 사람(근력등급 3)
5급	6호	한 다리를 마비로 기능적이지는 않지만 어느 정도 움직일 수 있는 사람(근력등급 3)
	7호	두 발의 모든 발가락을 완전마비로 각각 전혀 움직일 수 없는 사람(근력등급 0,1)

〈표 3-8〉 척추기능장애의 등급 기준

장애등급		장 애 정 도
2급	5호	경추11)와 흉추12), 요추13)의 운동범위가 정상의 4/5 이상 감소된 사람
	6호	강직성척추염14)으로 경추와 흉추 및 요추가 완전 강직된 사람
3급	1호	경추 또는 흉·요추의 운동범위가 정상의 4/5 이상 감소된 사람
4급	1호	경추 또는 흉·요추의 운동범위가 정상의 3/5 이상 감소된 사람
5급	8호	경추 또는 흉·요추의 운동범위가 정상의 2/5 이상 감소된 사람
	9호	강직성척추염으로 경추와 흉추 또는 흉추와 요추가 완전 강직된 사람
6급	5호	경추 또는 흉·요추의 운동범위가 정상의 1/5 이상 감소된 사람
	6호	강직성척추염으로 경추 또는 요추가 완전 강직된 사람

---

11) 목뼈

12) 척추뼈

13) 꼬리뼈

14) 척추의 염증으로 척추가 붙게 되어 척추 운동이 제한되어 뻣뻣해지는 증상

(4) 변형

변형은 다리길이의 단축, 척추의 만곡[15], 왜소증 등으로 신체의 일부분이 외형적으로 정상과 다른 것을 말하며, 변형 등의 등급기준은 〈표 3-9〉와 같다.

〈표 3-9〉 변형 등의 등급 기준

장애등급		장 애 정 도
5급	1호	한 다리가 건강한 다리보다 10cm 이상 또는 건강한 다리의 길이의 10분의 1 이상 짧은 사람
6급	1호	한 다리가 건강한 다리보다 5cm이상 또는 건강한 다리의 15분의 1 이상 짧은 사람
	2호	척추측만증[16]이 있으며, 만곡각도가 40도 이상인 사람
	3호	척추측만증이 있으며, 만곡각도가 60도 이상인 사람
	4호	성장이 멈춘 만 18세 이상의 남성으로서 신장이 145cm 이하인 사람
	5호	성장이 멈춘 만 16세 이상의 여성으로서 신장이 140cm 이하인 사람
	6호	연골무형성증[17]으로 왜소증에 대한 증상이 뚜렷한 사람. 다만 이 경우는 만 2세 이상에서 적용 가능

4) 현황

〈표 3-10〉 지체장애의 현황에서 보는 바와 같이, 지체장애인을 4가지 장애형태별로 살펴보면, 관절장애의 경우 67.2%로 가장 많았으며, 다음으로 마비(15.5%), 절단(12.2%), 변형(5.0%)의 순으로 나타났다. 절단과 마비의 경우 여자보다 남자가 많았지만, 관절장애의 경우 남자보다 여자가 많았다.

---

15) 척추가 굽는 현상
16) 척추가 옆으로 휘거나 굽은 상태
17) 유전성 질환으로 왜소증 유발

〈표 3-10〉 지체장애의 현황　　　　　　　　　　　　　　　　　(단위 : %, 명)

구분	남자	여자	전체
절단	17.7	4.6	12.2
마비	18.8	11.0	15.5
관절	59.0	78.4	67.2
변형	4.6	5.8	5.0
계	100.0	100.0	100.0
전국추정수	785,842	586,770	1,372,612

자료 : 보건복지부(2012). "2011년도 장애인실태조사보고서"

2. 뇌병변장애

1) 의의

　뇌병변장애는 중추신경계의 손상으로 인한 복합적인 장애이며, 뇌성마비, 질병 또는 사고로 인한 뇌손상, 뇌졸중 등의 기질적 병변으로 인하여 일상생활의 활동과 보행 등의 제한을 받는 것을 말한다.

　뇌병변장애인은 장애인복지법 시행령(2014. 6. 30개정)에서 "뇌성마비, 외상성 뇌손상, 뇌졸중(腦卒中) 등 뇌의 기질적 병변으로 인하여 발생한 신체적 장애로 보행이나 일상생활 동작 등에 상당한 제약을 받는 사람"이라고 규정하고 있다. 뇌병변장애의 등급 기준은 〈표 3-11〉과 같다.

〈표 3-11〉 뇌병변장애의 등급 기준

장애등급	장 애 정 도
1급	-독립적인 보행이 불가능하여 보행에 전적으로 타인의 도움이 필요한 사람 -양쪽 팔의 마비로 이를 이용한 일상생활동작을 거의 할 수 없어, 전적으로 타인의 도움이 필요한 사람 -한쪽 팔과 한쪽 다리의 마비로 일상생활동작을 거의 할 수 없어, 전적으로 타인의 도움이 필요한 사람 -보행과 모든 일상생활동작의 수행에 전적으로 타인의 도움이 필요하며, 수정 바델지수가 32점 이하인 사람

장애등급	장애정도
2급	-한쪽 팔의 마비로 이를 이용한 일상생활동작의 수행이 불가능하여, 전적으로 타인의 도움이 필요한 사람 -마비와 관절구축으로 양쪽 팔의 모든 손가락 사용이 불가능하여, 이를 이용한 일상생활동작의 수행에 전적으로 타인의 도움이 필요한 사람 -보행과 모든 일상생활동작의 수행에 대부분 타인의 도움이 필요하며, 수정바델지수가 33~53점인사람
3급	-마비와 관절구축으로 한쪽 팔의 모든 손가락 사용이 불가능하여, 이를 이용한 일상생활 동작의 수행에 전적으로 타인의 도움이 필요한 사람 -한쪽 다리의 마비로 이를 이용한 보행이 불가능하여, 보행에 대부분 타인의 도움이 필요한 사람 -보행과 모든 일상생활동작의 독립적 수행이 어려워, 부분적으로 타인의 도움이 필요하며, 수정바델지수가 54~69점인 사람
4급	보행과 대부분의 일상생활 동작은 자신이 수행하나 간헐적으로 타인의 도움이 필요하며, 수정바델지수가 70~80점인 사람
5급	보행과 대부분의 일상생활 동작을 타인의 도움없이 자신이 수행하나 완벽하게 수행하지 못하는 때가 있으며 수정바델지수가 81~89점인 사람
6급	보행과 대부분의 일상생활 동작을 자신이 완벽하게 수행하나 간혹 수행 시간이 느리거나 양상이 비정상적인 때가 있으며 수정바델지수가 90~96점인 사람

2) 뇌병변의 동반장애

뇌병변의 주 특성은 중복장애이다. 〈표 3-12〉는 뇌병변의 동반장애를 요약한 것이다.

〈표 3-12〉 뇌병변의 동반장애 (단위 : %)

구분	남자	여자	전체
시각장애	14.8	12.9	14.0
청각장애	12.6	10.6	11.8
언어장애	43.8	40.2	42.3
지적장애	32.2	29.6	31.1
간질장애(경련)	10.6	7.2	9.2
기타	2.5	2.0	2.3

자료 : 보건복지부(2012). "2011년도 장애인실태조사보고서"

표에서 보는 바와 같이 언어장애가 42.3%로 가장 많았으며, 지적장애 31.1%, 시각장애 14.0%, 청각장애 11.8%의 순으로 나타났다. 또한 여자보다는 남자의 경우 동반장애 비율이 다소 높게 나타났다.

3. 시각장애

1) 의의

시각장애는 눈의 기능에 결함이 발생하여 물체의 존재 및 형태를 인식하기가 어려운 상태로 백내장[18], 녹내장[19], 포도막염[20], 망막바리[21], 베체트병[22] 등의 질환이 있다.

장애인복지법 시행령(2014. 6. 30. 개정)에서는 시각장애를 다음과 같이 정의하고 있으며, 시각장애의 등급 기준은 〈표 3-13〉과 같다.

- 나쁜 눈의 시력(만국식 시력표에 따라 측정된 교정시력을 말한다)이 0.02 이하인 사람
- 좋은 눈의 시력이 0.2 이하인 사람
- 두 눈의 시야가 각각 주시점에서 10도 이하로 남은 사람
- 두 눈의 시야 2분의 1 이상을 잃은 사람

---

18) 수정체에 혼탁이 온 상태
19) 안압의 상승으로 시신경이 눌리거나 혈액공급이 원활하지 못한 상태
20) 안구의 검은자로 불리는 각막 안쪽의 갈색 조직(홍체)에 염증이 생기는 것
21) 안구 안쪽의 감각층과 바깥쪽의 색소상피층 사이가 떨어지는 것
22) 안구 혈관에 염증이 생기는 질병

〈표 3-13〉 시각장애의 등급 기준

장애등급		장 애 정 도
1급		좋은 눈의 시력(만국식 시력표에 의하여 측정한 것을 말하며, 굴절 이상이 있는 사람에 대하여는 교정시력을 기준으로 한다. 이하 같다)이 0.02 이하인 사람
2급		좋은 눈의 시력이 0.04 이하인 사람
3급	1호	좋은 눈의 시력이 0.06 이하인 사람
	2호	두 눈의 시야가 모든 방향에서 5도 이하로 낮은 사람
4급	1호	좋은 눈의 시력이 0.1 이하인 사람
	2호	두 눈의 시야가 각각 주시점에서 10도 이하로 낮은 사람
5급	1호	좋은 눈의 시력이 0.2 이하인 사람
	2호	두 눈의 시야각도의 합계가 정상시야의 50% 이상 감소한 사람
6급		나쁜 눈의 시력이 0.02 이하인 사람

2) 현황

〈표 3-14〉 시각장애의 현황에서 보듯이 시각장애는 시력장애와 시야결손장애로 구분되며, 시력장애가 전체의 98.4%를 차지하였다. 성별에 따른 큰 차이는 없었으며, 시야결손장애는 1.6%에 불과하였다.

〈표 3-14〉 시각장애의 현황 (단위 : %, 명)

구 분	남 자	여 자	전 체
시력장애	98.5	98.4	98.4
시야결손장애	1.5	1.6	1.6
계	100.0	100.0	100.0
전국추정수	168,570	117,182	285,752

자료 : 보건복지부(2012). "2011년도 장애인실태조사보고서"

4. 청각장애

1) 의의

청각장애는 청력손실에 의한 청력장애와 평형기능의 소실에 의한 평형기능장애로 구분할 수 있으며, 기질적 또는 기능적인 장애로 듣는 기능이 영구적으로 저하되거나 결여된 상태를 말한다.

장애인복지법 시행령(2014. 6. 30 개정)에서는 청각장애인을 다음과 같이 정의하고 있다.

- 두 귀의 청력 손실이 각각 60데시벨(db) 이상인 사람
- 한 귀의 청력손실이 80데시벨 이상, 다른 귀의 청력 손실이 40데시벨 이상인 사람
- 두 귀에 들리는 보통 말소리의 명료도가 50% 이하인 사람
- 평형 기능에 상당한 장애가 있는 사람

청력장애의 등급 기준은 〈표 3-15〉와 같으며, 평형기능장애의 등급 기준은 〈표 3-16〉과 같다.

〈표 3-15〉 청력장애의 등급 기준

장애등급		장 애 정 도
2급		두 귀의 청력 손실이 각각 90데시벨(db) 이상인 사람
3급		두 귀의 청력 손실이 각각 80데시벨(db) 이상인 사람
4급	1호	두 귀의 청력 손실이 각각 70데시벨(db) 이상인 사람
	2호	두 귀에 들리는 보통 말소리의 최대의 명료도가 50% 이하인 사람
5급		두 귀의 청력 손실이 각각 60데시벨(db) 이상인 사람
6급		한 귀의 청력 손실이 80데시벨(db) 이상, 다른 귀의 청력 손실이 40데시벨(db)이상인 사람

<표 3-16> 평형기능장애의 등급 기준

장애등급	장 애 정 도
3급	양측 평형기능의 소실이 있으며 두 눈을 감고 일어서기가 곤란하거나 두 눈을 뜨고 10미터 거리를 직선으로 걷다가 쓰러지고(임상적으로 불가피한 경우 6미터를 걷게 하여 진단할 수 있다) 일상에서 자신을 돌보는 일 외에는 타인의 도움이 필요한 사람
4급	양측 평형기능의 소실이나 감소가 있으며 두 눈을 뜨고 10미터 거리를 직선으로 걷다가 중간에 균형을 잡으러 멈추어야 하고(임상적으로 불가피한 경우 6미터를 걷게 하여 진단할 수 있다) 일상에서 자신을 돌보는 일과 간단한 보행이나 활동만 가능한 사람
5급	양측 또는 일측의 평형기능의 감소가 있으며 두 눈을 뜨고 10미터 거리를 직선으로 걸을 때 중앙에서 60센티미터 이상 벗어나고(임상적으로 불가피한 경우 6미터를 걷게 하여 진단할 수 있다) 일상에서 복합적인 신체운동이 필요한 활동이 불가능한 사람

2) 장애현황

〈표 3 - 17〉 청각장애의 현황에서 보는 바와 같이 청각장애의 형태는 청력장애와 평형기능장애로 구분하며, 청각장애의 99.5%가 청력장애, 0.5%가 평형기능장애로 나타났다.

<표 3-17> 청각장애의 현황

(단위 : %, 명)

구 분	남 자	여 자	전 체
청력장애	99.7	99.0	99.5
평형기능장애	0.3	1.0	0.5
계	100.0	100.0	100.0
전국추정수	182,795	129,198	311,993

자료 : 보건복지부(2012). "2011년도 장애인실태조사보고서"

5. 언어장애

1) 의의

언어장애는 음성기능이나 언어기능에 영속적으로 상당한 장애가 있는 것을 말하며, 기질적 언어장애, 기능적 언어장애, 복합적 언어장애로 구분할 수 있다.

기질적 언어장애는 말소리를 내지 못하거나 언어수용이 어려워 발생하는 것을 의미하고, 기능적 언어장애는 신체적 또는 신경계통의 이상이 발견되지 않은 언어장애를 의미한다. 또한 복합적 언어장애는 언어를 습득하는 과정에서 환경의 영향으로 인한 기질적·기능적 언어장애를 포함한 언어장애를 말한다.

〈표 3-18〉 언어장애의 등급 기준

장애등급		장 애 정 도
3급	1호	발성이 불가능하거나 특수한 방법(식도발성, 인공후두기)으로 간단한 대화가 가능한 음성장애
	2호	말의 흐름이 97% 이상 방해를 받는 말더듬
	3호	자음정확도가 30% 미만인 조음장애
	4호	의미있는 말을 거의 못하는 표현언어지수가 25 미만인 경우로서 지적장애 또는 자폐성장애로 판정되지 아니하는 경우
	5호	간단한 말이나 질문도 거의 이해하지 못하는 수용언어지수가 25 미만인 경우로서 지적장애 또는 자폐성장애로 판정되지 아니하는 경우
4급	1호	발성(음도, 강도, 음질)이 부분적으로 가능한 음성장애
	2호	말의 흐름이 방해받는 말더듬(아동 41~96%, 성인 24~96%)
	3호	자음정확도 30~75% 정도의 부정확한 말을 사용하는 조음장애
	4호	매우 제한된 표현만을 할 수 있는 표현언어지수가 25~65인 경우로서 지적장애 또는 자폐성장애로 판정되지 아니하는 경우
	5호	매우 제한된 이해만을 할 수 있는 수용언어지수가 25~65인 경우로서 지적장애 또는 자폐성장애로 판정되지 아니하는 경우

언어장애인을 장애인복지법 시행령(2014. 6. 30. 개정)에서는 "음성 기능이나

언어 기능에 영속적으로 상당한 장애가 있는 사람"으로 정의하고 있다. 언어장애
의 등급 기준은 〈표 3-18〉과 같다.

2) 현황

〈표 3-19〉 언어장애의 장애현황에서 보는 바와 같이 언어장애의 장애형태 중
조음장애가 40.5%로 가장 많았으며, 언어장애 및 실어증 33.4%, 말을 전혀 하
지 못한다 15.7%, 음성장애 7.4%, 말더듬 3.0% 순으로 나타났다.

〈표 3-19〉 언어장애의 장애현황   (단위 : %, 명)

구분	남자	여자	전체
말을 전혀 하지 못한다	13.0	21.1	15.7
조음장애	37.0	47.3	40.5
말더듬	3.5	1.8	3.0
음성장애	10.5	1.2	7.4
언어장애, 실어증	35.9	28.6	33.4
계	100.0	100.0	100.0
전국추정수	68,752	35,128	103,880

자료 : 보건복지부(2012). "2011년도 장애인실태조사보고서"

6. 안면장애

안면장애는 면상반흔[23], 색소침착[24], 모발결손, 조직의 비후나 함몰 · 결손 등
안면 부위의 변형이나 기형으로 사회생활에 상당한 제약이 있는 장애를 말한다.
일상생활의 활동에는 지장이 없지만, 사람들의 시선 때문에 사회활동의 불편함을
겪는 것이 안면장애의 특징이다.

---

23) 흉터가 점점 커지는 현상
24) 검버섯과 같이 얼굴에 색소가 침침해져가는 현상

장애인복지법 시행령(2014. 6. 30. 개정)에서는 안면장애를 "안면부위의 변형이나 기형으로 사회생활에 상당한 제약을 받는 사람"으로 정의하고 있다. 안면장애의 등급 기준은 〈표 3-20〉과 같다.

〈표 3-20〉 안면장애의 등급 기준

장애등급		장 애 정 도
2급	1호	노출된 안면부의 90% 이상의 변형이 있는 사람
	2호	노출된 안면부의 60% 이상의 변형이 있고 코 형태의 2/3 이상이 없어진 사람
3급	1호	노출된 안면부의 75% 이상의 변형이 있는 사람
	2호	노출된 안면부의 50% 이상의 변형이 있고 코 형태의 2/3 이상이 없어진 사람
4급	1호	노출된 안면부의 60% 이상의 변형이 있는 사람
	2호	코 형태의 2/3 이상이 없어진 사람
	3호	노출된 안면부의 45% 이상 변형이 있고 코 형태의 1/3 이상이 없어진 사람
5급	1호	노출된 안면부의 45% 이상이 변형된 사람
	2호	코 형태의 1/3 이상이 없어진 사람

제 2 절

내부기관 장애

1. 신장장애

신장장애는 만성신부전을 의미하는 말로, 만성신장질환으로 인해 신장에 이상이 발생하여 인체의 불순물을 제거하고 체내의 수분을 균형있게 유지시켜 주는 기능을 할 수 없는 상태의 장애를 말한다.

신장장애는 장애인복지법 시행령(2014. 6. 30. 개정)에 따르면 "신장의 기능부전(機能不全)으로 인하여 혈액투석이나 복막투석을 지속적으로 받아야 하거나 신장기능의 영속적인 장애로 인하여 일상생활에 상당한 제약을 받는 사람"으로 정의하고 있다.

신장장애의 등급 기준은 〈표 3-21〉과 같이 장애정도에 따라 2급과 5급으로 구분된다.

〈표 3-21〉 신장장애의 등급 기준

장애등급	장 애 정 도
2급	만성신부전증으로 인하여 3개월 이상의 기간 동안 지속적으로 혈액투석 또는 복막투석을 받고 있는 사람
5급	신장을 이식받은 사람

2. 심장장애

심장장애는 심장판막결손, 심장근육질환 등 심장의 손상이나 혈관의 손상 또는 고혈압 같은 혈압장애 등의 기질적인 심질환으로 인하여 심장기능의 장애 및 호흡곤란 장애가 발생하여 일상생활에 어려움을 겪는 장애를 말한다.

심장장애는 장애인복지법 시행령(2014. 6. 30. 개정)에서 "심장의 기능부전으로 인한 호흡곤란 등의 장애로 일상생활에 상당한 제약을 받는 사람"으로 정의하고 있으며, 심장장애의 등급 기준은 〈표 3-22〉와 같다.

〈표 3-22〉 심장장애의 등급 기준

장애등급	장 애 정 도
1급	심장기능의 장애가 지속되며, 안정 시에도 심부전증상 또는 협심증 증상 등이 일어나서 임상소견과 검사결과 등에 의한 점수가 30점 이상인 사람(심장질환을 진단받은 지 1년 이상 경과한 사람에 한한다. 이하 같다)

장애등급	장 애 정 도
2급	심장기능의 장애가 지속되며, 신체 주위의 일은 어느 정도 할 수 있지만 그 이상의 활동으로는 심부전증상 또는 협심증 증상 등이 일어나서 임상소견과 검사결과 등에 의한 점수가 25~29점에 해당하는 사람
3급	심장기능의 장애가 지속되며, 가정 내에서의 가벼운 활동은 상관없지만 그 이상의 활동에는 심부전증상 또는 협심증 증상 등이 일어나서 임상소견과 검사결과 등에 의한 점수가 20~24점에 해당하는 사람
5급	심장을 이식받은 사람

3. 호흡기장애

호흡기장애는 폐 또는 기관지 등 호흡기관의 기능장애로 인하여 일상생활 및 사회활동이 제한되는 장애를 말한다.

호흡기 장애는 주로 기침과, 객혈, 호흡곤란, 가슴통증 등의 증상을 보이며, 천식, 만성기관지염, 늑막염, 결핵, 폐암 등이 대표적인 장애의 유형이다.

<표 3-23> 호흡기장애의 등급 기준

장애등급	장 애 정 도
1급	폐나 기관지 등 호흡기관의 만성적인 기능부전으로 안정 시에도 산소요법을 받아야 할 정도의 호흡곤란이 있고, 평상시에 폐환기 기능(1초 시 강제호기량[25])이 정상예측치의 25% 이하이거나 안정 시의 자연 호흡 상태에서 동맥혈 산소분압이 55mmhg 이하인 사람
2급	폐나 기관지 등 호흡기관의 만성적인 기능부전으로 집안에서의 이동 시에도 호흡곤란이 있고, 평상시에 폐환기 기능(1초 시 강제호기량)이 정상예측치의 30% 이하이거나 안정 시 자연 호흡 상태에서 동맥혈 산소분압이 60mmhg 이하인 사람
3급	폐나 기관지 등 호흡기관의 만성적인 기능부전으로 평지에서의 보행에도 호흡곤란이 있고, 평상시에 폐환기 기능(1초 시 강제호기량)이 정상예측치의 40% 이하이거나 안정 시 자연 호흡 상태에서 동맥혈 산소분압이 65mmhg 이하인 사람
5급	폐를 이식받은 사람

---

25) 호흡량

호흡기장애는 장애인복지법 시행령(2014. 6. 30. 개정)에서 "폐나 기관지 등 호흡기관의 만성적 기능부전으로 인한 호흡기능의 장애로 일상생활에 상당한 제약을 받는 사람"으로 정의하고 있다. 호흡기장애의 등급 기준은 〈표 3-23〉과 같다.

4. 장루·요루장애

장루·요루장애는 장루와 요루기능에 장애가 지속되어 일상생활 및 사회활동이 어려운 장애를 말하며, 대장암 또는 자궁암 등으로 인하여 발생한 것이 많다.

장루·요루장애는 장애인복지법 시행령(2014. 6. 30. 개정)에서 "배변기능이나 배뇨기능의 장애로 인하여 장루(腸瘻) 또는 요루(尿瘻)를 시술하여 일상생활에 상당한 제약을 받는 사람"으로 정의하고 있다. 장루·요루장애의 등급 기준은 〈표 3-24〉와 같다.

〈표 3-24〉 장루·요루장애의 등급 기준

장애등급		장 애 정 도
2급	1호	요루와 함께 회장루[26], 상행 또는 횡행결장루[27]를 가지고 있고, 그중 하나 이상의 장루(요루를 포함한다. 이하 같다)가 현저한 변형이 있거나 장루 주변의 피부가 현저히 헐은 사람
	2호	고도의 배뇨장애와 함께 회장루, 상행 또는 횡행결장루를 가지고 있고 그중 하나 이상의 장루가 현저한 변형이 있거나 장루 주변의 피부가 현저히 헐은 경우
	3호	장루 또는 요루를 가지고 있고, 공장·회장·상행 또는 횡행결장이 방사선 손상 등에 의한 손상으로 장루 이외의 구멍으로부터 장(腸)내용물이 지속적으로 흘러나와 수술 등에 의해서도 치유될 가능성이 없으며, 구멍 주변의 피부가 현저히 헐은 경우

---

26) 소장의 끝 부분에 만든 장루
27) 주로 배꼽보다 위에 위치

장애등급		장 애 정 도
3급	1호	요루와 함께 회장루, 상행 또는 횡행결장루를 같이 가지고 있는 사람
	2호	요루와 함께 하행 또는 에스결장루28)를 가지고 있고, 그중 하나 이상의 장루에 현저한 변형이 있거나 장루 주변의 피부가 현저히 헐은 사람
	3호	회장루, 상행 또는 횡행결장루를 가지고 있고, 고도의 배뇨기능장애가 있는 사람
	4호	장루 또는 요루를 가지고 있고, 공장·회장·상행 또는 횡행결장이 방사선 등에 의한 손상으로 장루 이외의 구멍으로부터 장(腸)내용물이 대부분 흘러나오며 수술 등에 의해서도 치유될 가능성이 없는 사람
4급	1호	요루를 가진 사람
	2호	회장루·상행29) 또는 횡행결장루를 가진 사람
	3호	하행 또는 에스결장루를 가지고 있고, 배뇨기능장애가 있는 경우 또는 그중 하나 이상의 장루가 변형되었거나 장루 주변의 피부가 헐었기 때문에 장루보조용품을 1일 1회 이상 교체하거나 장세척을 필요로 하는 사람
	4호	장루 또는 요루를 가지고 있고, 하행 또는 에스결장이 방사선 등에 의한 손상으로 장루 이외의 구멍에서 장 내용물이 지속적으로 흘러나오며 수술 등에 의해서도 치유될 가능성이 없는 사람
5급		하행 또는 에스결장루를 가진 경우

5. 간장애

간장애는 간의 만성적인 기능부전이 지속되어 기본적인 일상생활과 사회활동이 제한되는 장애로 간경화, 만성간염, 간암 등의 유형이 있다.

간장애는 장애인복지법 시행령(2014. 6. 30. 개정)에서 "간의 만성적 기능부전과 그에 따른 합병증 등으로 인한 간기능의 장애로 일상생활에 상당한 제약을 받는 사람"으로 정의하고 있으며, 간장애의 등급 기준은 〈표 3-25〉와 같다.

---

28) 주로 직장에 있을 때 만듬
29) 우측 하복부에 위치

<표 3-25> 간장애의 등급 기준

장애등급	장 애 정 도
1급	만성 간질환(간경변증, 간세포암종 등)으로 진단받은 환자 중 잔여 간기능이 Child-Pugh 평가상 등급 C이면서 다음의 합병증 중 하나 이상을 보이는 사람 1) 만성간성뇌증 2) 내과적 치료로 조절되지 않는 난치성 복수
2급	만성 간질환(간경변증, 간세포암종 등)으로 진단받은 환자 중 잔여 간기능이 Child-Pugh 평가상 등급 C이면서 다음의 병력 중 하나 이상을 보이는 사람 1) 간성뇌증의 병력 2) 자발성 세균성복막염의 병력
3급	만성 간질환(간경변증, 간세포암종 등)으로 진단받은 환자 중 잔여 간기능이 Child-Pugh 평가상 등급 C인 사람
5급	간을 이식받은 사람

6. 간질장애

　간질장애(뇌전증장애)는 간질로 인한 기능 및 능력장애가 지속되어 일상생활 및 사회활동이 제한되는 장애로 성인간질과 소아청소년간질로 구분할 수 있다. 분명한 원인은 밝혀지지 않았고, 유전으로 추측되며 일반적으로 부분발작은 뇌조직의 손상으로 보고 있다.

　간질장애는 장애인복지법 시행령(2014. 6. 30. 개정)에서 "뇌전증에 의한 뇌신경세포의 장애로 인하여 일상생활이나 사회생활에 상당한 제약을 받아 다른 사람의 도움이 필요한 사람"으로 정의하고 있다.

<표 3-26> 성인 간질장애의 등급 기준

장애등급	장 애 정 도
2급	만성적인 간질에 대한 적극적인 치료에도 불구하고 월 8회 이상을 포함하여 연 6월 이상 중증발작이 있고, 발작 시 유발된 호흡장애, 흡인성 폐렴, 심한 탈진, 두통, 구역, 인지기능의 장애 등으로 심각한 요양관리가 필요하며, 일상생활 및 사회생활에 항상 타인의 지속적인 보호와 관리가 필요한 사람

장애등급	장 애 정 도
3급	만성적인 간질에 대한 적극적인 치료에도 불구하고 월 5회 이상 중증발작 또는 월 10회 이상 경증발작을 포함하여 연 6월 이상 발작이 있고, 발작 시 유발된 호흡장애, 흡인성 폐렴, 심한 탈진, 두통, 구역, 인지기능의 장애 등으로 요양관리가 필요하며, 일상생활 및 사회생활에 수시로 보호와 관리가 필요한 사람
4급	만성적인 간질에 대한 적극적인 치료에도 불구하고 월 1회 이상 중증발작 또는 월 2회 이상 경증발작을 포함하여 연 6월 이상의 발작이 있고, 이로 인하여 협조적인 대인관계가 현저히 곤란한 사람

성인 간질장애의 등급 기준은 〈표 3-26〉과 같으며, 소아청소년 간질장애의 등급 기준은 〈표 3-27〉과 같다.

〈표 3-27〉 소아청소년 간질장애의 등급 기준

장애등급	장 애 정 도
2급	-전신발작은 1개월에 8회 이상의 발작이 있는 사람(단, 결신발작30)과 근간대성발작31)의 경우는 아래 참고와 같이 평가) -신체의 손상을 초래할 수 있는 경우로 넘어지면서 머리가 먼저 바닥에 떨어지는 발작(Head Drop, Falling Attack)은 1개월에 4회 이상의 발작이 있는 사람 -영아연축(Infantile Spasm), 레녹스-가스토 증후군(Lennox-Gastaur Syndrome) 등과 같은 간질성 뇌병증(Epileptic Encephalopathy)은 1개월에 4회 이상의 발작이 있는 사람 -근간대성발작(Myoclonic Seizure)이 중증(Severe)으로 자주 넘어져 다칠 수 있는 경우(Falling Attack을 초래하는 경우) 1개월에 4회 이상의 발작이 있는 사람

---

30) 소발작이라고도 함
31) 대발작이라고도 함

장애등급	장 애 정 도
3급	-전신발작은 1개월에 4~7회의 발작이 있는 사람 -신체의 손상을 초래할 수 있는 경우로 넘어지면서 머리가 먼저 바닥에 떨어지는 발작(Head Drop, Falling Attack)은 1개월에 1~3회의 발작이 있는 사람 -영아연축(Infantile Spasm), 레녹스-가스토 증후군(Lennox-Gastaur Syndrome)[32] 등과 같은 간질성 뇌병증(Epileptic Encephalopathy)은 1개월에 1~3회의 발작이 있는 사람 -근간대성발작(Myoclonic Seizure)이 중증(Severe)으로 자주 넘어져 다칠 수 있는 경우(Falling Attack을 초래하는 경우) 1개월에 1~3회의 발작이 있는 사람 -부분발작은 1개월에 10회 이상의 발작이 있는 사람
4급	-전신발작은 1개월에 1~3회의 발작이 있는 사람 -신체의 손상을 초래할 수 있는 경우로 넘어지면서 머리가 먼저 바닥에 떨어지는 발작(Head Drop, Falling Attack)은 6개월에 1~5회의 발작이 있는 사람 -영아연축(Infantile Spasm), 레녹스-가스토 증후군(Lennox-Gastaur Syndrome) 등과 같은 간질성 뇌병증(Epileptic Encephalopathy)은 6개월에 1~5회의 발작이 있는 사람 -근간대성발작(Myoclonic Seizure)이 중증(Severe)으로 자주 넘어져 다칠 수 있는 경우(Falling Attack을 초래하는 경우) 6개월에 1~5회의 발작이 있는 사람 -부분발작은 1개월에 1~9회의 발작이 있는 사람

32) 심한 소아기 간질형태

제 3 절

장애유형별 장애발생 현황

1. 장애유형별 장애발생 원인

1) 외부 신체장애

〈표 3-28〉은 외부 신체장애 유형별 장애발생 원인을 도표로 제시한 것이다. 이를 설명하면 다음과 같다.

〈표 3-28〉 외부 신체장애 유형별 장애발생 원인   (단위 : %, 명)

구분	선천적 원인	출산시 원인	후천적 원인(질환)	후천적 원인(사고)	원인 불명	전국 추정수
지체장애	1.7	0.3	44.5	52.9	0.6	1,372,612
뇌병변장애	2.5	2.5	81.5	12.4	1.1	330,157
시각장애	4.5	0.5	53.3	36.8	3.9	285,752
청각장애	3.3	0.7	75.6	15.7	4.7	311,993
언어장애	21.9	7.0	39.5	8.3	23.2	103,880
안면장애	2.0	-	36.4	61.6	-	3,502

자료 : 보건복지부(2012). "2011년도 장애인실태조사보고서"에서 재구성

(1) 지체장애

지체장애는 선천적 원인 1.7%, 출산 시 원인 0.3%, 질환에 의한 후천적 원인 44.5%, 사고에 의한 후천적 원인 52.9%, 원인 불명 0.6%로서 대부분 사고나 질환에 의한 원인이었다.

따라서 지체장애에 대한 예방적 노력이 매우 필요할 것으로 보인다.

(2) 뇌변변장애

뇌병변장애는 선천적 원인 2.5%, 출산 시 원인 2.5%, 질환에 의한 후천적 원인 81.5%, 사고에 의한 후천적 원인 12.4%, 원인 불명 1.1%로서 대부분 질환에 의한 후천적 원인이었다. 그러나 그 질환은 유아기에 발생한 것으로 유추할 수 있을 것이다.

(3) 시각장애

시각장애는 선천적 원인 4.5%, 출산 시 원인 0.5%, 질환에 의한 후천적 원인 53.3%, 사고에 의한 후천적 원인 36.8%, 원인 불명 3.9%로서 대부분 질환과 사고에 의한 후천적 원인이었다.

이와 같은 결과는 시각장애가 일반적으로 선천적으로 나타나는 것으로 인식되고 있는 점과 다르다. 따라서 시각장애에 대한 예방적 노력이 필요할 것이다.

(4) 청각장애

청각장애는 선천적 원인 3.3%, 출산 시 원인 0.7%, 질환에 의한 후천적 원인 75.6%, 사고에 의한 후천적 원인 15.7%, 원인 불명 4.7%로 대부분 질환과 사고에 의한 후천적 원인이었다.

이와 같은 결과는 시각장애와 마찬가지로 선천적으로 나타나는 것으로 인식되고 있는 점과 매우 다르다. 따라서 청각장애에 대한 예방적 노력이 더욱 필요할 것이다.

(5) 언어장애

언어장애는 선천적 원인 21.9%, 출산 시 원인 7.0%, 질환에 의한 후천적 원인 39.5%, 사고에 의한 후천적 원인 8.3%, 원인 불명 23.2%로 선천적인 원인과 후천적인 원인이 혼재되어 있어 예방을 위해서는 선천적인 부분과 후천적인 부분을 모두 고려하여야 할 것이다.

(6) 안면장애

　안면장애는 선천적 원인 2.0%, 질환에 의한 후천적 원인 36.4%, 사고에 의한 후천적 원인 61.6%로 후천적인 원인이 대부분이었다.

　따라서 후천적 원인에 의한 안면장애에 대한 적극적인 예방적 노력이 필요할 것이다.

2) 내부기관 장애

　〈표 3-29〉는 내부기관 장애 유형별 장애발생 원인을 도표로 제시한 것이다. 이를 설명하면 다음과 같다.

〈표 3-29〉 내부기관 장애 유형별 장애발생 원인　　　　　　　　　(단위 : %, 명)

구분	선천적 원인	출산시 원인	후천적 원인(질환)	후천적 원인(사고)	원인불명	전국 추정수
신장장애	0.3	-	99.2	0.2	0.3	64,176
심장장애	19.1	-	80.9	-	-	22,219
호흡기장애	-	-	100.0	-	-	20,116
간장애	0.7	-	99.3	-	-	9,972
장루요루장애	-	-	97.5	2.5	-	20,101
간질장애	2.3	0.8	49.6	20.4	26.9	20,413

자료 : 보건복지부(2012). "2011년도 장애인실태조사보고서"에서 재구성

(1) 신장장애

　신장장애는 선천적 원인 0.3%, 질환에 의한 후천적 원인 99.2%, 사고에 의한 후천적 원인 0.2%, 원인 불명 0.3%로 대부분 질환에 의한 후천적 원인이었다. 이는 아마도 당뇨병과 같은 질병으로 인한 2차 증상으로 발생한 것으로 이해할 수 있을 것이다.

(2) 심장장애

심장장애는 선천적 원인 19.1%, 질환에 의한 후천적 원인 80.9%로 선천적 원인과 후천적 원인이 복합적으로 나타났다.

(3) 호흡기장애

호흡기장애는 질환에 의한 후천적 원인이 100%로 후천적 원인에 의한 것으로 나타났다. 이 호흡기장애는 후천적 장애의 예방을 위한 노력이 무엇보다도 필요하다고 하겠다.

(4) 간장애

간장애는 선천적 원인이 0.7%, 질환에 의한 후천적 원인이 99.3%로 후천적 원인이 주된 원인으로 나타났다. 이는 호흡기장애와 마찬가지로 후천적 장애의 예방을 위한 노력이 필요하다고 하겠다.

(5) 장루 · 요루장애

장루 · 요루장애는 질환에 의한 후천적 원인이 97.5%, 사고에 의한 후천적 원인이 2.5%로 나타났다. 이 역시 간장애와 마찬가지로 후천적 장애의 예방을 위한 노력이 필요하다고 하겠다.

(6) 간질장애

간질장애는 선천적 원인 2.3%, 출생 시 원인이 0.8%, 질환에 의한 후천적 원인 49.6%, 사고에 의한 후천적 원인 20.4%, 원인 불명 26.9%로 대부분의 원인은 질환이나 사고에 의한 경우와 원인불명이었다.

2. 장애유형별 장애발생 시기

1) 외부 신체장애

〈표 3-30〉은 외부 신체장애 유형별 장애발생 시기를 도표로 제시한 것이다. 이를 설명하면 다음과 같다.

〈표 3-30〉 외부 신체장애 유형별 장애발생 시기   (단위 : %, 명)

구분	출생 전 또는 출생 시	돌 이전	돌 이후	전국 추정수
지체장애	1.4	1.3	97.4	1,372,612
뇌병변장애	3.7	3.6	92.7	330,157
시각장애	3.1	3.7	93.3	285,752
청각장애	1.9	2.7	95.4	311,993
언어장애	8.4	7.2	84.4	103,880
안면장애	2.0	–	98.0	3,502

자료 : 보건복지부(2012). "2011년도 장애인실태조사보고서"에서 재구성

(1) 지체장애

지체장애의 장애발생 시기는 출생 전 또는 출생 시 1.4%, 돌 이전 1.3%, 돌 이후 97.4%로서 대부분 지체장애는 돌 이후에 발생하였다.

이는 후천적이며 안전에 대한 유의가 매우 필요함을 보여주는 것이다.

(2) 뇌병변장애

뇌병변장애의 장애발생 시기는 출생 전 또는 출생 시 3.7%, 돌 이전 3.6%, 돌 이후 92.7%로서 대부분 뇌변변장애는 돌 이후에 발생하였다.

이는 뇌병변이 태어나면서 발생한다는 일반적인 통념을 벗어난 결과이다. 그러나 문제가 있다는 점을 부모가 늦게 인지한 것은 아닌가 하는 의심도 있다.

(3) 시각장애

시각장애의 장애발생 시기는 출생 전 또는 출생 시 3.1%, 돌 이전 3.7%, 돌 이후 93.3%로서 대부분의 시각장애는 돌 이후에 발생하였다.

이는 시각장애도 뇌병변과 마찬가지로 태어나면서 발생한다는 일반적인 통념을 벗어난 결과이다. 그러나 시각에 문제가 있다는 점을 늦게 인지한 것은 아닌가 하는 의심도 있다.

(4) 청각장애

청각장애의 장애발생 시기는 출생 전 또는 출생 시 1.9%, 돌 이전 2.7%, 돌 이후 95.4%로 대부분 청각장애는 돌 이후에 발생하였다. 이와 같은 이유는 아마도 유아의 언어를 발달시키는 단계에서 부모가 청각문제를 인지한 시점인 것으로 보인다.

(5) 언어장애

언어장애의 장애발생 시기는 출생 전 또는 출생 시 8.4%, 돌 이전 7.2%, 돌 이후 84.4%로 대부분 언어장애는 돌 이후에 발생하였다. 이는 언어를 습득하는 단계에서의 발견으로 볼 수 있을 것이다.

(6) 안면장애

언어장애의 장애발생 시기는 출생 전 또는 출생 시 2.0%, 돌 이후 98.0%로 대부분 안면장애는 돌 이후에 발생하였다. 이는 사고에 의한 안면장애를 의심할 수 있을 것이다.

2) 내부기관 장애

〈표 3-31〉은 내부기관 장애 유형별 장애발생 시기를 도표로 제시한 것이다. 이를 설명하면 다음과 같다.

<표 3-31> 내부기관 장애 유형별 장애발생 시기 (단위 : %, 명)

구분	출생 전 또는 출생 시	돌 이전	돌 이후	전국 추정수
신장장애	-	-	100.0	64,176
심장장애	11.1	3.4	85.5	22,219
호흡기장애	-	-	100.0	20,116
간장애	-	0.7	99.3	9,972
장루요루장애	-	-	100.0	20,101
간질장애	0.8	10.3	89.0	20,413

자료 : 보건복지부(2012). "2011년도 장애인실태조사보고서"에서 재구성

(1) 신장장애

신장장애의 장애발생 시기는 돌 이후가 100%로 질병에 의한 장애로 볼 수 있을 것이다.

(2) 심장장애

심장장애의 발생 시기는 출생 전 또는 출생 시 11.1%, 돌 이전 3.4%, 돌 이후 85.5%로 대부분의 심장장애는 돌 이후에 발생하였다. 이는 심장장애가 후천적인 질환에 의하여 발생한다는 점을 보여주고 있는 것이다.

(3) 호흡기장애

호흡기장애의 발생 시기는 돌 이후 100%로 호흡기장애는 후천적인 원인임을 알 수 있다.

(4) 간장애

간장애의 발생 시기는 돌 이전 0.7%, 돌 이후 99.3%로 대부분의 간장애는 돌 이후에 발생하였다. 이는 간장애도 역시 호흡기장애와 마찬가지로 후천적인 질환에 의하여 발생한다는 점을 보여주고 있는 것이다.

(5) 장루 · 요루장애

장루 · 요루장애의 발생 시기는 돌 이후 100%로 장루 · 요루장애는 후천적인
원인임을 알 수 있다.

(6) 간질장애

간질장애의 발생 시기는 출생 전 또는 출생 시 0.8%, 돌 이전 10.3%, 돌 이
후 89.0%로 대부분의 간질장애는 돌 이후에 발생하였다. 그러나 돌 이전에도 그
발병율이 11.1%에 달하였다. 이는 선천적인 요인과 후천적인 요인이 복합되어
있다는 점을 보여주는 결과이다.

생각은
복잡하게,

말은
단순하게

제 4 장

정신적 장애

Social Welfare for the Disabled

발달장애는 정신장애인가?

발달장애라는 용어는 애초에는 '전반적 발달장애'라는 용어로 자폐성장애를 의미하는 용어였으나 이후 여러 변천을 거쳐 현재에는 지적장애와 자폐성장애를 의미한다.

아마도 20세기 초까지는 발달장애를 정신장애의 일종으로 생각하였던 것으로 보인다. 그러나 발달장애는 정신적인 문제이기는 하나 정신분열과 같은 정신장애 증상은 아니라는 것이 밝혀졌다.

지적장애인이 일반인들과 동일한 사고체계를 가지고 있는 것과는 다르게, 자폐성장애인은 일반인들과 다른 사고체계를 가지고 있지만 정신분열과는 다르며, 장애가 아닌 장애로 이해하여야 할 것이다.

그래서 현재는 발달장애 문제를 정신장애 측면이 아닌 다른 측면에서 이해하고자 노력한다. 발달장애인들이 다른 일반인보다 능력 면에서 떨어지고 있는 것은 사실이지만 이는 개인별 차이로 이해해야 한다는 것이다.

일반인들이 능력의 차이가 있는 것과 마찬가지로 장애를 가진 발달장애인들도 능력의 차이를 보인다는 것이다. 즉, 사람은 능력의 차이가 존재하는데 어떤 사람은 능력이 많이 있을 수도 있고 어떤 사람은 능력이 부족할 수도 있다는 것이다.

사람들은 발달장애인들을 일반인의 범주에 두지 않으려는 경향이 있다. 사람들의 생각이 그 얼굴 생김만큼이나 다르듯이 발달장애인은 여러 가지 사람의 모습 중에 한 모습일 뿐인데 말이다.

따라서, 발달장애인을 장애인으로 구분 짓는 것은 발달장애인을 위한 편의상의 구분이지 일반인들과 구별하여 처우하기 위한 것이 아니라는 것이다.

제 1 절

지적장애

1. 정의

"장애인복지법 시행령(2014. 6. 30)에 의하면 지적장애인(知的障碍人)은 정신발육이 항구적으로 지체되어 지적 능력의 발달이 불충분하거나 불완전하고 자신의 일을 처리하는 것과 사회생활에 적응하는 것이 상당히 곤란한 사람"으로 정의된다.

그리고 이에 대한 장애진단기준 및 등급은 장애인복지법시행규칙(2013. 10. 31)에 의하면 〈표 4-1〉과 같다.

〈표 4-1〉 지적장애의 장애등급

등급	설 명
제1급	지능지수가 35 미만인 사람으로서 일상생활과 사회생활에 적응하는 것이 현저하게 곤란하여 일생 동안 다른 사람의 보호가 필요한 사람
제2급	지능지수가 35 이상 50 미만인 사람으로서 일상생활의 단순한 행동을 훈련시킬 수 있고, 어느 정도의 감독과 도움을 받으면 복잡하지 아니하고 특수기술이 필요하지 아니한 직업을 가질 수 있는 사람
제3급	지능지수가 50 이상 70 이하인 사람으로서 교육을 통한 사회적·직업적 재활이 가능한 사람.

위와 같은 기준에 의하면, 지적장애는 지능지수가 70 이하이고 사회적, 직업적 재활 지원이 필요한 사람이 해당한다고 볼 수 있다.

위와 같은 진단을 위해서는 해당 장애인은 의료기관의 정신과 또는 재활의학과 전문의로부터 진단을 받게 되는데 이 때, 장애진단을 하는 의사는 원인 질환 등에 대하여 6개월 이상의 충분한 치료를 한 후, 장애가 고착되었음을 확인하는 진단서, 소견서, 진료기록 등을 작성한다.

지적장애는 간단히 말하여 지능지수(Intelligence Quotient; IQ)가 낮은 경우이다. 일반적으로 지능지수 기준으로 지적장애를 판별하는 방법은 일반인들의 지능지수 평균을 100으로 두고, 표준편차가 15인 경우 표준편차 이하 즉, 일반인의 평균치 100보다 30점이 낮은 지능지수인 70을 넘지 않은 경우를 기준으로 한다.

그러나 비록 지능지수가 70을 넘지 않는다고 할지라도 생활기능 등의 측면에서 별다른 문제가 없을 경우에는 지적장애로 보지 않는다.

지적장애 진단 및 사정은 기능장애가 나타날 수 있는 다양한 영역을 살펴보고 또 아동의 지적 기능을 평가하여 하게 된다. 그러나 현재 개발되어 있는 검사방법들은 대부분 단어나 언어이해를 요구하여 대부분의 지적장애인이 이에 응답하기에는 너무 어렵다. 그래서 지적기능에 대한 올바른 평가를 내리기란 쉽지 않다(최기창, 2010).

그래서, 직접 행동을 관찰하는 방법을 사용하는데 이 방법은 사회화 문제와 부적절한 행동의 내용을 구분하는데 유용하다. 또 직접적인 관찰에 의한 방법일 경우에는 진단뿐만 아니라 향후 처방에도 매우 도움이 되므로 직접적인 관찰은 매우 중요한 방법이다.

지적장애는 인지기능 수준에 따라 그 예후가 밀접하게 관련이 있다. 그리고 이 인지기능수준은 아동기, 청년기에도 변하지 않고 지속적으로 남아있다.

보통, 지적장애의 경우는 전 생애기간동안 거의 변하지 않으며, 인지기능의 발달이 더 빈약해지는 경향이 있다. 그러나 경미한 지적장애는 좀 더 좋은 예후를 나타내는 경향이 있다. 부연하면, 다운증후군, 프래절 X의 경우는 다른 형태의 지적장애 보다 좀 더 천천히 지적능력이 발전하는 경향이 있다.

지적장애인은 나이가 들면서 적절한 행동법이 점진적으로 성장한다. 그러나 도리어 퇴행하는 경우도 가끔 나타나기도 한다.

2. 특징

지적장애인의 인지는 일반인과 다름이 없다. 다만 지적 능력이 떨어지는 것이다. 〈표 4-2〉 지적장애인의 특성을 요약한 것이다. 이를 설명하면 다음과 같다.

〈표 4-2〉 지적장애인의 특성

분야	특 성
자발성	아동기에는 다양한 시도를 하고 자발적인 모습을 보이기도 하지만 이후 거듭된 실패의 결과로 성인이 되면 수동적인 특징을 보인다.
표 현	의지할 대상을 찾으며 위축된 모습을 보인다. 자신을 해하려 하거나 원하는 것을 하지 못하게 할 때 공격성을 보이기도 하고 충동적일 수 있다.
의사소통	의사소통기술이 부족하여 답답해하다가 문제를 제대로 해결하지 못한다.
권 리	권리나 기회를 포착하기 어려워 권리를 박탈당하거나 희생당할 수 있다.
주의력	긴 시간 주의를 기울이기 어렵고, 작은 방해요소에도 쉽게 주의력이 흐트러질 수 있다.
애 정	타인에 대한 절대적인 애정을 보이거나 반감을 보여 이분법적 사고를 할 수 있다.
신체조건	장애로 인한 신체조건으로 인하여 운동에 대하여 두려움을 보일 수 있으며 운동기술이 제대로 발달되지 못할 수 있다.

지적장애인의 특징은 아동기에는 다양한 시도를 하고 자발적인 모습을 보이기도 하지만, 이후 거듭된 실패의 결과로 성인이 되면 수동적인 특징을 보인다.

결국, 절대적인 의지를 할 수 있는 대상을 찾으며 위축된 모습을 보인다. 그러나 일시적으로 자신의 분노에 대한 표출을 하게 되는데 자신에 대하여 해하거나 원하는 것을 하지 못하게 할 때 공격성을 보이기도 하고 충동적일 수 있다.

즉, 의사소통 기능이 부족하기 때문에 언어로 의사소통하는 대신 파괴적이고 공격적으로 행동할 가능성이 있다.

지적장애인은 사람에 의해 재산이나 학대 등에 노출되기 쉽다. 그리고 주의력이 떨어져서 긴 시간동안 주의를 기울이기 어렵고, 작은 방해요소에도 쉽게 주의력이 흐트러질 수 있다.

애정측면에서는 타인에 대한 절대적인 애정을 보이거나 반감을 보여 이분법적 사고를 할 수 있다. 그리고, 타인에 대한 자신의 기분 상태를 여과 없이 표현함으로서 타인을 당황하게 하거나 성추행 등으로 오해 받을 수 있다.

또한 지적장애인은 동반된 장애로 인한 신체조건으로 인하여 운동하는데 두려움을 보일 수 있으며 운동기술이 제대로 발달되지 못할 수 있다.

3. 출현율

지적장애 출현율은 약 2~3%이다(Scott, 1994). 이 중 80%는 경도(3급)에 해당하고 12%는 중등도(3급~2급), 7%는 중도(2급~1급), 그리고 1% 정도가 최중도(1급)에 해당한다. 이들 중 25~50% 정도는 중대한 품행, 정서 또는 전반적인 발달문제를 보이며, 12~15%는 시각손상을 가지고 있고, 8~20%는 청각 손상을 보이며, 15~30%는 간질을, 그리고 10만명 당 20명이 심각한 도전적 행동을 보인다고 한다(British Psychological Society, 1994).

4. 원인

지적장애의 주된 원인은 생물학적 요인과 환경요인이다. 특히, 임신 중 생물학적 요인은 두뇌의 발달에 영향을 미친다.

1) 생물학적 요인

생물학적 요인에 의한 지적장애를 유발할 수 있는 문제에는 다음과 같은 것들이 있다.

(1) 기형

기형은 염색체 이상이나 유전적 장애를 의미하는데 이는 〈표 4-3〉과 같다.

〈표 4-3〉 기형에 의한 지적장애유형

유형	설명
프래절 X 증후군[33]	염색체 이상에 의한 것으로 남아의 경우 지능 저하, 큰 고환, 긴 얼굴, 튀어나온 턱, 크고 뚜렷한 귀 등 특징적인 얼굴을 보이며, 여아는 대개 다양한 지능저하만을 보이는 질환이다.
프라더 윌리 증후군[34]	15번 염색체에 유전자 이상이 발생하고, 이로 인해 시상하부[35] 기능에 장애가 발생하는 질환으로, 연령과 개인에 따라 나타나는 증상은 다르다. 이는 저 신장, 성기 발육부진, 비만 그리고 학습장애를 특징으로 하는 질환이다.
다운증후군[36]	가장 흔한 염색체 질환으로서, 21번 염색체가 정상인보다 1개 많은 3개가 존재하여 정신 지체, 신체 기형, 전신 기능 이상, 성장 장애 등을 일으키는 질환이다

　　프래절X 증후군은 염색체 이상에 의한 것으로 남아의 경우 지능 저하, 큰 고환, 긴 얼굴, 튀어나온 턱, 크고 뚜렷한 귀 등 특징적인 얼굴을 보이며, 여아는 대개 다양한 지능저하만을 보이는 질환이다.

　　프라더-윌리 증후군은 15번 염색체에 유전자 이상이 발생하고, 이로 인하여 시상하부 기능에 장애가 발생하는 질환으로, 연령과 개인에 따라 나타나는 증상이 다르다. 이는 저 신장, 성기 발육부진, 비만 그리고 학습장애를 특징으로 하는 질환이다. 특히 프라더 윌리 증후군의 경우 먹는 것에 대한 자기 통제가 쉽지 않아 비만을 유발하게 된다.

　　다운증후군은 가장 흔한 염색체 질환으로서, 21번 염색체가 일반인보다 1개 많은 3개가 존재하여 낮은 지능, 신체 기형, 전신 기능 이상, 성장 장애 등을 일

33) Fragile X Syndrome : 취약X증후군
34) Prader-Willi Syndrome
35) 시상의 아래쪽에서 뇌하수체로 이어지는 부분이다.
36) Down Syndrome

으키는 질환이다.

신체 전반에 걸쳐 이상이 나타나며 특징적인 얼굴 모습을 관찰할 수 있고, 지능이 낮다. 출생 전에 기형이 발생하고, 출생 후에도 여러 장기의 기능 이상이 나타나는 질환으로서 일반인에 비하여 수명이 짧다고 하나 의학의 발달로 반드시 그렇지는 않다.

(2) 신진대사

신진대사의 문제도 지적장애를 초래할 수 있는데, 이는 페닐케톤뇨증[37]과 리이만-픽 병[38] 등이 이에 해당한다.

(3) 기타

산소결핍, 두뇌손상, 중독(납 중독 등) 등도 지적장애를 유발한다. 우연한 사고로 유아나 아동이 다치게 되면 아동은 인지발달과 관련하여 매우 불행한 결과를 초래할 수도 있다.

2) 환경요인

환경요인 역시 지적장애에 많은 영향을 미치는데, 부모의 인지기능 결함, 빈약한 교육경력, 자녀를 양육하는 데 일관성이 없는 훈육, 낮은 사회경제적 수준 등이 이에 해당한다.

---

37) 지능장애, 담갈색 모발, 피부 색소 결핍 등이 초래되는 상염색체성 열성 유전성 질환, 이는 단백질을 분해시키지 못하는 장애로서 조기에 발견하여 치료하면 치료가 가능. 이를 게을리 하면 지적장애 등의 장애유발
38) 간, 비장, 폐, 골수, 뇌 등에 해가 되는 양의 지질이 축적되는 유전성 대사질환

제 2 절

자폐성장애

1. 정의

자폐성장애는 장애인복지법 시행령(2014. 6. 30)에 의하면, 소아기 자폐성장애, 비전형적 자폐성장애에 따른 언어·신체표현·자기조절·사회적응 기능 및 능력의 장애로 인하여 일상생활이나 사회생활에 상당한 제약을 받아 다른 사람의 도움이 필요한 사람으로 정의하고 있다. 그리고 그 등급기준은 〈표 4-4〉와 같다.

〈표 4-4〉 자폐성장애 등급기준

등급	설　　명
제1급	ICD-10의 진단기준에 따른 전반성발달장애(자폐성장애)로 정상발달의 단계가 나타나지 아니하고, 지능지수가 70 이하이며, 기능 및 능력 장애로 인하여 주위의 전적인 도움이 없이는 일상생활을 해나가는 것이 거의 불가능한 사람
제2급	ICD-10의 진단기준에 따른 전반성발달장애(자폐성장애)로 정상발달의 단계가 나타나지 아니하고, 지능지수가 70 이하이며, 기능 및 능력 장애로 인하여 주위의 많은 도움이 없으면 일상생활을 해나가기 어려운 사람
제3급	제2급과 같은 특징을 가지고 있으나 지능지수가 71 이상이며, 기능 및 능력 장애로 인하여 일상생활 혹은 사회생활을 해나가기 위하여 간헐적으로 도움이 필요한 사람

〈표 4-4〉에 의하면 ICD-10(International Classification of Diseases, 10Th Version)이라는 용어가 있는데 이는 국제장애분류 제 10버전을 의미한다.

이 버전에 의한 자폐성장애진단기준은 〈표 4-5〉 ICD-10에 의한 자폐성장애 분류와 같다.

1) 소아기 자폐성장애

소아기 자폐성장애는 3세 이전에 발달이상이나 손상이 명백히 나타나고, 사회적 상호작용 문제, 의사소통문제, 이상행동(제한적이고, 의미 없으며, 상동증적인 행동)을 명백히 보이는 경우이다.

이외에도 소아기 자폐성장애아는 자해, 공격, 기질적 짜증, 수면 및 섭식 문제, 공포 등을 보일 수 있다.

2) 비전형 자폐성장애

비전형 자폐성장애는 소아기 자폐와 달리 발생 연령이나 진단준거 세 가지 모두 충족하지 못하는 전반성발달장애이다. 즉, 3세 이후에 발달이상과 손상이 발생하지만, 다른 영역에서는 이상을 보임에도 불구하고 소아기 자폐성장애아가 보이는 세 가지 특성(사회적 상호작용, 의사소통, 이상행동)을 모두 충족시키지 못하는 경우가 이에 해당한다.

비전형자폐성장애는 보통 심각하게 지체된 사람, 심각한 언어반복을 보이는 발달장애인 등이 해당한다.

3) 레트증후군

레트증후군은 현재까지는 여아에게서만 발견되며, 초기에는 정상적인 발달을 보이다가 생후 24개월부터 7세 사이에 발병한다. 두뇌성장이 퇴행하면서 언어, 손사용, 균형유지 등에 이상을 보이는데 유목적적인 손사용, 쓰기 등에서 손상을 보이고, 과호흡증후군(Hyperventilation) 증상도 보인다(김미경, 최기창 2011).

<표 4-5> ICD-10에 의한 자폐성장애 분류

분류 번호	장애명	설 명
F84	소아기 자폐성 장애	(A) 3세 이전에 발달이상이나 손상이 명백히 나타나고, (B) 아래 사항 중 세 가지 부문에서 이상기능이 있는 경우 : 사회적 상호작용 문제, 의사소통문제, 이상행동(제한적이고, 의미 없으며, 상동증적인 행동) * 이외에도 자해, 공격, 기질적 짜증, 수면 및 섭식 문제, 공포 등을 보일 수 있다.
F84.1	비전형 자폐성 장애	-소아기 자폐와 달리 발생 연령이나 진단준거 세 가지 모두 충족하지 못하는 전반성발달장애 -3세이후에 발달이상과 손상이 발생한 경우에 해당하며, 다른 영역에서는 이상을 보임에도 불구하고 세가지 특성(사회적상호작용, 의사소통, 이상행동)을 충족시키지 못하는 경우에 해당 -비전형자폐성장애는 심각하게 지체된 사람, 심각한 언어반복을 보이는 발달장애인등이 해당
F84.2	레트 증후군	현재까지는 여아에게서만 발견되며, 초기에는 정상적인 발달을 보이다가 생후 24개월부터 7세 사이에 발병한다. 두뇌성장이 퇴행하면서 언어, 손사용, 균형유지 등에 이상을 보인다. 유목적적인 손사용, 쓰기 등에서 손상을 보이고, 과호흡중후군(Hyperventilation) 증상을 보인다. 몸통운동과 실행증(失行症)(TrUNk Ataxia and Apraxia)이 4세경에 나타나 빈번하게 무의식적으로 몸에 경련이 일어나는 (Choreoathetoid; 무도성무정위) 운동이 일어난다. 심각한 정신적인 지체를 보인다.
F84.3	기타 소아기 붕괴성 장애	정상적인 발달을 하다가 장애 발병으로 수개월이 지나면 이전에 획득했던 기술을 잃게 되는 전반성발달장애이다. 이는 전형적으로 반복적이고 의미 없으며 반복적인 운동의 행태로 환경에 대한 관심을 잃고, 사회적 상호작용과 의사소통에서 마치 자폐성장애인과 같이 나타난다. 일부 이 장애인은 두뇌질환으로 인하여 나타날 수 있는데 그 진단은 행동 측성으로 하게 된다.
F84.4	지적장애로 인한 문제와 의미 없는 행동으로 인한 과잉 행동장애	이는 질병 타당도가 불확실한 장애정의에 의한 장애이다. 이는 중증 정신지체(지능지수 35이하)인 아동이 과잉행동, 부주의, 의미 없는 반복행동을 보일 때 진단한다. 이들은 지능지수 정상범주에 있는 사람과 달리 각성제 약물이 듣지 않는 경향이 있고, 각성제 투여 시 심각한 부작용을 보인다. 청소년의 경우, 과잉행동이 저활동으로 바뀌는 경향이 있는데 이는 정상 지능 과잉행동 아동에게서는 나타나지 않는 현상이다. 이 장애는 특정 또는 전반적 발달지체와 관련이 있다. 낮은 지능으로 인한 기능 양상과 두뇌손상으로 인한 행동원인은 밝혀지지 않았다.

분류 번호	장애명	설 명
F84.5	아스퍼거 증후군	-질병 진단의 타당도를 담보 받지 못한 장애로서, 자폐성장애에서 보이는 사회적 상호작용에서 문제를 보이는 형태이다. 이들은 관심이나 행동에서 제한적이고 의미없는 관심, 행동모습을 보인다. -이들이 자폐성장애와 다른 점은 언어나 인지발달에서는 전반적인 지체나 지연이 없다는 점이다. 이 장애는 운동에서 어색함을 보이는 특징이 있다. 이들의 이상한 행동은 청소년기와 성인기에 들어서도 지속되는 경향이 있다. 이들은 성인기 초에 정신 분열적인 에피소드를 가끔 보이기도 한다.

몸통운동과 실행증(失行症)(Trunk Ataxia and Apraxia)이 4세경에 나타나 빈번하게 무의식적으로 몸에 경련이 일어나는 증상(Choreoathetoid; 무도성무정위)이 일어난다. 또한 심각한 정신적인 지체를 보인다.

4) 기타 소아기붕괴성장애

소아기붕괴성장애는 정상적인 발달을 하다가 발병이 일어나고, 수개월이 지나면 이전에 획득했던 기술을 잃게 되어 전반성 발달장애 모습을 보인다. 이는 전형적으로 반복적이고 의미 없으며 반복적인 운동 행태를 보이며, 환경에 대한 관심을 잃고, 사회적 상호작용과 의사소통에서 마치 자폐성장애인과 같은 보습을 보인다.

일부 소아기붕괴성장애인은 두뇌질환으로 인하여 나타날 수 있는데 그 진단은 행동 측정으로 하게 된다.

5) 지적장애로 인한 문제와 의미없는 행동으로 인한 과잉행동장애

이는 질병 타당도가 불확실한 장애이다. 중증 지적장애(지능지수 35 이하)인 아동이 과잉행동, 부주의, 의미없는 반복행동을 보일 때 이와 같이 진단한다. 이들은 지능지수가 정상범주에 있는 사람과 달리 각성제 약물이 듣지 않는 경향이 있고, 각성제 투여 시 심각한 부작용을 보인다.

청소년의 경우, 과잉행동이 저활동으로 바뀌는 경향이 있는데 이는 정상지능 과잉행동 아동에게서는 나타나지 않는 현상이다.

이 장애는 특정 또는 전반성발달지체와 관련이 있다. 낮은 지능으로 인한 기능 양상과 두뇌손상으로 인한 행동원인은 아직 밝혀지지 않았다.

6) 아스퍼거 증후군

아스퍼거 증후군은 질병 진단상 타당성을 입증 받지는 못하였는데, 자폐성장애에서 보이는 사회적 상호작용에서 문제를 보이는 형태이다. 이들은 관심이나 행동에서 제한적이고 의미 없는 관심과 행동 모습을 보인다.

이들이 자폐성장애와 다른 점은 언어나 인지발달에서 전반적인 지체나 지연이 없다는 점이다.

그러나 이 장애는 운동에서 어색함을 보이는 특징이 있다. 이들의 이상한 행동은 청소년기와 성인기까지 지속되는 경향이 있고 성인기 초에 정신 분열적인 에피소드를 가끔 보이기도 한다.

2. 특징

대부분의 자폐아는 전형적으로 세 가지 결함 특징을 가지고 있다(Volkmar, Klin and Cohen, 1997). 이를 Lorna Wing의 이름을 따서 Wing의 3요인(Triad)이라고 부른다. 즉 사회발달, 언어발달, 행동이다.

자폐아에게서 처음으로 나타나는 사회행동 이상은 눈맞춤 없음, 사회적 정서적 제스처 사용 없음, 사회적 상호작용 부족, 부모를 안전기지로 사용하는 능력이 없는 것과 같은 애착문제, 공감(Empathy) 부족, 타인과 함께 즐기거나 자긍심을 갖는 것과 같은 정적 정서 공유에 대한 무관심 등이 해당한다.

자폐아동은 일반적으로 언어발달이 지체되며, 언어사용 시 대명사 바꾸어 사용하기(Pronominal Reversal), 반향어(Echolalia), 신조어(Neologism), 그리고 특이한 말 표현(Idiosyncrasies) 등과 같은 여러 가지 화용상(Pragmatic)이상을 보인다.

대명사 바꾸어 사용하기(Pronominal Reversal)의 경우 아동은 대명사 너(You) 대신에 나(I)를 사용한다. 반향어(Echolalia)의 경우, 아동은 말한 사람이 말한 것과 같은 억양으로 같은 말을 따라 한다.

자폐아동의 경우 대부분 대화주제를 확대하지 않으며 언어사용에 있어 창조성을 보이지 못한다. 자폐아동의 행동은 고정관념에 사로잡힌 반복패턴을 보인다. 그리고 자폐아동은 관심이 제한된 관심 범주 내에 한정되어 있다. 또한 습관을 강하게 유지하고자 하며, 동질성을 고집하고 변화에 저항한다. 상상놀이나 가장놀이 등은 사실상 존재하지 않는다.(김미경, 최기창 2009)

이와 같은 사회적, 언어적, 행동적인 결함 외에도, 자폐성장애 소아들은 여러 가지 다양한 관련 특성, 특히, 애정, 인지, 신체 도메인 등이 치료를 받을 만한 수준으로 나타나고 있다. 〈표 4-6〉은 이를 요약한 것이다.

〈표 4-6〉 자폐성장애의 특징

분류	특 징
대인관계 조정	-타인과의 공감부족, 사회적 상호작용의 원리 이해 부족 -사회상호작용에서 의견교환부족, 애정적인 상호관계구성능력 손상
언어	-언어 발달 지체, 사회적인 대화 부족, 대화에서 창조적인 언어 사용부족, 대명사를 바꾸어 말함, 반향어, 신조어 만들기(Neologism) -언어를 색다르게 사용함(Idiosyncratic Use)
행동	상상놀이 부재, 타성에 젖은 행동패턴, 진부한 습관 및 의식, 변화에 저항
애정	부적절한 정서표현, 변화에 대한 강한 거부 정서반응, 아동의 경우 두려움과 공포(Phobias)가 일반적임
인지	- 75% 이상이 IQ 70 이하임, 시공간 IQ는 구어 IQ보다 높음 - 능력섬 존재(잘하는 부분이 한정적으로 존재), 사회문제 해결에 어려움 겪음
신체조건	청소년기 후반에 33% 정도가 간질, 아동의 경우 유뇨증과 유분증이 보통임, 소수가 자해 행동을 보임(머리 치기 또는 물어뜯기)

자폐아동의 애정과 정서표현은 일반적으로 사회상황에 부적절하게 대응한다. 예를 들면, 대부분의 자폐아동은 농담을 이해하지 못한다. 또 변화에 대한 저항으로 인하여 짜증이나 부정적인 정서 모습을 보인다. 또 대부분의 자폐아동은 두려움과 공포심을 가지고 있다.

인지 측면에서 자폐아동의 75% 이상이 IQ 70 이하이고 비구어나 성과(成果) 점수가 구어 IQ보다 높다. 일부 자폐성장애 아동들은 능력의 섬을 가지고 있는데 예를 들면, 귀를 통하여 여러 음을 분별하거나 여러 가지 내용을 잘 기억한다. 그러나 자폐 아동의 뚜렷한 결함은 대부분 사회적 또는 대인관계 문제를 해결하는 능력을 가지고 있지 못하다.

신체 발달 측면에서 자폐성장애 아동의 1/3이 청소년기 후반기에 간질을 보이며, 대다수는 아동기에 유뇨증 및 유분증과 같은 배설문제를 보인다. 또한 일부 아동은 자해에 의한 신체 문제를 유발시키는 데, 이런 행동은 머리를 치거나 물어뜯는 행동이 해당한다.

3. 출현율

자폐성장애는 Leo Kanner가 1943년에 최초로 설명하였는데, 출현율은 1만명 당 2~5명이다. 남녀의 자폐성장애 비율은 3 또는 4:1로 남자가 3~4배 높다. 이러한 성별 간 차이는 자폐성장애에만 해당되는 것이 아니고, 자폐성장애 이외의 많은 발달장애들이 남아에게서 더 많이 발생된다.

그러나 자폐성장애라고 정확한 진단을 내릴 수는 없지만, 자폐행동을 보이는 아동까지 포함하면, 일만 명 당 15명 내지 20명으로 나타난다. 그래서, 자폐성장애의 발병률은 나라에 따라 현저한 차이를 보이고 있는데, 어느 나라는 일만 명 당 2명, 어느 나라는 일만 명 당 16명에 달한다고 한다.

우리나라의 경우는 부모들이 자폐 아동에 대한 이해의 부족과 사회의 이해 부족에 대한 심리적 부담으로 자녀가 장애아동이라는 것을 밝히지 않으려는 경향으로 아직까지 정확한 통계 수치는 알 수 없다.

자폐아동의 경우 일반 IQ가 50 이상이고, 구어 IQ가 50 이상인 경우, 예후에 좋은 보호요인이 된다. 5세의 시기에 적절한 언어 발달을 하게 될 경우도 좋은 예후의 징조이다.

4. 원인

자폐성장애 원인에 관련한 이론은 3개 부류. 즉, 정신역동이론(Psychogenic), 생물학적 이론(Biogenic), 그리고 인지이론(Cognitive) 등으로 구분할 수 있다.

정신역동이론은 심리사회적 과정이 자폐원인의 중심이 되고, 생물학적 이론은 자폐성장애 발병의 기초가 생물학적 원인에 있다고 보는 것이며, 인지이론은 자폐증의 주원인은 알 수 없는 것이나 특정 인지 결함의 관점에서 증상의 패턴을 설명한다. 이들 세 가지 부류에 대한 주요이론을 설명하면 다음과 같다. 〈표 4-7〉은 이를 요약한 것이다.

〈표 4-7〉 자폐성장애의 원인

원인이론	설 명
정신역동이론	자폐성장애는 냉담하고, 비정서적이며, 부적절한 양육으로 인한 아동의 반응이라고 하지만 적절한 지지를 받지 못하고 있음
생물학적 이론	유전요인, 태아 환경요인, 주산기 문제, 신경해부학적요인, 심리사회적 요인, 또는 이들 간의 조합으로 설명
인지이론	자폐성장애 증상을 유발하는 이유를 인지 역기능으로 설명

1) 정신역동이론

자폐성장애에 관한 초기 이론들은 그 원인이 부적절한 양육방법에 있는 것으로 보았으며, 정서적 어려움을 보이는 사회적 특성, 언어적 특성, 그리고 행동적 특성 등을 자폐성 장애의 주요 특징이라 하였다. 예를 들어, 이 이론에서는 자폐성장애는 냉담하고, 비정서적이며, 부적절한 양육으로 인한 아동의 반응이라고 본다. 반향어, 동일성 고수, 진부한 의식고수 등과 같은 자폐성장애 특성 일부로 인하여 아동의 욕구를 부모가 채워주지 못할 경우 아동이 이에 대한 적대의 표현을 하는 것으로 본 것이다(최기창, 유경훈 2011).

그러나 자폐성장애의 원인을 부모의 부적절한 양육방법과 가족 간 상호작용으로 들고 있는 정신역동이론에 관련한 보다 세밀한 연구결과 자폐 아동 가족에서 그러한 이상성을 보이지 않아 지지를 받지 못하고 있다(예: Koegel et al., 1983).

이와 같이 자폐성장애에 대한 정신역동이론의 증거가 부족함에도 불구하고, 이들의 주장은 아직도 인기를 얻고 있다. 이는 매우 불행한 일이다. 왜냐하면, 증명되지 않은 사실임에도 불구하고 아동장애의 원인이 부모의 부적절한 양육방법에 기인한다는 죄책감을 갖게 하기 때문이다.

최근 연구는 대부분 자폐성장애에 대하여 신경학적 원인을 들고 있으며, 주요 치료상 특징이 정서 요인이라기보다는 인지 요인에 있다는 점을 지적하고 있다(Bailey et al., 1996). 더구나 행동 연구에서는 자폐성장애인 처방에 있어 간접적인 정신 방법보다는 직접적인 행동 기법의 중요성을 강조하고 있다(Bregman and Gerdtz, 1997).

2) 생물학적 이론

자폐성장애 관련 생물학적 이론에서는 유전요인, 태아 환경요인, 주산기 문제, 신경해부학적요인, 심리사회적 요인, 또는 이들 간의 조합요인들에 의하여 자폐성장애를 설명하고자 한다(Bailey et al., 1996). 쌍생아를 통한 연구결과 유전자가 관련이 있을 것이라는 증거가 있고, 주산기 문제로 인한 자폐요인이 높은데, 이는 연구에 따르면 산모연령, 약물사용, 미숙아 등이 이에 해당하였다(Tsai, 1987).

그러나 유전에 의한 정확한 생물학적 특징이나 주산기 감염 문제로 인한 생물학적 특징 등에 대한 연구가 활발하게 진행되었음에도 불구하고 아직도 그 원인은 불분명하다(Bailey et al., 1996).

3) 인지이론

자폐성장애에 관련하여 인지이론에서는 이 장애의 특징이 되는 치료상 특징 및 증상에 대한 설명을 인지결함에 중점을 두고 있다. 이 이론은 자폐성장애 증상을 유발하는 것으로 보는 인지 역기능 크기에 따라 협의 또는 광의로 분류할 수 있다(Bailey et al., 1996). 여기에서는 사회인지에서의 결함을 자폐성장애의 중심원인으로 본다. 그리고, 이들에 대한 각각의 증거도 가지고 있다.

(1) 정보처리

Hermelin과 O'Connor(1970)는 자폐성장애인은 정보처리(Encoding, Sequencing, Abstraction)에 어려움을 가지고 있으며 이로 인하여 언어에 지체를 보인다고 하였다.

Sigman(1995)은 사회이해능력 결핍이 자폐성장애인의 대인관계에서 보여주는 어려움의 근본원인이라는 증거를 살펴보았다. 그 결과, 자폐성장애인은 사회적인 추론하기, 추론적으로 바라보기 및 지적하기 등과 같은 사물공유(Joint Attention)가 제대로 기능하지 못하였다.

Hobson(1993)은 자폐성장애인은 일반아동과 다르게 얼굴표정 정보를 처리하여, 다른 사람이 보여준 감정에 적절하게 반응하지 못한다는 점을 밝혀냈다.

(2) 마음이론

Baron-Cohen등(1985)은 자폐성장애인은 '마음이론(A Theory of Mind)'이 없어 상상놀이를 가능하게 하여주는 능력인 인지표현을 구성할 수 없다고 하였다. 이 이론은 자폐성장애인이 비밀을 유지하거나 다른 사람의 주의를 사물에 끌기(Pro-Declarative Pointing)와 같은 타인의 정신상태를 보여주는 사회적 행동에서 결함을 보인다고 하였다.

(3) 중앙응집성

중앙응집성이론에서는 자폐성장애인이 전체보다는 부분에 집중하는 경향을 보여 정보투입 관리에 어려움을 보인다고 한다.

일부학자는 자폐성장애의 근본원인은 중앙응집성(Central Coherence)에 대한 강한 충동 때문이라고 하였다. 즉, 자폐성장애인은 정보를 전체적인 상황으로보다는 정보 조각들로 처리한다는 것이다. 그리고, 이들의 정보처리 투입관리 접근방식은 하향식 접근(Top-Down Approach)이 아니라 상향식 접근(Bottom-Up) 방식이라는 것이다.

(4) 실행기능

실행기능이론(Executive FUNction Theory)에서는 자폐성장애인의 주요결함이 문제해결기술에 있다고 한다. 그리고, 문제해결 기술의 결함원인이 실행기능 결함에 있다고 본다.

실행기능은 외부상항에 대한 비관여 능력, 원치 않는 것에 반응하지 않기, 계획하기, 인지적인 계획설정하기와 과제수행하기, 성과 통제 및 교정활동을 위한 피드백 사용하기, 인지계획을 유연하게 변동시키기 등이 해당한다.

제 3 절

정신장애

1. 정의

　장애인복지법 시행령에 의하면 정신장애인(精神障碍人)에 대한 정의는 "지속적인 정신분열병, 분열형 정동장애(情動障碍 : 여러 현실 상황에서 부적절한 정서반응을 보이는 장애), 양극성 정동장애 및 반복성 우울장애에 따른 감정조절·행동·사고 기능 및 능력의 장애로 인하여 일상생활이나 사회생활에 상당한 제약을 받아 다른 사람의 도움이 필요한 사람"을 의미한다.

　그리고 장애인복지법 시행규칙(2013. 10. 31)에 의한 정신장애의 등급기준은 〈표 4-8〉과 같다.

〈표 4-8〉 정신장애의 등급기준

판정급수	설　　　　명
제1급	-정신분열병으로 망상, 환청, 사고장애 및 기괴한 행동 등의 양성증상이나 사회적 위축과 같은 음성증상이 심하고, 현저한 인격변화가 있으며, 기능 및 능력 장애로 인하여 주위의 전적인 도움이 없이는 일상생활을 해나가는 것이 거의 불가능한 사람(정신병을 진단받은 지 1년 이상 지난 사람만 해당. 이하 같다) -양극성정동장애(조울병)로 기분·의욕·행동 및 사고의 장애증상이 심한 증상기(症狀期)가 지속되거나 자주 반복되며, 기능 및 능력 장애로 인하여 주위의 전적인 도움이 없이는 일상생활을 해나가는 것이 거의 불가능한 사람 -반복성우울장애로 정신병적 증상이 동반되고, 기분·의욕 및 행동 등에 대한 우울증상이 심한 증상기가 지속되거나 자주 반복되며, 기능 및 능력 장애로 인하여 주위의 전적인 도움이 없이는 일상생활을 해나가는 것이 거의 불가능한 사람 -분열형정동장애로 제1호부터 제3호까지에 준하는 증상이 있는 사람

판정급수	설　명
제2급	-정신분열병으로 망상, 환청, 사고장애 및 기괴한 행동 등의 양성증상과 사회적 위축 등의 음성증상이 있고, 중등도의 인격 변화가 있으며, 기능 및 능력 장애로 인하여 주위의 많은 도움이 없으면 일상생활을 해나가기 어려운 사람 -양극성정동장애(조울병)로 기분·의욕·행동 및 사고의 장애증상이 있는 증상기가 지속되거나 자주 반복되며, 기능 및 능력 장애로 인하여 주위의 많은 도움이 없으면 일상생활을 해나가기 어려운 사람 -만성적인 반복성우울장애로 망상 등 정신병적 증상이 동반되고, 기분·의욕 및 행동 등에 대한 우울증상이 있는 증상기가 지속되거나 자주 반복되며, 기능 및 능력 장애로 인하여 주위의 많은 도움이 없으면 일상생활을 해나가기 어려운 사람 -만성적인 분열형정동장애로 제1호부터 제3호까지에 준하는 증상이 있는 사람
제3급	-정신분열병으로 망상, 환청, 사고장애 및 기괴한 행동 등의 양성증상이 있으나, 인격변화나 퇴행은 심하지 아니한 경우로서 기능 및 능력 장애로 인하여 일상생활이나 사회생활을 해나가기 위한 기능 수행에 제한을 받아 간헐적으로 도움이 필요한 사람 -양극성정동장애(조울병)로 기분·의욕·행동 및 사고의 장애증상이 현저하지 아니하지만, 증상기가 지속되거나 자주 반복되는 경우로서 기능 및 능력 장애로 인하여 일상생활이나 사회생활을 해나가기 위한 기능 수행에 제한을 받아 간헐적으로 도움이 필요한 사람 -반복성우울장애로 기분·의욕·행동 등에 대한 우울증상이 있는 증상기가 지속되거나 자주 반복되는 경우로서 기능 및 능력 장애로 인하여 일상생활이나 사회생활을 해나가기 위한 기능 수행에 제한을 받아 간헐적으로 도움이 필요한 사람 -분열형정동장애로 제1호부터 제3호까지에 준하는 증상이 있는 사람

2. 유형 및 특징

　　정신장애의 하위 유형으로서는 정신분열, 분열형 정동장애, 양극성정동장애, 반복성우울장애 등이 있다. 〈표 4-9〉는 이들 하위 유형에 대하여 간단히 요약한 것이다. 이들에 대하여 설명하면 다음과 같다.

<표 4-9> 정신장애의 하위 유형

하위유형	특징
정신분열	망상과 같이 비현실적인 믿음에 강하게 집착하는 경향을 보이고, 환각과 같이 실제 상황과 다른 비현실적인 지각경험을 보인다. 이들의 특성은 비논리적이고 혼란된 언어, 몸이 강하게 경직되는 상태를 나타내는 기이한 자세나 행동, 감정의 분기, 의욕상실, 빈약한 사고 등의 증상을 보인다.
분열형 정동장애	분열형 정동장애는 정신분열과 정동장애가 같이 나타나는 형태이다. 여기서 정동장애는 우울증을 의미한다. 정신분열의 약 30% 정도는 이 분열형 정동장애를 보인다. 우울증과 정신분열이 병합된 경우와 조증과 정신분열이 병합된 경우가 있다.
양극성 정동장애	양극성 정동장애는 기분이 양극으로 나타나는 증상으로 어떤 경우에는 지나치게 아주 기분이 좋아 활발하게 되지만(조병), 어떤 경우에는 기분이 저하되어 우울해지는 모습을 보인다(우울증). 이 과정이 반복되는 것을 양극성 정동장애라고 한다. 그러나 조병만 보이는 경우도 양극성 정동장애라고 한다. 즉, 조증과 울증이 반복되는 증상을 양극성 정동장애라고 한다.
반복성 우울장애	반복성 우울장애는 우울증상이 반복되어 여러 가지 정신적, 신체적 기능을 저하시키는 증상을 반복성 우울장애라고 한다. 즉, 우울증이 보다 심화된 증상이다.

1) 정신분열

정신분열은 망상과 같이 비현실적인 믿음에 강하게 집착하는 경향을 보이고, 환각과 같이 실제 상황과 다른 비현실적인 지각경험을 보이는 증상이다.

이들의 생각이나 행동은 비논리적이고 언어표현이 이상하여, 몸이 강하게 경직되는 상태를 보인다. 그리고 기이한 자세나 행동, 감정의 분기, 의욕상실, 빈약한 사고 등의 증상을 보인다.

정신분열장애는 입원하여 치료를 받기도 하나 약물에 의하여 일상생활을 하기도 한다. 정신분열장애인을 지원하는 방법은 과제 등 일을 정신장애인의 판단에 의하여 일 또는 행동을 할 수 있도록 인내심 있게 배려한다. 그리고 정신장애인의 경우 개인위생관리를 소홀이 할 수 있으므로 이를 원만히 할 수 있도록 돕는다.

2) 분열형 정동장애

분열형 정동장애는 정신분열과 정동장애 즉, 우울증이 병합되어 나타나는 장애로서 여기서 정동이란 우울을 의미한다. 정신분열의 약 30% 정도는 우울증을 보이며 우울증과 정신분열이 병합된 경우와 조증과 정신분열이 병합된 경우가 많다.

분열형 정동장애인을 돕는 방법은 정신분열 장애인을 돕는 방법과 유사하며, 특히 우울증이 나타나거나 조증이 나타날 경우에는 이후에 설명할 양극성 정동장애인이나 반복성 우울장애인을 지원하는 방법을 사용한다.

3) 양극성 정동장애

양극성 정동장애는 기분이 양극으로 나타나는 증상으로 어떤 경우에는 지나치게 아주 기분이 좋아 활발하게 되지만(조증), 어떤 경우에는 기분이 저하되어 우울해지는 모습을 보인다(우울증). 이 과정이 반복되는 것을 양극성 정동장애라고 한다. 그러나 조증만 보이는 경우도 양극성 정동장애라고 한다. 즉, 조증과 울증이 반복되는 증상을 양극성 정동장애라고 한다.

양극성 정동장애인을 돕는 방법은 장애인의 기분을 안정시키는 것이 중요하다. 언쟁과 같은 흥분상황이 발생하면 기분도 같이 상승하게 되는 문제가 발생할 수 있기 때문이다.

외형상 아무런 문제가 없어 보이기 때문에 장애로 인한 문제임을 알면서도 장애인과 생활하기가 어려울 수도 있어. 장애인의 인지방식을 바꿀 수 있도록 유사한 장애를 겪고 있는 사람들과 어울리게 함으로서 스스로 터득하도록 돕는다.

4) 반복성 우울장애

반복성 우울장애는 우울증상이 반복되어 여러 가지 정신적, 신체적 기능을 저하시키는 증상을 반복성 우울장애라고 한다. 즉, 우울증이 보다 심화된 증상이다. 반복성 우울장애인에게는 무엇보다 자율성이 중요하다. 지시나 권유보다는 스스로 하고 싶은 일을 하도록 환경을 조성하여주는 것이 좋다.

또 이들은 자살 충동을 느껴 실제로 자살을 시도할 수 있게 때문에 이들의 행동을 면밀히 관찰하여 자살시도를 막아야 한다. 또 스스로 자신이 문제 있음을 인지하여 병원을 찾거나 치료를 받기 위한 노력을 하는 자발성이 매우 중요하다.

3. 원인

정신장애의 원인은 내부요인, 환경요인, 심리요인 등으로 구분하여 설명할 수 있다. 〈표 4-10〉은 정신장애의 원인을 요약한 것이다.

〈표 4-10〉 정신장애의 원인

원인	설 명
내부요인	주로 유전요인을 의미하며, 유전인자의 손상으로 정신분열을 유발할 수 있다.
환경요인	생활환경 속에서 얻게 되는 것을 의미하며, 알코올 중독, 과로, 마약 중독, 약물중독, 성병, 외상, 뇌종양, 감염, 저산소, 영양부족 등으로 정신장애를 유발할 수 있다.
심리요인	내부요인과 환경요인과도 관련이 깊으며, 정신적 충격, 불안, 번민, 스트레스, 대인관계, 고독감 등으로 정신질환이 촉발될 수 있다.

1) 내부요인

내부요인은 생물학적 이론에 입각하여 보는 것으로 대부분은 유전적 요인을 의미한다. 즉, 정신장애가족력이 있는 경우 내부적으로 정신장애에 취약한 유전적 요인을 지니고 있어, 촉발요인을 맞게 되면 장애로 나타나게 된다.

따라서 유전요인이 취약하다 하여 반드시 정신장애가 되는 것이 아니라, 정신장애로 발전될 가능성이 높아지므로 각별한 유의가 필요하다.

또한 신경전달물질 이상으로 보는 견해도 있는데 이와 같은 의학적 접근으로 약물이 개발되고 효과를 보고 있다.

2) 환경요인

환경요인은 정신장애인이 어떤 경로를 통하여 생물학적 이상을 보였는가에 대한 접근인데 이는 주로 생활환경 속에서 얻게 되는 알코올 중독, 과로, 마약 중독, 약물중독, 성병, 외상, 뇌종양, 감염, 저산소, 영양부족 등이 정신장애를 유발할 수 있다고 본다.

3) 심리요인

심리요인은 내부요인과 환경요인과도 관련이 깊으며, 이미 내재되어있던 정신장애 유전인자가 정신적 충격, 불안, 번민, 스트레스, 대인관계, 고독감 등으로 촉발되어 정신장애로 발전된다는 것이다.

제 4 절

장애유형별 발생현황

본 절에서는 우리나라의 지적장애, 자폐성장애, 정신장애별 발생원인과 발생시기에 대하여 설명하고자 한다. 장애별 원인에 대해서는 앞서 설명하였고, 여기에서는 원인구분을 선천적 원인, 출산시 원인, 질환에 의한 후천적 원인, 사고에 의한 후천적 원인, 원인불명 등으로 구분하여 설명하고자한다.

그리고 장애발생 시기는 출생 전 또는 출생 시, 돌 이전, 돌 이후로 구분하였다. 이들 통계치는 보건복지부가 실시한 2011년도 장애인실태조사보고서를 중심으로 작성되었다.

1. 장애발생 원인

〈표 4-11〉은 정신장애의 유형별 발생원인을 요약한 것이다. 이를 설명하면 다음과 같다.

〈표 4-11〉 장애유형별 장애발생 원인   (단위 : %, 명)

구분	선천적 원인	출산시 원인	후천적 원인(질환)	후천적 원인(사고)	원인 불명	전국 추정수
지적장애	31.4	5.3	13.8	10.9	38.1	181,126
자폐성장애	29.0	-	9.6	-	61.4	21,421
정신장애	1.1	-	83.5	14.5	0.9	109,839

자료 : 보건복지부(2012). "2011년도 장애인실태조사보고서"에서 재구성

1) 지적장애

지적장애의 원인은 선천적 원인 31.4%, 출산시원인 5.3%, 질환에 의한 후천적원인 13.8%, 사고에 의한 후천적 원인 10.9%, 원인불명, 38.1%로서 원인불명과 선천적 원인이 가장 많았다. 그런데 원인 불명의 경우도 선천적인 원인에 해당할 것이므로 지적장애의 경우는 대부분 선천적인 원인에 의하는 것이라고 볼 수 있다.

그러나, 질환 사고에 의한 후천적인 원인이 24.7%로 나타나 이 역시 중요한 의미를 갖는다. 왜냐하면, 사고 질환 등으로 인한 두뇌손상으로 지적장애에 이른 지적장애인이 1/4정도 된다는 점은 지적장애 예방을 위한 노력이 선척적인 부분 뿐만 아니라 후천적인 부분에도 반드시 있어야 할 필요성을 보여준 것이기 때문이다.

2) 자폐성장애

자폐성장애의 원인은 선천적 원인 29.0%, 질환에 의한 후천적원인 9.6%, 원

인불명, 61.4%로서 이 역시 지적장애와 마찬가지로 원인불명과 선천적 원인이 가장 많았다. 그런데 원인 불명의 경우도 선천적인 원인에 해당할 것이므로 자폐성장애의 경우도 대부분 선천적인 원인에 의하는 것이라고 볼 수 있다. 그러나 질환에 의한 후천적인 원인도 9.6%로 나타나고 있다. 즉, 약 10% 정도가 후천적 원인이라는 것이다.

연구에 의하면, 자폐성장애는 선천적 원인이라는 것이 일반적인데, 아마도 비전형자폐성장애가 이에 해당하지 않았나 의심된다.

3) 정신장애

정신장애의 원인은 선천적 원인 1.1%, 질환에 의한 후천적원인 83.5%, 사고에 의한 후천적원인 14.5% 원인불명, 0.9%로서 거의 후천적 원인에 의한 장애로 볼 수 있다.

따라서, 후천적 원인에 의한 정신장애의 예방과 치료에 대한 관심이 더욱 필요할 것이다.

2. 장애발생 시기

〈표 4-12〉는 정신장애의 유형별 장애발생시기를 요약한 것이다. 이를 설명하면 다음과 같다.

〈표 4-12〉 장애유형별 장애발생 시기   (단위 : %, 명)

구분	출생 전 또는 출생 시	돌 이전	돌 이후	전국 추정수
지적장애	12.0	6.6	81.4	181,126
자폐성장애	2.8	3.8	93.4	21,421
정신장애	0.7	-	99.3	109,839

자료 : 보건복지부(2012), "2011년도 장애인실태조사보고서"에서 재구성

1) 지적장애

지적장애의 발생시기는 출생 전 또는 출생 시 12.0%, 돌 이전 6.6%, 돌 이후 81.4%로 나타났다. 즉, 지적장애인의 경우 지적장애의 발견은 일부를 제외하고는 돌 이후에 이루어지고 있음을 알 수 있다. 여기서 일부라 함은 다운증후군과 같이 쉽게 발견할 수 있는 경우를 의미한다.

2) 자폐성장애

자폐성장애의 발생시기는 출생 전 또는 출생 시 2.8%, 돌 이전 3.8%, 돌 이후 93.4%로 나타났다. 즉, 자폐성장애인의 경우 자폐장애의 발견은 지적장애와 마찬가지로 일부를 제외하고는 돌 이후에 이루어지고 있음을 알 수 있다. 여기서 일부는 아마도 뇌병변, 다운증후군과 같이 다른 장애를 동반하고 있어 쉽게 발견할 수 있는 경우일 것으로 보인다.

3) 정신장애

정신 장애의 발생시기는 출생 전 또는 출생 시 0.7%, 돌 이후 99.3%로 나타났다. 즉, 정신장애의 경우 발견은 거의 전부가 돌 이후 즉, 후천적인 원인이라는 것이다.

나도
사람이다!

- 이문형 -

제 5 장

장애인복지의 변천과정

Social Welfare for the Disabled

멀리 보아야 생산성이 높다

학교에서 공부하면서, 사회에서 아무 소용이 없는 것을 배우고 있다고 생각하는 사람이 있다. 저자도 그런 생각을 한 적이 있다. 그러나 인생에 한번 써 먹을 것을 배워두는 이유는 기회가 왔을 때 이를 잡을 준비가 되어 있어야 하기 때문이다. 인생에 있어 한 번도 사용치 못할 지식이란 없다. 지식이란 모든 것이 상호 연계가 되기 때문이다. 우리가 공부를 하는 것은 미래를 준비하기 위한 것이라고 할 수 있다.

사실 내일 일을 가능한 많이 알고 사는 사람이 생산성이 높은 사람이다. 물론 모든 내일을 알 수는 없겠지만 가능한 내일 일을 모르고 살지 말아야 할 것이다.

내년 이맘때 또는 10년 후 이맘때를 생각하면서 하루하루를 소중히 살 일이다. 작은 것을 위하여 큰 것을 잃는 것은 가장 어리석은 일이다. 눈앞의 이익만을 위하여 앞 뒤 볼 것 없이 내 앞가림만을 생각한다면 하루살이나 메뚜기와 무엇이 다를 것이 있겠는가?

아르바이트가 오늘의 현찰을 보장하기는 하나 그 값은 시간당 5~6천원에 불과하다. 이보다는 미래의 시간당 2~3만원을 위해 노력하는 것이 더 생산성이 높은 일 아닐까? 멀리보아야 생산성이 높은 것이다.

그러나 미래를 준비하려는 사람은 아마도 과거를 기반으로 할 것이다. 과거의 합(合)이 바로 미래로 가는 기반이기 때문이다.

장애인복지의 변천사를 읽는 것은 과거를 공부하려는 것이 아니다. 과거를 통하여 미래를 공부하려는 것이다.

제 1 절
1960년대 이전

1. 조선말기-일제강점기

근대 우리나라 최초 장애인복지서비스는 고종 1년인 1894년 선교사 부인 홀 (Hall)여사가 평양 자택에서 시각장애인을 보호하고 교육한 것이라 할 수 있다. 이후 1897년 선교사인 모훼(Moffer)도 평양에 남자 시각장애인 교육시설을 마련하였다.

일제 강점기인 1911년에는 조선총독부가 제생원(濟生院)이라는 명칭으로 시각장애인교육시설을 접수하여 "맹아부"를 만들고 여기에서 시각장애인의 초등교육과 직업교육을 실시하였다.

1944년 조선총독부에서는 '조선 구호령'을 제정하여 장애인이나 노약자에게 생활부조를 실시하였다. 그러나 이 제도는 형식적인 제도였으며, 강점기 정권을 유지하기 위한 수단이었다.

2. 광복-1960년대

광복이후 미군정청은 산하 부서로 보건후생부를 두고 있었는데, 이 부서에서는 위에서 언급한 제생원을 국립맹학교로 개칭하였다. 이것이 우리나라 특수학교의 시작이다.

1948년 이문형은 지적장애인수용시설인 '중앙각심학원'을 설립하였는데(승인은 1949년), 이문형은 서울 구로동에 있는 중앙각심학원생과 더불어 소위 장애인 운동을 펼쳤는데 당시 이문형과 그 시설원들이 주장한 내용은 "나도 사람이다"

였다. 이 중앙각심학원은 이후 국립재활원이 되었다. 국립재활원 연혁을 보면 1949. 5. 6. 중앙각심학원 설립, 1960. 8. 12. 국립각심학원으로 명칭 변경, 1986. 8. 18 국립각심학원 폐지, 국립재활원 신설이라고 밝히고 있다.

1950년 한국전쟁으로 인한 상이군인, 상이경찰관에 대한 처우의 필요성으로 인하여 정부에서는 1950년 '군사원호법', 1951년 '경찰원호법'을 제정하여 원호대상자나 국가유공자를 위한 연금지급을 1953년부터 실시하였으며, 직업훈련과 다양한 사업을 전개하였다. 또한 1961년에는 군사원호대상자 고용법을 제정하였고, 1963년에는 산재보험법을 제정하였다.

〈표 5-1〉은 우리나라 조선 말기부터 1960년대까지의 장애인복지를 요약한 것이다.

〈표 5-1〉 우리나라 조선 말기부터 1960년대까지의 장애인복지

년도	명칭(법률)	설 명
1894	시각장애인 보호	Hall 여사
1897	시각장애인 교육시설	모훼(Moffer)
1948	중앙각심학원	이문형, "나도 사람이다"
1950	군사원호법	전쟁전후 군인의 처우
1951	경찰원호법	전쟁전후 경찰의 청후
1953	연금지급	군인, 경찰에 연금지급
1961	군사원호대상자 고용법	군인, 경찰의 고용을 증진시키기 위한 법률
1963	산재보험법	산업재해로 인한 보험제도 도입

제 2 절
1970년대

　우리나라의 1970년대는 장애인에 있어 별다른 성과를 얻지 못한 시기였다. 산업화 사회로 인한 생산성의 중시로 인하여 장애인은 주된 사회적 관심사가 되지 못하였다.

　그러나 국제적으로 보면 1976년 UN총회에서는 1981년을 '세계 장애인의 해'로 선정하기로 하고, 장애인에 대한 국가적 관심을 요구하였다.

　그 영향을 받아 우리나라는 1977년 특수교육진흥법을 제정하였는데, 특수교육 대상자에 해당하는 사람을 시각장애, 청각장애, 정신장애, 지체부자유자, 정서장애, 기타 심신장애자 등으로 하였다. 이 법은 특수교육대상자를 정하여 특수교육을 한다는 의미보다, 국가 및 지방자치단체가 특수교육진흥을 위한 시책을 강구하도록 하고, 특히 특수교육대상자의 교육에 대한 권리를 인정하는 법률이었다.

〈표 5-2〉 우리나라 1970년대 장애인복지

년도	명칭(법률)	설　　　　명
1976	유엔총회	1981년을 세계장애인의 해로 제정
1977	특수교육진흥법	-특수교육대상자 법제화 -특수교육대상자의 교육원보장(차별금지) -국가 및 지방자치단체의 노력 요구
1978	심신장애자 종합대책	-장애인의 직업훈련 -장애인시설 -장애인의 영양공급
1979	장애인실태조사	-장애인 보호제도 수립을 위한 전담기구설치(보건사회부 내) -연구 및 훈련기관 설치(국립각심학원 -> 국립재활원)

또한 1978년 6월 정부는 '심신장애자종합대책'을 발표하였는데 여기에는 장애인의 직업훈련과 시설설치, 영양공급조치 등에 대한 규정을 담았다. 즉, 보호시설에 수용중인 장애인에게 장애 정도와 적성에 따라 직업훈련을 실시하도록 하고, 세계 장애인의 해인 1981년까지 물리치료실, 작업치료실, 언어치료실, 직업훈련시설을 설치하도록 하였다. 또한 장애아동의 영양을 위하여 급식을 위한 지급물자 개선, 목발과 보청기 등의 보장구를 지급하기로 하였다.

그리고 1979년 장애인 실태를 조사하여 보건사회부 내 장애인 보호제도 수립 위한 전담기구 및 국립각심학원(국립재활원)에 연구 및 훈련기관을 설치하였다.

〈표 5-2〉는 우리나라 1970년대 장애인복지를 요약한 표이다.

제 3 절
1980년 대

1980년대는 우리나라 장애인복지가 한 단계 발전한 단계로 볼 수 있다. 시대적·정치적으로는 암흑기였으나 역으로 장애인의 경우는 많은 발전을 이룬 시기, 또 인프라 확충을 위해 노력한 시기로 평가될 수 있다.

1981년 '심신장애자복지법'이 제정되었는데 이 법은 우리나라 최초 장애인복지 관련 법률로 평가 받고 있다. 또 1981년은 '세계 장애인의 해'로서 재활증진대회, 전국장애인 체육대회, 장애인 기능경진대회 등을 개최하였다.

1983년에는 장애인용품 수입관세를 감면하는 제도를 시행하였으며, 맹인심부름센터를 운영하였다. 그리고 1984년에 서울장애인올림픽대회 유치 및 장애인 편

의시설 의무화(건축법 시행령)제도를 시행하였고, 1985년부터 1987년까지는 장
애인복지시설현대화 사업 3개년 계획을 수립하였으며(장애인 상담 지도사업은 4
개년 계획으로 88년까지임), 1988년에는 장애인 올림픽을 개최하면서 재단법인
한국장애인복지체육회를 설립하여 체육회 기금으로 장애인체육선수들에 대한 연
금지급제도를 마련하였다. 또한 1988년에는 대통령령으로 '장애자복지대책위원회'
를 구성하고, 1989년에는 이 위원회에서 11개 부문에 걸친 장애인복지 대책안을
제출하였다. 그 내용은 심신장애자복지법과 장애인 취업을 위한 의무고용제 결
의, 장애인취업을 위한 법령 정비, 장애수당제도, 각종 세금 및 요금 이용료감면
제도 등을 건의하는 내용이었다. 이에 따라, 1989년 '심신장애자복지법'을 전면
폐기하고 새로이 '장애인복지법'을 제정하여 지체부자유자를 지체장애인으로, 정
신박약을 정신지체로 명칭을 변경하였으며, 장애인복지에 대한 국가와 공공의 책
임을 분명히 하였다.

〈표 5-3〉은 우리나라 1980년대 장애인복지를 요약한 표이다.

〈표 5-3〉 우리나라 1980년대 장애인복지

년도	명칭(법률)	설명
1981	심신장애자복지법	사실상 우리나라 최초의 장애인복지관련 법률
	세계 장애인의 해	재활증진대회, 전국장애인체육대회, 장애인기능경기대회 개최
1983	장애인용품 관세감면	장애인용 수입 물품에 대한 관세 감면
1984	장애인편의시설의무화 (건축법시행령)	1988 서울장애인올림픽 유치 및 장애인 편의시설의무화 제도화
	맹인심부름센터운영	한국맹인복지협회
1985 -1988	3개년계획수립 장애인상담사업 시범실시	장애인복지시설현대화사업3개년계획수립 장애인상담지도사업 시범실시(서울관악구, 충북 청원군)
1988	재단법인 한국장애인복지체육회	장애인 선수들에 대한 연금제도화
	장애자복지대책위원회	대통령 산하 장애자복지계획수립 위원회

년도	명칭(법률)	설명
1989	장애자복지대책위원회 건의	심신신장애자복지법과 장애인 취업을 위한 의무고용제 결의, 장애인취업을 위한 법령 정비, 장애수당제도, 각 종 세금 및 요금 이용료감면 제도 등 건의
	장애인복지법 제정	-'심신장애자복지법'을 전면 개정하여 '장애인복지법' 제정 -지체부자유자 → 지체장애인 -정신박약 → 정신지체로 장애인에 대한 국가와 공공의 책임 명문화 -장애인의 날을 법정기념일로 규정(4월 20일)

제 4 절
1990년대

우리나라의 1990년대는 장애인들의 직업안정과 사회적 참여를 위한 전반적인 노력을 한 시기이다.

1990년에는 장애인 고용촉진 등에 관한 법률을 제정하였는데 이는 장애인들의 직업 안정과 사회적 참여의 신장을 위한 법률이었다. 즉, 국영기업체와 300인 이상의 민간기업체는 고용인의 2%이상, 국가 및 지방단체는 소속 공무원 정원의 2%이상 장애인을 고용하도록 권장하는 규정이었다. 또한 1990년에는 장애인 승용차의 LPG 연료사용을 허용하였다.

1992년 UN에서는 매년 12월 3일을 '세계장애인의 날'로 지정하였으며, 저소득 장애인가구자녀 중학생을 대상으로 교육비지원 및 자립자금을 지원하였다. 그리고 재가장애인순회재활서비스를 설치·운영하였다.

또한 1994년에는 장애인편의시설 및 설비의 설치기준에 관한 규칙을 제정·공포하였으며, 국립재활원을 확대 개편하여 병원부를 설치하였다.

1995년에는 장애인고용촉진 등에 관한 법률을 개정하여 국가 및 지방자치단체가 국민의 장애인고용에 대한 이해를 높이기 위한 교육, 홍보 및 고용촉진운동을 전개할 책임을 명시하고, 장애인 고용 및 재활시설에 도움을 준 사업주에게 우대조치와 장애인고용부담금감면제도를 도입하였다. 이 해에는 〈KBS 사랑의 소리방송〉이라는 장애인 방송국을 개국하였고, 청각장애인에게 운전면허 취득을 허용하였다.

1996년에는 국무총리를 위원장으로 하는 장애인복지 대책위원회를 설치하였다.

1997년부터 2001년까지 특수교육발전 5개년 계획을 수립하였으며, 같은 해 장애범위를 기존의 지체, 시각, 언어, 청각, 정신지체 외 선천성 대사 이상 신생아까지 확대하였다.

1997년 장애인, 노인, 임산부 등의 편의 증진 보장에 관한 법률이 제정되었는데, 이는 1995년 제정·시행된 '장애인편의시설의 설치기준에 관한 규칙'의 문제를 개선하고 이 법으로 장애인 편의시설 개념이 교통약자 개념으로 바뀌게 되었다. 또, 이 해에는 장애인 공동생활가정을 설치 운영할 수 있도록 하였다.

1997년 같은 해에 장애인복지발전 5개년계획 최종안이 결정되었으며, 1998년에는 장애인인권헌장이 제정·공포되었고, 1999년에는 장애인복지법을 전면 개정하여 2000년부터 시행하였다.

〈표 5-4〉는 우리나라 1990년대 장애인복지를 요약한 것이다.

〈표 5-4〉 우리나라 1990년대 장애인복지

년도	명칭(법률)	설　　명
1990	장애인 고용촉진 등에 관한 법률 제정	-장애인의 직업 안정과 사회적 참여의 신장을 위한 법률 -국영 및 300인 이상의 민간기업체에서 장애인을 2% 이상 의무고용
1992	세계 장애인의 날	UN에서 매년 12월 3일을 '세계 장애인의 날'로 지정
	재가서비스	재가장애인 순회재활서비스를 설치, 운영
1994	국립재활원 확대	병원부 설치
	장애인편의시설 및 설비의 설치기준에 관한 규칙 제정·공포	장애인편의시설 및 설비의 설치기준 마련
1995	장애인고용촉진 등에 관한 법률을 개정	-국가 및 지방자치단체가 국민의 장애인고용에 대한 이해를 높이기 위한 교육, 홍보 및 고용촉진운동을 전개할 책임 명시 -장애인 고용 및 재활시설에 도움을 준 사업주에게 우대조치와 장애인고용부담금감면제도 도입
	청각장애인 운전면허 허용	청각장애인에게 운전면허를 받도록 허용하였음
	장애인방속국 개국	KBS 사랑의 소리 방송
1996	장애인복지대책위원회	총리를 위원장으로 장애인복지 대책위원회 설치
1977 -2001	특수교육발전 5개년 계획 수립	1997년부터 2001년까지 특수교육발전 5개년 계획을 수립
1997	장애의 범위 확대	기존의 지체, 시각, 언어, 청각, 정신지체 외 선천성 대사이상 신생아까지 확대
	장애인 공동생활가정	장애인공동생활가정 설치 운영
	장애인, 노인, 임산부 등의 편의 증진 보장에 관한 법률 제정	- '장애인편의시설의 설치기준에 관한 규칙'의 문제를 개선 -장애인 편의시설 개념이 교통약자 개념으로 바뀌게 됨
	5개년계획 결정	-장애인복지 발전 5개년계획 최종안 결정 -복지·고용부분을강화하여 OECD 회원국에 걸 맞는 장애인 복지 수준을 달성하기 위한 연차별 계획 수립 및 시행 (장애발생 예방, 생활안정지원, 사회참여확대 및 편의시설 확충, 장애범주 확대, 특수교육 강화)

년도	명칭(법률)	설　　명
1998	장애인인권헌장	장애인인권헌장 제정, 공포
1999	장애인복지법 전면개정	-장애인복지법을 전면 개정하여 2000년부터 시행 -장애범주 확대(2차), 장애인복지조정위원회 설치, -정보접근권 명시, 징애인 우선 주택분양 및 비용지원, 장애인보조견 명시, 장애인수당제 실시

제 5 절

2000년대 이후

　　2000년에는 편의시설확충을 위한 국가종합 5개년 계획(2000-2004)을 수립하여 시행하였다.

　　또한 「장애인생산품우선구매제도」 관련고시를 제정하여 시행하였으며, 장애인의 전화요금 할인대상을 기존의 세대주 중심에서 장애인 명의로 변경하였다.

　　그리고 장애인보장구 부가가치세 영세율 적용 품목을 기존 의수족, 휠체어, 보청기, 보조기, 지체장애인용 지팡이 및 목발에서 시각장애인용 흰 지팡이, 청각장애인용 달팽이관시스템, 성인용보행기, 욕창예방용품, 인공후두, 장애인용 기저귀까지 확대하였다.

　　또 장애인고용촉진 및 직업재활법을 개정하여 중증장애인의 고용촉진·직업재활을 강조하고 국가·지자체의 고용을 강제하였으며, 직업재활과정을 직업지도·직업적응훈련·직업능력 개발훈련·취업알선·취업·취업 후 적응지도로 규정하였다.

2003년에는 장애인생산품판매시설을 기존 10개소에서 16개소로 확대하고 장애범주를 확대하여 안면변형, 장루, 간, 간질, 호흡기장애 등 5종을 추가하여 현재의 15종으로 하였다.

또한, 장애인복지법을 개정하여 국민기초생활보장법상의 생계 급여수급자인 장애인에게 장애수당을 지급하도록 하였다.

그리고, 장애인·노인·임산부 등의 편의증진보장에 관한 법률을 개정하여 개정 편의증진심의회 설치, 장애인전용주차구역 관리 강화, 편의시설 설치 촉진기금 폐지 등을 규정하였다.

2004년에는 장애인복지법을 개정하여 장애인복지실무위원회 및 지방장애인복지위원회를 신설하였다.

또한 장애인·노인·임산부 등의 편의증진보장에 관한 법률을 다시 개정하여 편의시설 설치대상 시설 확대, 아파트의 장애인 전용 주차구역 설치 의무화 등을 규정하였다.

그리고 장애인복지법시행령을 개정하여 장애수당을 지급하기로 결정한 달부터 장애수당을 지급하고, 급여의 지급방법을 타 복지 급여와 일치하도록 하였다. 또 장애인복지법시행령을 개정하여 장애인 생산품 우선구매 품목 및 우선 구매비율을 확대하였다.

2005년에는 제2차 편의증진국가종합 5개년계획을 수립하고, 장애인·노인·임산부 등의 편의증진 보장에 관한법률 시행령 일부를 개정하여 편의시설 설치 시설을 확대하였다. 즉, 의원·치과의원·한의원·이용원·미용원·교도소·구치소 등에 경사로, 장애인 화장실 등의 편의시설을 설치하도록 하고, 아파트에는 장애인 전용주차구역 설치를 의무화하였다. 또한 장애인기업 활동촉진법도 제정하였다.

2006년에는 장애수당·장애아동 부양수당 등 인상, 장애학생 의무교육실시 및 이동권 보장 등을 포함한 범정부적인 장애인 지원 등 종합대책을 발표하였으며, 장애인 활동보조 지원사업을 시행하여 장애인복지법상 등록1급 장애인 중 만6세 이상 만65세미만으로 인정조사표상 일정점수(220점) 이상인 자에 대해 활동보조

서비스를 제공하게 되었다.

또한, 장애인차별금지 및 권리구제 등에 관한 법률을 제정·공포하여 장애인
차별방지를 위한 근거가 마련되었으며, 장애인복지법을 개정하였다.

2009년에는 장애아동 재활치료서비스를 전국에 확대실시 하였으며, 2011년에
는 중증장애인 생산품 우선구매 제도를 확대 시행하여 우선구매를 품목별 비율
에서 품목 제한없이 총 구매액의 1%로 정하였다.

2011년에는 장애인복지법시행규칙을 일부 개정하여 장애인자동차표지 발급대
상을 확대하고 특수학교, 장애전담 어린이집, 장애인 콜택시를 추가하였다.

2013년에는 활동지원급여신청자격을 기존의 1급에서 2급까지 확대하였으며 장
애인재활치료시설을 신고제로 하였다.

또한 2014년 5월 20일에는 발달장애인 권리보장 및 지원에 관한 법률이 통과
되어 2015년부터 발효하게 됨으로서 지적장애인과 자폐성장애인의 복지서비스가
한층 증가할 것으로 기대된다.

〈표 5-5〉는 우리나라 2000년대 이후 장애인복지를 요약한 것이다.

〈표 5-5〉 우리나라 2000년대 이후 장애인복지

년도	명칭(법률)	설 명
2000	국가종합5개년계획	편의시설확충을 위한 국가종합 5개년 계획(2000~2004)을 수립·시행
	장애인생산품 우선구매제도 고시. 시행	장애인생산품우선구매제도를 제정하여 시행
2000	장애인고용촉진 및 직업재활법개정 및 공포	중증장애인 고용촉진·직업재활강조, 국가·지자체의 고용강제, 직업재활과정을 직업지도·직업적응훈련·직업능력 개발훈련·취업알선·취업·취업후적응지도
	보장구 부가가치세 영세율 적용범위 확대	보장구 부가가치세 영세율 적용 품목을 기존 의수족, 휠체어, 보청기, 보조기, 지체장애인용 지팡이 및 목발에서 시각장애인용 흰 지팡이, 청각장애인용달팽이관시스템, 성인용보행기, 욕창예방용품, 인공후두, 장애인용 기저귀까지 확대

년도	명칭(법률)	설　　명
2003	장애인생산품 판매시설 확대	기존 10개소에서 16개소로 확대
	장애범주확대	안면변형, 장루, 간, 간질, 호흡기장애 등 5종을 추가하여 현재 15종
	장애인복지법 개정	국민기초생활보장법상의 생계 급여수급인 장애인에게 장애수당 지급
	장애인·노인·임산부 등의 편의증진보장에 관한 법률 개정	편의증진심의회 설치, 장애인전용주차장 설치 의무화
2004	장애인복지법개정	장애인복지실무위원회 및 지방장애인복지위원회 신설
	장애인·노인·임산부 등의 편의증진보장에 관한 법률 개정	편의시설 설치대상 시설 확대, 아파트의 장애인전용주차구역 설치 의무화 등 규정
	장애인복지법시행령을 개정	장애인 생산품 우선구매 품목 및 우선구매비율을 확대
2005	5개년계획수립	제2차 편의증진국가종합 5개년계획을 수립
	장애인·노인·임산부 등의 편의증진 보장에 관한법률 시행령 개정	의원·치과의원·한의원·이용원·미용원·교도소·구치소 등에 경사로, 장애인 화장실 등의 편의시설을 설치하도록 하고, 아파트에는 장애인 전용주차구역 설치 의무화
	장애인기업활동촉진법 제정	장애인기업 활동 지원
2006	장애인지원 종합대책 수립	장애수당·장애아동 부양수당 등 인상, 장애학생 의무교육실시 및 이동권 보장 등
	장애인 활동보조지원사업 시행	장애인복지법상 등록1급 장애인 중 만6세 이상만 65세미만으로 인정조사표상 일정점수(220점) 이상인 자에 대해 활동보조서비스 제공
	장애인차별금지 및 권리구제 등에 관한 법률 제정공포	장애인 차별방지를 위한 근거가 마련
2009	재활치료서비스 확대	장애아동 재활치료 서비스를 전국에 확대실시
2011	중증장애인 생산품 우선구매 제도 확대	우선구매를 품목별 비율에서 품목 제한 없이 총 구매액의 1%로 정함
	장애인복지법시행규칙개정	장애인자동차표지 발급대상을 확대하고 특수학교, 장애전담 어린이집, 장애인 콜택시를 추가
2013	활동지원급여신청자격확대	기존의 장애 1급에서 2급까지 확대
2014	발달장애인 권리보장 및 지원에 관한 법률 제정	2015년부터 발효 지적장애인과 자폐성장애인의 복지서비스 향상

꼬리를 자르려다
다리를 잘랐네

제 6 장

장애인복지정책
Social Welfare for the Disabled

더불어 사는 삶에 장애인은 제외되었다

요즈음 유행하는 용어로서 더불어 사는 삶이 있다. 이 더불어 사는 삶이란 누구나 함께 같이 잘 살자는 의미일 것이다. 그런데 더불어 사는 삶 속에는 장애인이 제외되었다. 적어도 아직까지는 그러하다.

거리를 다닐 때 보면 사람들은 일견 장애인을 배려하는 모습이 보인다. 누구는 장애인을 부축하기도 하고 누구는 장애인에게 사랑의 손길을 동전으로 해결하기도 한다.

그러나 학교에 가면 그렇지 않다. 내 아이가 다니는 학교에 장애인이 다닌다면 부모는 이를 꺼릴 것이다. 일반인들이 세금을 내서 특수 학교를 세워줬으면 됐지 왜 장애인들이 일반 학교에 다니는가하고 생각한다.

우리는 사회의 모든 일들이 서로 엮여서 서로 도움주고 도움 받고 살고 있다. 그런데 여기에 장애인들이 끼일 자리가 부족하다. 이는 일반인들의 횡포인 것이다.

근래 뇌사인정 문제가 사회적 이슈가 되고 있다. 물론 두뇌가 제 기능을 하지 못한다면 사망한 것과 다름없다. 사망인 것이다. 그렇다고 해서 뇌사자의 장기를 들어내서 일반인을 만들고자 뇌사를 인정한다면 이는 얼마나 일반인의 횡포인가?

이와 같은 비인도적 행위를 거듭하다보면 언젠가는 장애인의 장기를 억지로 들어내어 일반인을 만들기 위해 장애인을 이용할지도 모른다는 생각을 하니 소름이 끼치기까지 한다.

제 1 절

소득보장정책

1. 소득보장정책의 필요성

장애인 빈곤의 원인은 크게 개인적 요인, 가족적 요인, 사회적 요인으로 나누어 볼 수 있다. 개인적 요인은 장애 자체로 인한 추가비용 발생에서 오는 어려움과 근로능력 저하나 상실 등으로 인한 소득 저하에서 찾아볼 수 있다.

가족적 요인으로는 가족구조상의 문제로 가장이 장애인인 경우 소득 저하가 발생하는 경우가 많고, 가족 구성원이 장애인인 경우에도 그 장애인을 보살펴야 하는 다른 구성원이 근로활동을 하지 못해 장애인 가구 전체의 빈곤으로 이어지게 된다.

사회적 요인으로는 고용과 교육에 있어서의 차별과 사회적 편견, 물리적 장벽 문제 등으로 경제활동을 할 수 없어 빈곤에 처하게 되는 경우가 있다(최서연, 2013).

이처럼 장애인의 경우 일상생활기능 및 사회생활능력 저하로 취업의 기회가 적고 경제활동에 참여하기가 어렵기 때문에 빈곤의 단계를 벗어나기가 쉽지 않다. 또한 일반인에 비해 의료비 및 재활치료비 등의 추가비용을 부담하는 장애인의 특성을 고려하면 더욱 소득보장의 필요성이 요구된다.

보건복지부의 『2011년도 장애인 실태조사』를 통해 살펴보면, 장애인의 지난 1개월 평균 장애인의 수입은 월 81만원 정도이며, 〈표 6-1〉과 같이 취업장애인(임금근로자)의 최근 3개월간 평균 임금은 142만원이었다.

따라서 장애인의 최저생활 보장과, 안정적인 생활 유지를 위한 적극적인 소득보장이 필요한 것이다.

<표 6-1> 취업장애인(임금근로자)의 최근 3개월간 평균 임금　　(단위 : %, 만원, 명)

구분		50만원 미만	50~99 만원	100~14 9만원	150~19 9만원	200~29 9만원	300~49 9만원	500~99 9만원	월평균 임금
신체적 장애	지체장애	12.7	20.6	22.5	16.3	15.1	10.2	2.5	155
	뇌병변장애	13.3	30.7	28.8	11.8	10.8	4.7	0.0	118
	시각장애	14.8	33.4	23.7	12.3	7.3	5.3	3.2	136
	청각장애	15.9	27.2	22.9	17.6	9.3	3.8	3.3	125
	언어장애	15.4	17.9	26.3	6.0	34.4	0.0	0.0	141
	안면장애	61.7	0.0	0.0	38.3	0.0	0.0	0.0	70
	신장장애	16.5	7.5	4.1	17.3	33.5	21.1	0.0	189
	심장장애	17.9	61.6	15.0	0.0	0.0	0.0	5.5	100
	호흡기장애	0.0	57.0	43.0	0.0	0.0	0.0	0.0	99
	간장애	0.0	28.3	0.0	36.3	0.0	29.2	6.2	196
	장루요루장애	55.1	0.0	4.5	40.4	0.0	0.0	0.0	86
	간질장애	9.4	4.6	60.3	25.7	0.0	0.0	0.0	117
정신적 장애	지적장애	41.6	42.2	14.2	2.0	0.0	0.0	0.0	54
	자폐성장애	50.0	50.0	0.0	0.0	0.0	0.0	0.0	38
	정신장애	39.9	52.0	8.2	0.0	0.0	0.0	0.0	53
전체		15.1	24.9	22.2	14.9	12.4	8.0	2.4	142

자료 : 보건복지부(2012). "2011년도 장애인실태조사보고서"

2. 장애인연금

1) 대상

　　장애인연금은 장애로 인하여 생활이 어려운 장애 1급부터 3급까지의 중증장애인의 생활안정 지원과 복지증진 및 사회통합을 도모하고자 하는 것으로, 18세이상의 중증장애인 중 소득인정액이 그 중증장애인의 소득·재산·생활수준과물가상승률 등을 고려하여 〈표 6-2〉의 선정기준액 이하인 장애인에게 지급된다.

　　여기에서 소득인정액은 소득평가액과 재산의 소득환산액을 합산한 금액이다.

　　장애인연금 대상자는 신청일이 속하는 월의 말일까지 만 18세가 되는 자 이상
자 이다. 그러나 만 20세 이하로서 학교에 재학(휴학 포함) 중인 장애인은 제외
된다. 이때, 특수학교의 전공부 과정도 학교에 포함되어 연금을 지급받지 못한다.

　　3급 중복 장애의 의미는 3급의 장애인으로서 3급에 해당하는 장애 외에 장애
를 추가로 하나 이상 있는 사람으로서, 주된 장애가 3급이며, 5급 또는 6급의
부장애가 등록되어 있는 사람이 해당된다. 예를 들어 4급과 4급이 중복되어 3급
으로 상향 조정된 장애인은 제외된다.

〈표 6-2〉 장애인 연금 선정기준액

장애등급		배우자	선정기준액
1급	중증장애인	없는 경우	870,000원
2급			
3급 중복장애인		있는 경우	1,392,000원

자료 : 장애인연금법(2014. 7. 1개정)

2) 장애인연금의 종류

　　장애인연금은 기초급여와 부가급여로 구분된다. 기초급여는 근로능력의 상실이
나 감소로 인하여 줄어든 소득을 보전해주기 위한 것이며, 부가급여는 장애로
인하여 추가로 발생하는 비용을 보전해주기 위하여 지급하여 주는 것이다. 구체
적인 내용은 〈표 6-3〉 장애인연금의 종류와 같다.

<표 6-3> 장애인연금의 종류 (매월, 단위 : 원)

자 격							급여 (기초급여 + 부가급여)
장애인 연금 대상자 (기초급여)	부가급여 대상자	연령	단독	기초급여			부가급여
				부부의 경우		초과분 감액 여부	
				1인 수급	2인 모두 수급시		
장애인 연금	기초(재가)	18~64	200,000원	200,000원	160,000원	X	8만원
		65이상	-			-	28만원
	기초(보장시설) (시설수급자 급여특례)	18~64	200,000원	200,000원	160,000원	X	-
		65이상	-	-		-	(7만원)[39]
	차상위계층 (차상위 급여특례)	18~64	최고 200,000원	최고 200,000원	최고 160,000원	0	7만원
		65이상	-	-		-	7만원(14만원)[40]
	차상위 초과	18~64	최고 200,000원	최고 200,000원	최고 160,000원	0	2만원
		65이상	-	-		-	4만원

자료 : 장애인연금법(2014. 7. 1개정)

3) 신청절차

〈그림 6-1〉은 장애인 연금 신청절차를 도표로 제시한 것이다. 이를 설명하면 다음과 같다.

---

39) 보장시설수급자 급여특례:2010년 7월 1일 당시 만 65세 이상인 자(1945년 6월 30일 이전 출생자)이고 종전 장애수당(기초생활수급자) 수급자로서 보장시설 수급자

40) 차상위계층 급여특례:2010년 7월 1일 당시 차상위 계층이고 65세 이상인 자(65세 연령 도래자 포함)

신청	해당 주소지 읍 · 면사무소 및 동 주민센터에서 신청

▼

자산조사	신청을 받은 특별자치시 · 특별자치도 · 시 · 군 · 구가 신청자의 소득과 재산 조사

▼

장애등급심사	국민연금공단에서 장애인복지법에 따라 장애상태와 등급 심사

▼

지급 결정	지급 대상자 기준에 부합할 경우 특별자치시 · 특별자치도 · 시 · 군 · 구가 지급 결정

▼

결과 통지 및 지급	특별자치시 · 특별자치도 · 시 · 군 · 구가 신청일이 속한 월부터 매월 정기적으로 수급자 본인의 금융계좌로 입금

<그림 6-1> 장애인 연금 신청절차

그림에서 보는 바와 같이 신청절차는 먼저, 장애인연금을 받고자 하는 사람은 해당 주소지의 읍 · 면사무소 및 동 주민지원센터에 문의하여 신청을 하게 된다.

이후 해당 시 · 군 · 구에서는 신청자의 소득과 재산을 조사하고, 국민연금공단에서는 신청자의 장애상태와 등급을 심사하게 된다. 다만, 장애인 활동보조를 위한 장애인등급심사를 마친 경우에는 이를 생략할 수 있다.

심사결과, 신청자가 장애인연금지급대상자에 합당할 경우에는 시 · 군 · 구에서는 장애인연금 지급을 결정하고 그 결과를 신청자에게 통보하며, 신청일이 속한 월부터 매월 본인의 계좌로 장애인 연금을 지급하게 된다.

3. 장애연금

1) 대상

장애인연금은 무기여방식이지만 장애연금은 기여방식의 사회보험으로서 국민연금 가입 중에 발생한 질병이나 부상으로 인하여 신체적·정신적 장애가 있는 자가 대상자이며, 장애등급 결정과 장애심사를 국민연금공단이 담당하고 있다.

2) 장애연금의 종류

〈표 6-4〉는 장애연금의 종류를 도표로 제시한 것이다. 장애연금은 〈표 6-4〉와 같이 장애등급에 따라 차등하여 지급되며, 4급의 경우는 일시금으로 지급된다.

〈표 6-4〉 장애연금의 종류

장애등급	급여수준	수급요건
1급	기본연금액 100% + 부양가족연금액	가입 중에 발생한 질병 또는 부상으로 완치 후에도 장애가 있는 자
2급	기본연금액80% + 부양가족연금액	※초진일로부터 1년 6개월 경과후에도 완치되지 아니한 경우는 그 1년 6개월이 경과한 날을 기준으로 장애정도 결정. 다만, 1년 6개월 경과일에 장애등급에 해당되지 아니한 자가 60세(단, 1953~1956년생 61세, 1957~1960년생 62세, 1961~1964년생 63세, 1965~1968년생 64세, 1969년생 이후 65세) 전에 악화된 경우 청구일을 기준으로 장애정도 결정
3급	기본연금액60% + 부양가족연금액	
4급	기본연금액 225%(일시금)	

기본연금액 : k(A+B) × (1+0.05n) ÷ 12
　* k = 비례상수(1.5~1.2), 2028년 이후에는 1.2 고정(2014년 기준:1.41)
　* A = 연금수급 전 3년 간 전체가입자의 평균소득월액의 평균액
　* B = 가입자 개인의 가입기간 중 기준소득월액의 평균
　* n = 20년 초과가입 월 수
부양가족연금액 : 배우자 연 244,690원, 자녀 및 부모 연 163,090원

자료 : 국민연금공단 http://www. nps. or. kr

3) 신청절차

〈그림 6-2〉는 장애연금 신청절차를 도표로 제시한 것이다. 이를 설명하면 다음과 같다.

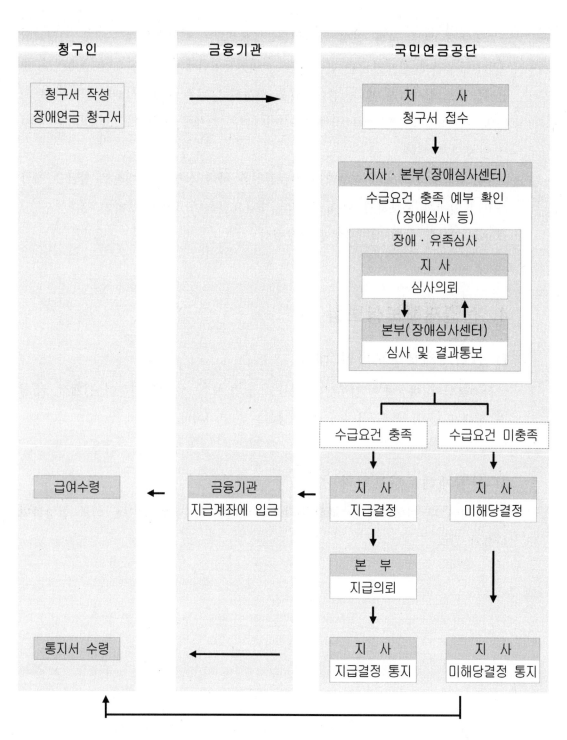

<그림 6-2> 장애연금 신청절차

자료 : 국민연금공단 http://www.nps.or.kr

그림에서 보는 바와 같이 장애연금 신청절차는 신청자가 청구서를 작성하여 국민연금공단에 장애연금을 신청하면, 국민연금공단에서는 수급요건 충족여부 및 장애등급을 심사하게 된다. 장애등급을 심사하는 일은 장애심사센터에서 하게 되는데, 지사의 의뢰를 받아 장애심사센터에서는 장애를 심사하고 그 결과를 지사로 통보하게 된다.

수급요건을 충족하는 경우에는 지급결정을 하여 신청자의 계좌로 연금을 지급하고 본인에게 통보하게 된다. 그러나 수급요건을 충족하지 못하는 경우에는 그 결정을 지사를 통해 신청자에게 통보한다.

4. 산업재해보상보험

1) 산업재해보상보험의 대상

산재보험의 대상자는 업무상의 사유로 질병 또는 사고에 의하여 신체적·정신적 장해가 남아 장해급여 등급에 해당하는 근로자이다.

2) 산업재해보상보험의 종류

〈표 6-5〉는 산업재해보상보험의 종류를 도표로 제시한 것이다. 이를 설명하면 다음과 같다.

<표 6-5> 산업재해보상보험의 종류

종류	내용
장해급여	근로자가 업무상의 사유로 부상을 당하거나 질병에 걸려 치유되었으나 신체에 정신적 또는 육체적 장해가 남아 장해급여 지급대상에 해당될 경우 장해등급41)에 해당되는 지급일수에 평균임금을 곱하여 지급. 장해등급에 따라 1~3급은 장해보상연금, 그리고 8~14급은 장해보상일시금으로 지급하며, 4~7급은 선택할 수 있음
요양급여	근로자가 업무상의 사유로 부상을 당하거나 질병에 걸린 경우 치과보철료, 재활보조기구, 초음파 검사료, 이송비 등 지원
휴업급여	업무상 사유에 의한 부상 또는 질병으로 취업하지 못한 기간(입원/통원)에 대하여 1일당 평균임금의 100분의 70에 해당하는 금액을 지급하는 제도
간병급여	요양급여를 받은 자 중 치유 후 의학적으로 상시 또는 수시로 간병이 필요할 경우에, 간병이 실제 행하여지면 그 장해 정도에 따라 간병비용을 지급
유족급여	근로자가 업무상 사유로 사망한 경우 그 당시 부양하고 있던 유족에게 급여를 지급
상병(傷病)보상연금	요양급여를 받는 근로자가 요양 개시 후 2년이 경과되어도 치유가 되지 아니하고 폐질등급(1~3급)에 해당되는 경우와 장해보상연금을 받고 있던 근로자가 부상 또는 질병이 악화되어 재요양하고 있는 경우에 지급
장의비(葬儀費)	근로자가 업무상 사유로 사망한 경우 장제 실행자에게 그 장제에 소요되는 비용(평균임금의 120일분에 상당하는 금액)을 지급하는 제도
직업재활급여	장해급여자 중 취업을 위하여 직업훈련이 필요한 자에 대하여 실시하는 직업훈련에 드는 비용 및 직업훈련수당, 직장복귀지원금, 직장적응훈련비 및 재활운동비

(1) 장해급여

장애급여는 근로자가 업무상의 부상 또는 질병을 입어 치유는 되었으나 신체에 정신적 또는 육체적 장해가 남아 장해급여 지급대상에 해당될 경우 지급하는 급여로서, 장해 급여액은 장해등급에 해당되는 지급일수에 평균임금을 곱하여 정

---

41) 장해등급과 장애등급은 다르다. 장해등급은 산업재해법상 등급으로 재해로 인한 손상의 의미가 강하나 장애등급은 장애인복지법에 의한 등급이다.

하게 된다.

해당자는 장해등급에 따라 1~3급은 장해보상연금, 그리고 8~14급은 장해보상일시금으로 지급하며, 4~7급은 양자 중 한 가지를 선택할 수 있다.

(2) 요양급여

요양급여는 근로자가 업무상의 사유로 부상 또는 질병을 입어 요양이 필요한 경우 급여하는 것으로 치과보철료, 재활보조기구, 초음파 검사료, 이송비 등 지원이 있다.

(3) 휴업급여

휴업급여는 근로자가 업무상 사유에 의한 부상 또는 질병으로 취업하지 못한 기간(입원/통원)에 대하여 지급하는 급여로서, 급여의 산정은 1일당 평균임금의 100분의 70에 해당하는 금액을 지급한다.

(4) 간병급여

간병급여는 요양급여를 받은 자 중에서 치유 후 의학적으로 상시 또는 수시로 간병이 필요할 경우에 지급하는 급여로서, 급여액 산정은 간병이 실제 행해진 일수와 장해 정도에 따라 간병비용을 지급한다.

(5) 유족급여

유족급여는 근로자가 업무상 사유로 사망한 경우 그 당시 근로자가 부양하고 있던 유족에게 지급하는 급여이다.

(6) 상병(傷病) 보상연금

상병보상연금은 요양급여를 받는 근로자가 요양 개시 후 2년이 경과되어도 치유가 되지 아니하고 폐질등급 (1~3급)에 해당되는 경우와 장해보상연금을 받고 있던 근로자가 부상 또는 질병이 악화되어 재요양하고 있는 경우에 지급한다.

(7) 장의비(葬儀費)

장의비는 근로자가 업무상 사유로 사망한 경우 장제실행자에게 그 장제에 소요되는 비용을 지급하는 제도로서, 장의비 산정기준은 근로자 평균임금의 120일분에 상당하는 금액이다.

(8) 직업재활급여

직업재활급여는 장해급여자 중 취업을 위하여 직업훈련이 필요한 자에 대하여 실시하는 직업훈련비 및 직업훈련수당, 직장복귀지원금, 직장적응훈련비 및 재활운동비에 대하여 지급되는 급여이다.

3) 심사 및 재심사 청구절차

〈그림 6-3〉은 심사 및 재심사 청구절차를 도표로 제시한 것이다. 이를 설명하면 다음과 같다.

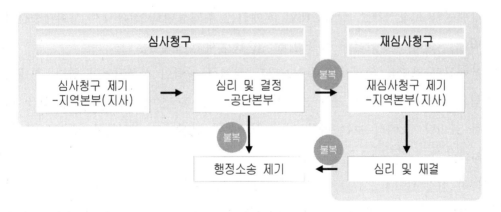

〈그림 6-3〉 심사 및 재심사 절차
자료 : 근로복지공단

그림에서 보는 바와 같이 신청자가 심사를 청구하면 지역본부(지사)에서는 이를 공단본부에 심사를 의뢰하고, 본부에서는 심리 및 결정을 하게 된다.

만일, 그 결정에 이의가 있는 경우에는 즉각 행정소송을 제기하거나 재심사 청구를 할 수 있으며, 재심사 결과에 대해서도 불복하고자 할 경우에는 행정소송을 제기하게 된다.

제 2 절
고용보장정책

1. 필요성

장애인의 고용정책은 실업상태인 장애인을 취업상태로 전환시켜 사회계층간의 대립을 해소하는 수단으로 사용될 수 있다(정재우, 2013).

장애인의 자립을 위해서는 무엇보다도 경제적 자립이 선행되어야 한다. 경제적 자립은 취업이나 창업을 통해 가능한데, 〈표 6-6〉은 장애유형별 고용 현황을 제시한 표이다. 표에서 보는 바와 같이 인구대비 장애인의 취업률은 35.49%에 불과하다.

특히 심장장애(47.22%)와 지체장애(43.95%), 시각장애(42.17%)의 경우 상대적으로 높은 취업률을 보이지만, 자폐성장애(2.19%), 호흡기장애(6.26%), 정신장애(11.12%) 등은 극히 저조한 상황이다.

장애인의 직업생활은 단순히 생계유지 단계를 벗어나 사회구성원으로서 상호작용하면서, 사회통합을 이루어나가는 과정으로서의 필요성이 더 크다고 할 수 있다.

<표 6-6> 장애유형별 고용 현황 (단위 : 명, %)

구분	15세 이상 인구	경제활동인구			비경제 활동인구	경제활동 참가율	인구대비취 업자비율
		계	취업	실업			
지체장애	1,319,279	626,577	579,872	46,705	692,702	47.49	43.95
뇌병변장애	305,310	39,641	34,372	5,269	265,669	12.98	11.26
시각장애	252,075	115,227	106,300	8,927	136,848	45.71	42.17
청각장애	275,728	109,388	104,049	5,339	166,340	39.67	37.74
언어장애	18,259	7,653	6,511	1,142	10,606	41.91	35.66
안면장애	2,355	1,113	842	271	1,242	47.26	35.75
신장장애	58,284	11,954	11,703	251	46,330	20.51	20.08
심장장애	16,041	8,360	7,575	785	7,681	52.12	47.22
호흡기장애	19,043	1,193	1,193	-	17,850	6.26	6.26
간장애	9,223	3,396	3,396	-	5,827	36.82	36.82
장루요루장애	16,705	3,499	3,005	494	13,206	20.95	17.99
간질장애	14,572	3,184	3,184	-	11,388	21.85	21.85
지적장애	122,862	30,991	27,807	3,184	91,871	25.22	22.63
자폐성장애	6,655	523	146	377	6,132	7.86	2.19
정신장애	103,893	14,887	11,549	3,338	89,006	14.33	11.12
전체	2,540,284	977,586	901,504	76,082	1,562,698	38.48	35.49

자료 : 보건복지부(2012). "2011년도 장애인실태조사보고서"

2. 의무고용제도와 고용지원제도

1) 의무고용제도

장애인의무고용제도는 할당고용정책으로 고용의 취약계층인 장애인에게 고용기회를 확대하고자, 일정비율의 근로자를 사업주가 의무적으로 고용하도록 유도하는 제도이다.

　　경영주가 이를 이행하지 않을 경우 장애인고용부담금을 감수하여야 한다. 〈표 6-7〉은 고용주의 의무고용 비율을 제시한 것이다.

〈표 6-7〉 의무고용 비율

구　　분	의무고용률	비　　고
국가 및 지방자치단체	3%	공기업 및 준정부기관도 해당
사업주	2.7%	월평균 상지근로자 50인 이상

2) 고용지원제도

　　의무고용제도가 강제적 고용정책이라면 고용지원제도는 장애인을 고용하는 사업주에게 지원을 하는 형태의 고용증진 정책이다. 그 유형과 내용은 〈표 6-8〉 고용지원제도의 유형과 같다.

〈표 6-8〉 고용지원제도의 유형

유　형	내　　용
고용장려금 지원	장애인을 고용하는 사업주에게 장애인 고용장려금 지급
고용지원자금융자	장애인 고용을 위해 필요한 시설·장비구입·설치·수리·개조 비용 융자
무상지원	장애인 고용을 위한 기초환경 개선에 필요한 장비·시설구입·수리·개조 비용 지원
고용관리비용 지원	고용한 장애인의 관리를 위한 상담원, 지도원, 수화통역사 등의 위촉·배치 비용 지원

제 3 절

교육보장정책

1. 필요성

우리나라의 장애인 교육은 1977년『특수교육진흥법』에 의해 공적으로 보장받기 시작하였고, 1994년 전면개정을 통해 통합교육과 개별화교육이 도입되었다. 그리고, 2008년『장애인 등에 대한 특수교육법』제정으로 특수교육 대상자의 확대와 통합된 교육환경 제공으로 장애인의 자아실현과 사회통합에 기여하였다.

그럼에도 불구하고 〈표 6-9〉 장애인의 교육 현황을 보면 무학을 포함한 중학교 이하가 전체의 63.0%를 차지하고, 2년제 이상의 대학은 12.0%에 불과한 것이 장애인 교육의 현실이다.

〈표 6-9〉 장애인의 교육 현황 (단위 : 명, %)

구 분	무 학	초등학교	중학교	고등학교	대학 이상
지체장애	11. 9	32.9	19.1	25.0	12.2
뇌병변장애	13.3	37.6	17.3	20.2	11.6
시각장애	12.5	30.9	18.8	23.3	14.6
청각장애	19.7	37.4	17.1	15.5	10.4
언어장애	8.7	31.6	15.9	28.3	15.6
안면장애	0.0	30.8	35.2	19.9	14.1
신장장애	4.9	21.3	21.1	34.2	18.4
심장장애	4.2	43.6	15.6	16.3	20.2
호흡기장애	11.7	45.5	8.9	24.9	9.0

구 분	무 학	초등학교	중학교	고등학교	대학 이상
간장애	0.0	29.5	6.9	10.8	52.8
장루요루장애	12.6	42.4	15.1	16.3	13.6
간질장애	4.0	27.1	11.9	41.2	15.8
지적장애	12.4	27.8	18.4	38.1	3.3
자폐성장애	10.3	49.0	8.2	27.5	4.9
정신장애	3.4	18.5	18.5	46.2	13.5
전체	11.8	32.9	18.3	25.0	12.0

자료 : 보건복지부(2012). "2011년도 장애인실태조사보고서"

2. 장애인 등42)에 대한 특수교육

1) 의무교육 및 무상교육

　장애인 등에 대한 특수교육법에서는 장애인을 위한 특수교육적 배려를 규정하고 있는데, 장애인 등에 대한 특수교육법 제3조에 의하면, "특수교육대상자에 대하여는 유치원·초등학교·중학교 및 고등학교 과정의 교육은 의무교육으로 한다"고 하여 고등학교까지 의무교육으로 정하고 있다. 그리고 전공과와 만 3세미만의 장애영아교육은 무상교육을 하고 있다.

　또한 장애인 등에 대한 특수교육법 제14조에서는 장애의 조기발견 체제 구축 및 장애영아의 무상교육을 규정하고 있는데 이를 보면 "교육장 또는 교육감은 영유아의 장애 및 장애 가능성을 조기에 발견하기 위하여 지역주민과 관련 기관을 대상으로 홍보를 실시하고, 해당 지역 내 보건소와 병원 또는 의원(醫院)에서 선별검사를 무상으로 실시하여야 한다. 또한 선별검사를 효율적으로 실시하기 위하여 지방자치단체 및 보건소와 병·의원 간에 긴밀한 협조체제를 구축하여야 한다"라고 규정하고 있다.

---

42) 장애인 등이라 표현한 이유는 장애인 외에도 특수교육대상자가 포함될 수 있기 때문이다.

2) 특수교육지원센터 설치 · 운영

장애인 등에 대한 특수교육법 제11조에 의하면 "교육감은 특수교육대상자의 조기발견, 특수교육대상자의 진단 · 평가, 정보관리, 특수교육 연수, 교수 · 학습활동의 지원, 특수교육 관련서비스 지원, 순회교육 등을 담당하는 특수교육지원센터를 하급교육행정기관별로 설치 · 운영하여야 하며, 특수교육대상자를 비롯한 지역주민의 접근이 편리한 곳에 설치하여야 한다"라고 규정하고 있어 장애학생에 대한 교육지원을 강화하고 있다.

3) 통합교육의 강화

장애인 등에 대한 특수교육법 제21조에 의하면 "각급 학교의 장은 교육에 관한 각종 시책을 시행함에 있어서 통합교육의 이념을 실현하기 위하여 노력하여야 한다. 특수교육대상자를 배치받은 일반학교의 장은 교육과정의 조정, 보조인력의 지원, 학습보조기기의 지원, 교원연수 등을 포함한 통합교육계획을 수립 · 시행하여야 한다. 일반학교의 장은 통합교육을 실시하는 경우에는 특수학급을 설치 · 운영하고, 시설 · 설비 및 교재 · 교구를 갖추어야 한다"라고 규정하고 있어 장애학생의 통합교육에 대한 권리를 인정하고 있다.

4) 진로 및 직업교육의 강화

장애인 등에 대한 특수교육법 제23조에 의하면 "중학교 과정 이상의 각급 학교의 장은 특수교육대상자의 특성 및 요구에 따른 진로 및 직업교육을 지원하기 위하여 직업평가 · 직업교육 · 고용지원 · 사후관리 등의 직업재활훈련 및 일상생활적응훈련 · 사회적응훈련 등의 자립생활훈련을 실시하고, 자격이 있는 진로 및 직업교육을 담당하는 전문인력을 두어야 하며, 진로 및 직업교육의 실시에 필요한 시설 · 설비를 마련하여야 한다"라고 규정하고 있어 장애학생의 진로 및 직업교육을 지원하고 있다.

3. 고등교육 지원

우리나라의 장애인 고등교육정책은 헌법을 비롯하여 여러 법령에 의해 이루어지고 있다. 헌법 제31조와 교육기본법 제3조, 그리고 장애인복지법 제4조는 장애인의 고등교육 기회를 보장하는 선언적인 규정이다(김주영, 2005).

고등교육지원은 장애인의 대학입학 등을 지원하기 위한 제도로서, 장애인 등에 대한 특수교육법 제29조~제32조에 의하면 대학은 특별지원위원회를 두어 장애학생 지원 계획수립, 심사청구에 대한 심사 및 결정 등을 수행하도록 하고, 대학에 장애학생지원센터를 설치하여 장애학생 지원, 편의제공, 관련 인력에 대한 교육, 장애학생 교육복지 실태조사 등을 담당하도록 하고 있다.

<표 6-10> 연도별 특수교육 대상자 대학 특별전형 입학생 수   (단위 : 명)

학년도	전문대학		대학교		합 계	
	실시대학	학생	실시대학	학생	실시대학	학생
2000	9	55	48	313	57	368
2001	11	61	43	360	54	421
2002	15	194	46	420	61	614
2003	14	117	47	310	61	427
2004	24	115	49	309	73	424
2005	11	45	53	344	64	389
2006	10	31	63	388	73	419
2007	9	79	71	439	80	518
2008	8	100	74	460	82	560
2009	10	74	80	487	90	561

자료 : 교육과학기술부(2009)

또한 대학의 장은 장애학생의 교육활동 편의를 위하여 학습보조기기 등 물적지원, 보조인력 배치 등 인적지원, 취학편의 지원, 정보접근 지원, 편의시설 설치

등을 강구하여 제공하도록 하고, 장애학생 지원 등에 관하여 필요한 내용을 학
칙에 규정하도록 하고 있다.

　〈표 6-10〉은 연도별 특수교육 대상자 대학 특별전형 입학생 수를 제시한 것이
다. 표에서 보는 바와 같이 장애학생의 대학입학생은 점차 증가 추세에 있으나
그 추세는 완만하다 할 수 있다.

제 4 절

의료보장정책

1. 필요성

　장애인복지는 장애인의 의료적 재활 중심으로 시작되었다. 장애 및 재활에 대
한 패러다임의 변화로 장애에 대하여 다각적인 접근이 이루어지고 있지만 의료
적인 부분은 여전히 장애인에게 중요한 부분이다.

　장애인에게 있어서 의료보장청구권은 장애를 극복하기 위한 의료재활조치를
청구할 수 있는 권리를 말한다. 즉 장애에 대한 전반적인 의료 및 보건지도를
받고, 장애의 정도에 따라서 일정한 의료시설에 수용되거나 또는 통원치료를 받
을 수 있는 권리이다(구명회, 2006).

　〈표 6-11〉과 〈표 6-12〉에서 알 수 있듯이, 장애인은 본인부담으로 건강검진을
받는 경우가 7.4%에 불과하며, 재활치료서비스를 비용부담 때문에 받지 못하는
경우가 15. 9%를 차지하고 있다.

이처럼 장애인은 경제활동 미참여로 인한 소득 감소와 함께, 장애의 치료 등에 대한 추가 비용이 발생하기 때문에 본인의 건강을 점검하고 의료적 재활치료에 접근한다는 것은 무척이나 어렵다.

따라서, 장애인의 건강하고 안정된 생활과 인간다운 삶을 위해서는 의료부분의 적극적인 지원이 보장되어야 할 것이다.

<표 6-11> 최근 2년간 받은 건강검진   (단위 : 명, %)

구분	본인부담종합 건강검진	산업체 특수 건강검진	건강보험 건강검진	의료급여대상	기타
지체장애	6.1	0.4	84.3	9.0	0.2
뇌병변장애	16.0	-	67.6	16.4	-
시각장애	4.1	0.2	86.3	9.3	0.1
청각장애	7.8	-	81.6	10.1	0.6
언어장애	4.0	-	93.6	2.1	-
안면장애	-	-	80.4	19.6	-
신장장애	18.1	-	71.4	10.5	-
심장장애	6.3	-	72.5	21.2	-
호흡기장애	6.5	-	67.0	26.5	-
간장애	33.7	-	48.5	17.8	-
장루요루장애	18.7	-	77.4	4.0	-
간질장애	-	-	58.7	41.3	-
지적장애	7.2	-	38.9	53.8	-
*자폐성장애	-	-	-	-	-
정신장애	1.4	-	61.1	37.5	-
전체	7.4	0.3	80.5	11.7	0.2

* 자폐성장애 무응답   자료 : 보건복지부(2012)."2011년도 장애인실태조사보고서"

<표 6-12> 현재 재활치료서비스를 받지 않는 이유 　　　　　　　　(단위 : 명, %)

구분	몰라서	시설이 없어서	믿지 못해서	다른방법이 없어서	비용부담 때문에	대기중 이어서	다닐필요가 없어서	기타
지체장애	1.6	1.4	3.2	5.4	17.9	0.1	68.2	2.2
뇌병변장애	2.5	5.5	4.0	6.4	26.6	-	48.1	6.9
시각장애	1.8	0.5	0.6	1.0	8.2	-	86.5	1.5
청각장애	4.2	2.1	0.8	1.1	7.5	0.2	83.5	0.6
언어장애	5.1	-	1.3	2.6	17.2	2.6	71.3	-
안면장애	-	-	-	2.5	3.5	-	94.0	-
신장장애	2.2	-	-	1.8	3.2	-	92.9	-
심장장애	1.9	-	-	1.3	18.4	-	78.4	-
호흡기장애	1.2	6.0	-	5.5	8.6	-	78.6	-
간장애	5.5	-	-	17.2	19.8	-	57.5	-
장루요루장애	7.2	3.2	2.9	0.8	26.4	-	56.4	3.2
간질장애	11.6	-	8.8	-	8.0	-	71.7	-
지적장애	6.6	5.0	3.9	1.5	20.7	0.5	60.5	1.3
자폐성장애	-	17.5	-	-	49.1	7.6	25.8	-
정신장애	8.6	0.9	4.7	4.3	11.9	0.4	67.3	2.0
전체	2.8	2.0	2.6	4.0	15.9	0.2	70.2	2.3

자료 : 보건복지부(2012). "2011년도 장애인실태조사보고서"

2. 의료보장내용

　의료보장정책에 관하여 장애인복지법 제36조에서는 '의료비를 부담하기 어렵다고 인정되는 장애인에게 장애 정도와 경제적 능력 등을 고려하여 장애 정도에 따라 의료에 소요되는 비용을 지급할 수 있다'고 규정하고 그 세부사항은 보건복지부령으로 정하고 있는데 보건복지부령에 의한 의료비 지급대상 및 기준은 다음과 같다.

- 「국민기초생활 보장법」에 따른 수급자인 장애인
- 위와 유사한 자로서 의료비를 지급할 필요가 있다고 인정되는 장애인

　그리고 장애인이 지급받을 수 있는 의료비는 「국민건강보험법」과 「의료급여법」에 따라 제공되는 의료에 드는 비용 중 해당 장애인이 부담하여야 할 비용으로 하고 있다. 이에 근거한 의료급여는 〈표 6-13〉 장애인의료비 지원내용과 같다.

〈표 6-13〉 장애인 의료비 지원 내용

구분	의료급여기관	구분	본인부담금	장애인의료비지원내용
외래	제1차 의료급여기관	원내 직접 조제	1,500원	750원
		그 이외의 경우	1,000원	750원
	제2차 의료급여기관	의료(요양) 급여수가적용 본인부담진료비 15% (차상위 14%, 암환자 5%, 입원 10%)		전액
	제3차 의료급여기관			
입원	제1, 2, 3차 의료급여기관	의료(요양) 급여수가적용 본인부담진료비 10%		전액
		본인부담 식대 20%		없음
약국	약국에서 의약품을 조제하는 경우	처방조제	500원	없음
		직접조제	900원	

자료 : 보건복지부(2014). "2014년도 장애인복지사업안내" 재구성

　한편, 장애인 보조기구에 대한 지원도 의료보장 내용에 해당되는 것으로, 장애인보조기구란 장애인이 장애의 예방·보완과 기능 향상을 위하여 사용하는 의지(義肢)·보조기 및 그 밖에 보건복지부장관이 정하는 보장구와 일상생활의 편의증진을 위하여 사용하는 생활용품을 의미한다.

　장애인복지법 제66조에 의하면 「국가와 지방자치단체는 장애인의 신청이 있을 때에는 예산의 범위 안에서 장애인보조기구를 교부·대여 또는 수리하거나 장애인보조기구 구입 또는 수리에 필요한 비용을 지급할 수 있다」라고 규정하고 있다.

　　그리고 이에 필요한 사항은 보건복지부령으로 정하고 있는데 이는 〈표 6-14〉
과 같다.

〈표 6-14〉 지급 보장구 종류

분류		기준액(원)	내구연한(년)
지체 · 뇌병변장애인용 지팡이		20,000	2
목발		15,000	2
수동 휠체어		480,000	5
의지 · 보조기		유형별로 상이	유형별로 상이
시각장애용	저시력 보조안경	100,000	5
	돋보기	100,000	4
	망원경	100,000	4
	콘택트렌즈	80,000	3
	의안	300,000	5
흰지팡이		14,000	0.5
보청기		340,000	5
체외용 인공후두		500,000	5
전동 휠체어		2,090,000	6
자세보조용구		1,500,000	3
정형외과용 구두		220,000	2
소모품(전지)		160,000	1.5

머리가 배워
뭘 하지요?

가슴이
식었는데?

제 7 장

장애인관련 법률

Social Welfare for the Disabled

서자서아자아(書自書我自我)

서자서아자아(書自書我自我)는 〈글은 글대로, 나는 나대로〉라는 말이다. 이는 머리로는 익혔는데 실제로 행동으로 실천하지 않는 것을 꼬집는 말이다.

세상엔 머리로 알고 있는 것과 실제로 행동하는 것 간의 차이가 너무나 많다. 누구나 법은 지켜야 한다는 것을 알고 있지만 모든 일에 법대로 사는 사람이 몇이나 되겠는가?

독자들도 신호등은 지켜야 한다, 길거리에 침을 뱉어서는 안된다, 공중도덕을 지켜야 한다는 것을 잘 알면서도 때로는 위반하지 않는가?

저자는 사회복지나 장애인복지를 공부하는 사람들은 머리로 공부하기 보다는 가슴으로 공부하는 것이 더욱 중요하다고 생각한다. 도서관 등에서 공부만하여 사회복지 공무원이 되고 전문가가 되면 무엇을 하겠는가? 가슴이 식어 머리로 배운 대로 하지 않고 제멋대로 행동하면 배운 만도 못한 것이다.

법도 그러하다. 아무리 좋은 법을 만들었다고 하여 모든 것이 끝나는 것이 아니다. 실제로 실천하는 것이 더욱 중요한 것이다.

신조어를 만들자면 법자법아자아(法自法我自我)인 것이다. 우리나라의 사회복지법, 장애인복지법 등은 이제 세계적으로도 손색이 없을 정도이다. 비교적 잘 만든 법인 것이다. 그러나 법이 있으면 무엇을 하겠는가? 더욱 중요한 것은 법대로 하고자 하는 의지와, 장애인 중심에서 우선적으로 하고자 하는 실천의지가 중요한 것이다.

제 1 절

장애인복지법

1. 장애인복지법의 목적

장애인복지법의 목적은 우리나라 장애인복지법 제1조에서 설명하고 있는데 이를 보면 "장애인의 인간다운 삶과 권리보장을 위한 국가와 지방자치단체 등의 책임을 명백히 하고, 장애발생 예방과 장애인의 의료·교육·직업재활·생활환경 개선 등에 관한 사업을 정하여 장애인복지대책을 종합적으로 추진하며, 장애인의 자립생활·보호 및 수당지급 등에 관하여 필요한 사항을 정하여 장애인의 생활 안정에 기여하는 등 장애인의 복지와 사회활동 참여증진을 통하여 사회통합에 이바지함을 목적으로 한다"라고 규정하고 있다.

즉, 장애인복지법의 목적은 장애인의 인간다운 삶을 보장하는데 국가와 지방자치단체가 책임을 지고, 여러 가지 복지대책을 마련함으로서 사회통합을 이룩하고자 하는 것이다.

2. 장애인복지법의 이념

1) 장애인복지의 기본이념

장애인복지의 기본이념은 장애인복지법 제3조에 규정하고 있는데 장애인의 완전한 사회참여와 평등을 통하여 사회통합을 이루는 데에 있다. 따라서 장애인복지법이 정한 궁극적인 방향은 사회통합인 것이다.

2) 장애인의 권리

장애인의 권리는 장애인복지법 제4조에 규정하고 있다. 이 규정에 따르면 장애인의 권리는 사회활동에 참여할 권리, 장애인 당사자의 의견을 존중 받을 권리, 중증장애인의 보호 받을 권리, 여성장애인의 권익보호 권리, 차별금지 권리 등이다. 〈표 7-1〉은 장애인복지법에 의한 장애인의 권리를 요약한 것이다. 이에 대하여 설명하면 다음과 같다.

〈표 7-1〉 장애인복지법상의 장애인의 권리

장애인의 권리	법 조항	설명
사회활동에 참여할 권리	장애인복지법 제4조 1항-3항	- 인간으로서 존엄과 가치 - 정치·경제·사회·문화, 기타 모든 분야의 활동에 참여할 권리 - 장애인 관련 정책결정과정에 우선적으로 참여할 권리
장애인의 의견을 존중 받을 권리	장애인복지법 제5조	장애인 정책의 결정과 그 실시에 장애인 및 장애인의 부모, 배우자, 그 밖에 장애인을 보호하는 자 의견 수렴
중증장애인의 보호받을 권리	장애인복지법 제6조	중증장애인이 필요한 보호 등을 평생 받을 수 있도록 알맞은 정책 강구
여성장애인 권익보호 권리	장애인복지법 제7조	여성장애인의 권익보호, 사회참여확대를 위해 기초학습과 직업교육 등 필요한 시책 강구
차별금지 권리	장애인복지법 제8조1항과 2항	- 정치·경제·사회·문화 생활의 모든 영역에서 차별금지 - 비하·모욕 금지 - 부당한 영리행위 금지

(1) 사회활동에 참여할 권리

사회활동에 참여할 권리는 장애인복지법 제4조 1항부터 3항까지 규정하고 있는데, 이는 "장애인은 인간으로서 존엄과 가치를 존중받으며, 그에 걸맞은 대우를 받는다(제4조 제1항). 장애인은 국가·사회의 구성원으로서 정치·경제·사회·문화, 그 밖의 모든 분야의 활동에 참여할 권리를 가진다(제4조 제2항). 장애인은 장애인 관련 정책결정과정에 우선적으로 참여할 권리가 있다(제4조 제3항)"라고 규정하고 있다.

(2) 장애인의 의견을 존중 받을 권리

장애인의 의견을 존중 받을 권리에 대해서는 장애인복지법 제5조에 규정하고 있는데 이는 "국가 및 지방자치단체는 장애인 정책의 결정과 그 실시에 있어서 장애인 및 장애인의 부모, 배우자, 그 밖에 장애인을 보호하는 자의 의견을 수렴하여야 한다. 이 경우 당사자의 의견수렴을 위한 참여를 보장하여야 한다."라고 규정하고 있다.

(3) 중증장애인의 보호받을 권리

중증장애인의 보호받을 권리에 대해서는 장애인복지법 제6조에 규정하고 있는데, 이는 "국가와 지방자치단체는 장애 정도가 심하여 자립하기가 매우 곤란한 장애인(이하 "중증장애인"이라 한다)이 필요한 보호 등을 평생 받을 수 있도록 알맞은 정책을 강구하여야 한다."라고 규정하고 있다. 여기서 중증장애인이란 일반적으로 장애인 등급 1급에서 3급까지를 의미한다.

(4) 여성장애인의 권익보호 권리

여성장애인 권익보호 권리에 대해서는 장애인복지법 제7조에 규정하고 있는데 이는 "국가와 지방자치단체는 여성장애인의 권익을 보호하고 사회참여를 확대하기 위하여 기초학습과 직업교육 등 필요한 시책을 강구하여야 한다."라고 규정하고 있다.

(5) 차별금지 권리

차별금지 권리는 장애인복지법 제8조 1항과 2항에서 규정하고 있는데 이는 "누구든지 장애를 이유로 정치·경제·사회·문화생활의 모든 영역에서 차별을 받지 아니하고, 누구든지 장애를 이유로 정치·경제·사회·문화생활의 모든 영역에서 장애인을 차별하여서는 안 된다(제1항).", "누구든지 장애인을 비하·모욕하거나 장애인을 이용하여 부당한 영리행위를 하여서는 안 되며, 장애인의 장애를 이해하기 위하여 노력하여야 한다(제2항)."으로 규정하고 있다.

3. 장애인에 대한 국가·사회적 책임

1) 국가·지방자치단체의 책임

장애인복지법 제9조에서는 국가와 지방자치단체의 책임을 규정하고 있는데 이는, "국가와 지방자치단체는 장애 발생을 예방하고, 장애의 조기 발견에 대한 국민의 관심을 높이며, 장애인의 자립을 지원하고, 보호가 필요한 장애인을 보호하여 장애인의 복지를 향상시킬 책임을 진다(제1항).", "국가와 지방자치단체는 여성 장애인의 권익을 보호하기 위하여 정책을 강구하여야 한다(제2항).", "국가와 지방자치단체는 장애인복지정책을 장애인과 그 보호자에게 적극적으로 홍보하여야 하며, 국민이 장애인을 올바르게 이해하도록 하는 데에 필요한 정책을 강구하여야 한다(제3항)."로 규정하고 있다.

2) 국민의 책임

장애인복지법 제10조에서는 장애인에 대한 국민의 책임에 대하여 규정하고 있는데 이는, "모든 국민은 장애 발생의 예방과 장애의 조기 발견을 위하여 노력하여야 하며, 장애인의 인격을 존중하고 사회통합의 이념에 기초하여 장애인의 복지향상에 협력하여야 한다."라고 규정하고 있다. 즉, 장애예방, 조기발견, 인격존중, 복지향상노력을 강조하고 있다.

4. 장애인정책의 종합계획 및 체계

1) 장애인복지 정책의 종합계획

장애인복지법 제10조에 의하면, "보건복지부장관은 장애인의 권익과 복지증진을 위하여 관계 중앙행정기관의 장과 협의하여 5년마다 장애인정책종합계획을 수립·시행하여야 한다."라고 의무조항으로 규정하고 있고, 장애인 정책 종합계획에서는 다음과 같은 사항을 담아야 한다(제10조의 2).

- 장애인의 복지에 관한 사항
- 장애인의 교육문화에 관한 사항
- 장애인의 경제활동에 관한 사항
- 장애인의 사회참여에 관한 사항
- 그 밖에 장애인의 권익과 복지증진을 위하여 필요한 사항

이 조항에 따르면, 장애인복지 전반 및 개인, 교육문화, 경제활동, 사회참여, 권익 및 복지증진 모두를 망라하고 있다.

2) 장애인복지 체계

장애인복지담당은 장애인복지 체계를 법률로 정한 것으로서 이는 가장 상위기구부터 장애인 정책조정위원회, 장애인 정책책임관, 지방장애인복지위원회, 장애인복지상담원 등이 있다. 이를 설명하면 다음과 같다.

(1) 장애인정책조정위원회

장애인정책조정위원회는 총리 산하의 위원회로서 장애인을 위한 종합정책을 수립하고 관계 부처 간의 의견을 조정하며 그 정책의 이행을 감독·평가하기 위한 기구이다.

(2) 장애인정책 책임관

장애인 정책 책임관은 장애인복지법 제12조에 규정하고 있는데 이는, "중앙행정기관의 장은 해당 기관의 장애인정책을 효율적으로 수립·시행하기 위하여 소속공무원 중에서 장애인정책책임관을 지정할 수 있다"라고 규정하고 있다.

(3) 지방장애인복지위원회

지방장애인복지위원회는 지방자치단체에 두는 것으로서 장애인복지사업을 기획·조사·실시하는 데 필요한 사항을 심의하기 위해 지방자치단체에 지방장애인복지위원회를 두는 것이다.

(4) 장애인복지상담원

장애인복지상담원은 복지 현장에서 장애인의 복지 향상을 위한 상담·지원 등의 업무를 담당하는 사람을 의미하는데 이들 장애인복지상담원은 시·군·구에 배치하며, 이들은 업무 수행 시 개인의 인격을 존중하게 하며, 업무 상 알게 된 개인의 신상 정보는 비밀을 유지하여야 한다.

5. 국가와 지방자치단체의 책무

장애인복지법에서는 국가와 지방자치단체의 책무를 15가지로 지정하여 규정하고 있는데, 이들을 살펴보면 다음과 같다. 〈표 7-2〉는 장애인복지법상의 국가와 지방자치단체의 책무를 요약한 것이다.

〈표 7-2〉 장애인복지법상의 국가와 지방자치단체의 책무

책무	법 조항	설명
장애발생의 예방	장애인복지법 제17조	-장애의 발생 원인과 예방에 관한 조사 연구 -모자보건사업의 강화 -조기 발견과 조기 치료 -교통사고·산업재해·약물중독 및 환경오염 등에 의한 장애예방을 위한 조치강구
의료와 재활치료	장애인복지법 제18조	-기능치료와 심리치료 등 재활의료 제공 -장애인보조기구 제공 등 필요한 정책 강구
사회적응훈련	장애인복지법 제19조	-사회적응 훈련을 실시
교육	장애인복지법 제20조	-장애인이 교육받을 수 있도록 교육 내용과 방법 개선 -장애인의 교육에 관한 조사·연구 -전문 진로교육을 실시 제도 강구 -장애를 이유로 입학 지원을 거부 금지 -입학과 수학(修學) 등에 편의제공

책무	법 조항	설명
직업 및 고용지원	장애인복지법 제21조	-직업 지도, 직업능력 평가, 직업 적응훈련, 직업훈련, 취업 알선, 고용 및 취업 후 지도 -적합한 직종과 재활사업에 관한 조사 · 연구 촉진
정보접근권 보장	장애인복지법 제22조	-전기통신 · 방송시설 등을 개선 -청각장애인을 위한 수화 또는 폐쇄자막과 시각장애인을 위한 화면해설 또는 자막해설 등 방영 -점자도서와 음성도서 등 보급
편의시설 제공	장애인복지법 제23조	-공공시설과 교통수단 보장 -수화통역 · 안내보조 등 인적서비스 제공
장애에 대한 사회적 인식개선	장애인복지법 제25조	-장애인에 대한 인식개선을 위한 교육 및 공익광고 등 홍보사업 실시 -「초 · 중등교육법」에 따른 학교에서 사용하는 교과용 도서에 장애인에 대한 인식개선을 위한 내용 포함
선거권 행사를 위한 편의제공	장애인복지법 제26조	-장애인이 선거권을 행사하는 데에 불편함이 없도록 편의시설 · 설비 설치 -선거권 행사 홍보 -선거용 보조기구를 개발 · 보급
안전대책 강구	장애인복지법 제24조	-시각 · 청각 장애인과 이동이 불편한 장애인을 위하여 피난용 통로를 확보 -점자 · 음성 · 문자 안내판을 설치 -긴급 통보체계를 마련
주택보급	장애인복지법 제27조	-공공주택 우선 분양 또는 임대 -주택 구입자금 · 임차자금 또는 개 · 보수비용의 지원 -장애인의 일상생활에 적합한 주택의 보급 · 개선 시책강구
문화환경 정비 등	장애인복지법 제28조	-관련 시설 및 설비, 그 밖의 환경을 정비 -문화생활과 체육활동 등 지원
복지연구 등의 진흥	장애인복지법 제29조	-장애인정책개발 등을 위하여 필요한 정책 강구 -재단법인 한국장애인개발원을 설립
경제적 부담의 경감	장애인복지법 제30조	-세제상의 조치, 공공시설 이용료 감면, 그 밖에 필요한 정책 강구 -장애인과 장애인을 보호하기 위하여 동행하는 자의 운임 등을 감면
장애인복지 전문인력의 양성	장애인복지법 제71조	-의지 · 보조기 기가, 언어재활사, 수화통역사, 점역(點譯) · 교정사 등 장애인복지 전문인력, 그 밖에 장애인복지에 관한 업무에 종사하는 자 양성 · 훈련

1) 장애발생의 예방

장애발생의 예방에 대해서는 장애인복지법 제17조에 규정하고 있는데 이는, "국가와 지방자치단체는 장애의 발생 원인과 예방에 관한 조사 연구를 촉진하여야 하며, 모자보건사업의 강화, 장애의 원인이 되는 질병의 조기 발견과 조기 치료, 그 밖에 필요한 정책을 강구하여야 하며, 교통사고·산업재해·약물중독 및 환경오염 등에 의한 장애발생을 예방하기 위하여 필요한 조치를 강구하여야 한다."라고 규정하고 있다.

2) 의료와 재활치료

의료와 재활치료에 대해서는 장애인복지법 제18조에 규정하고 있는데 이는, "국가와 지방자치단체는 장애인이 생활기능을 익히거나 되찾을 수 있도록 필요한 기능치료와 심리치료 등 재활의료를 제공하고 장애인의 장애를 보완할 수 있는 장애인보조기구를 제공하는 등 필요한 정책을 강구하여야 한다."라고 규정하고 있다.

3) 사회적응 훈련

사회적응훈련에 대해서는 장애인복지법 제19조에 규정하고 있는데 이는, "국가와 지방자치단체는 장애인이 재활치료를 마치고 일상생활이나 사회생활을 원활히 할 수 있도록 사회적응 훈련을 실시하여야 한다."라고 규정하고 있다.

4) 교육

교육에 대해서는 장애인복지법 제20조에 규정하고 있는데 이는, "국가와 지방자치단체는 사회통합의 이념에 따라 장애인이 연령·능력·장애의 종류 및 정도에 따라 충분히 교육받을 수 있도록 교육 내용과 방법을 개선하는 등 필요한 정책을 강구하여야 하며, 장애인의 교육에 관한 조사·연구를 촉진하여야 한다. 또한 장애인에게 전문 진로교육을 실시하는 제도를 강구하여야 하며, 각급 학교의 장은 교육을 필요로 하는 장애인이 그 학교에 입학하려는 경우 장애를 이유로 입학 지원을 거부하거나 입학시험 합격자의 입학을 거부하는 등의 불리한 조치를 하여서는 안 된다. 모든 교육기관은 교육 대상인 장애인의 입학과 수학(修學) 등에 편리하도록 장애의 종류와 정도에 맞추어 시설을 정비하거나 그 밖에 필요한 조치를 강구하여야 한다."라고 규정하고 있다.

5) 직업 및 고용 지원

직업 및 고용지원에 대해서는 장애인복지법 제21조에 규정하고 있는데 이는, "국가와 지방자치단체는 장애인이 적성과 능력에 맞는 직업에 종사할 수 있도록 직업 지도, 직업능력 평가, 직업 적응훈련, 직업훈련, 취업 알선, 고용 및 취업 후 지도 등 필요한 정책을 강구하여야 하며, 장애인 직업재활훈련이 원활히 이루어질 수 있도록 장애인에게 적합한 직종과 재활사업에 관한 조사·연구를 촉진하여야 한다."라고 규정하고 있다.

6) 정보 접근권 보장

정보접근권 보장에 대해서는 장애인복지법 제22조에 규정하고 있는데 이는, "국가와 지방자치단체는 장애인이 정보에 원활하게 접근하고 자신의 의사를 표시할 수 있도록 전기통신·방송시설 등을 개선하기 위하여 노력하여야 하며, 방송국의 장 등 민간 사업자에게 뉴스와 국가적 주요 사항의 중계 등 대통령령으로 정하는 방송 프로그램에 청각장애인을 위한 수화 또는 폐쇄자막과 시각장애인을 위한 화면해설 또는 자막해설 등을 방영하도록 요청하여야 한다. 또한 국가적인 행사, 그 밖의 교육·집회 등 대통령령으로 정하는 행사를 개최하는 경우에는 청각장애인을 위한 수화통역 및 시각장애인을 위한 점자 또는 점자·음성변환용 코드가 삽입된 자료 등을 제공하여야 하며 민간이 주최하는 행사의 경우에는 수화통역과 점자 또는 점자·음성변환용 코드가 삽입된 자료 등을 제공하도록 요청할 수 있다. 요청을 받은 방송국의 장 등 민간 사업자와 민간 행사

주최자는 정당한 사유가 없으면 그 요청에 따라야 한다. 국가와 지방자치단체는 시각장애인이 정보에 쉽게 접근할 수 있도록 점자도서와 음성도서 등을 보급하기 위하여 노력하여야 하며, 장애인의 특성을 고려하여 정보통신망 및 정보통신기기의 접근·이용에 필요한 지원 및 도구의 개발·보급 등 필요한 시책을 강구하여야 한다."라고 규정하고 있다.

7) 편의시설 제공

편의시설 제공에 대해서는 장애인복지법 제23조에 규정하고 있는데 이는 "국가와 지방자치단체는 장애인이 공공시설과 교통수단 등을 안전하고 편리하게 이용할 수 있도록 편의시설의 설치와 운영에 필요한 정책을 강구하여야 하며, 공공시설 등 이용편의를 위하여 수화통역·안내보조 등 인적서비스 제공에 관하여 필요한 시책을 강구하여야 한다."라고 규정하고 있다.

8) 안전대책 강구

안전대책 강구에 대해서는 장애인복지법 제24조에 규정하고 있는데 이는, "국가와 지방자치단체는 추락사고 등 장애로 인하여 일어날 수 있는 안전사고와 비상재해 등에 대비하여 시각·청각 장애인과 이동이 불편한 장애인을 위하여 피난용 통로를 확보하고, 점자·음성·문자 안내판을 설치하며, 긴급 통보체계를 마련하는 등 장애인의 특성을 배려한 안전대책 등 필요한 조치를 강구하여야 한다."라고 규정하고 있다.

9) 장애에 대한 사회적 인식개선

장애에 대한 사회적 인식개선에 대해서는 장애인복지법 제25조에 규정하고 있는데 이는, "국가와 지방단체는 학생, 공무원, 근로자, 그 밖의 일반국민 등을 대상으로 장애인에 대한 인식개선을 위한 교육 및 공익광고 등 홍보사업을 실시하여야 하며, 국가는 「초·중등교육법」에 따른 학교에서 사용하는 교과용 도서에 장애인에 대한 인식개선을 위한 내용이 포함되도록 하여야 한다."라고 규정하고 있다.

10) 선거권 행사를 위한 편의제공

선거권 행사를 위한 편의제공에 대해서는 장애인복지법 제26조에 규정하고 있는데 이는, "국가와 지방자치단체는 장애인이 선거권을 행사하는 데에 불편함이 없도록 편의시설·설비를 설치하고, 선거권 행사에 관하여 홍보하며, 선거용 보조기구를 개발·보급하는 등 필요한 조치를 강구하여야 한다."라고 규정하고 있다.

11) 주택 보급

주택보급에 대해서는 장애인복지법 제27조에 규정하고 있는데 이는, "국가와 지방자치단체는 공공주택 등 주택을 건설할 경우에는 장애인에게 장애 정도를 고려하여 우선 분양 또는 임대할 수 있도록 노력하여야 하며, 주택의 구입자금·임차자금 또는 개·보수비용의 지원 등 장애인의 일상생활에 적합한 주택의 보급·개선에 필요한 시책을 강구하여야 한다."라고 규정하고 있다.

12) 문화환경 정비 등

문화환경 정비 등에 대해서는 장애인복지법 제28조에 규정하고 있는데 이는, "국가와 지방자치단체는 장애인의 문화생활과 체육활동을 늘리기 위하여 관련 시설 및 설비, 그 밖의 환경을 정비하고 문화생활과 체육활동 등을 지원하도록 노력하여야 한다."라고 규정하고 있다.

13) 복지 연구 등의 진흥

복지연구 등의 진흥에 대해서는 장애인복지법 제29조에 규정하고 있는데 이는,

"국가와 지방자치단체는 장애인복지의 종합적이고 체계적인 조사·연구·평가 및 장애인 체육활동 등 장애인정책개발 등을 위하여 필요한 정책을 강구하여야 하며, 장애인 관련 조사·연구 수행 및 정책개발·복지진흥·재활체육진흥 등을 위하여 재단법인 한국장애인개발원을 설립한다. 이 때 개발원의 사업과 활동은 정관으로 정한다. 국가와 지방자치단체는 개발원 운영에 필요한 비용을 보조할 수 있으며, 「조세특례제한법」에서 정하는 바에 따라 조세를 감면하고 개발원에 기부된 재산에는 소득계산의 특례를 적용한다."라고 규정하고 있다.

14) 경제적 부담의 경감

경제적 부담의 경감에 대해서는 장애인복지법 제30조에 규정하고 있는데 이는, "국가와 지방자치단체, 「공공기관의 운영에 관한 법률」 제4조에 따른 공공기관, 「지방공기업법」에 따른 지방공사 또는 지방공단은 장애인과 장애인을 부양하는 자의 경제적 부담을 줄이고 장애인의 자립을 촉진하기 위하여 세제상의 조치, 공공시설 이용료 감면, 그 밖에 필요한 정책을 강구하여야 하며, 장애인과 장애인을 부양하는 자의 경제적 부담을 줄이고 장애인의 자립을 돕기 위하여 장애인과 장애인을 보호하기 위하여 동행하는 자의 운임 등을 감면하는 정책을 강구하여야 한다."라고 규정하고 있다.

15) 장애인복지 전문인력의 양성

장애인복지 전문인력의 양성에 대해서는 장애인복지법 제71조에 규정하고 있는데 이는, "국가와 지방자치단체 그 밖의 공공단체는 의지·보조기 기사, 언어재활사, 수화통역사, 점역(點譯)·교정사 등 장애인복지 전문인력, 그 밖에 장애인복지에 관한 업무에 종사하는 자를 양성·훈련하는 데에 노력해야 한다."라고 규정하고 있다.

6. 장애인을 위한 복지서비스

장애인복지법에 의한 장애인을 위한 복지서비스는 장애인복지법 제34조부터 제43조까지 규정되어 있다. 이는 재활상담을 비롯한 여러 가지가 있다. 이를 설명하면 다음과 같다. 〈표 7-3〉은 이를 요약한 것이다.

〈표 7-3〉 장애인복지법에 의한 복지서비스

서비스	법 조항	설명
재활상담	장애인복지법 제 34조	-검진 및 재활상담 -주거편의 · 상담 · 치료 · 훈련 등 서비스를 받는 시설이나 의료기관 방문 상담 실시
재활 및 자립지원 서비스 제공	장애인복지법 제 35조	-장애 유형 · 장애 정도별로 재활 및 자립 지원 서비스 제공
의료비 지급	장애인복지법 제 36조	-의료비의 부담이 어려운 장애인에게 의료 비용 지급
산후조리도우미 지원	장애인복지법 제 37조	-여성장애인의 산전 · 산후 조리 도우미 지원
자녀교육비 지원	장애인복지법 제 38조	-장애인이 부양하는 자녀 또는 장애인 자녀의 교육비 지급
장애인이 사용하는 자동차 등에 대한 지원	장애인복지법 제 39조	-자동차 조세감면 -장애인사용자동차표지 발급
장애인보조견의 훈련 · 보급지원 등	장애인복지법 제40조	-장애인보조견훈련. 보급지원
자금 대여 등	장애인복지법 제41조	-사업비 및 사업을 준비하기 위한 자금 대여
생업 지원	장애인복지법 제42조	-공공시설 내 매점이나 자동판매기, 담배 소매인, 우표류 판매업, 우선권 부여
자립훈련비지급	장애인복지법 제43조	-장애인의 자립훈련비 지급
장애수당	장애인복지법 제49조	-장애수당 지급
장애아동수당과 보호수당	장애인복지법 제50조	-장애아동수당 지급 -장애인의 보호자에게 보호수당 지급

1) 재활상담

재활상담은 장애인복지법 제34조에 규정하고 있는데 이 내용은 장애인에 대한 검진 및 재활상담을 하고, 필요한 경우, 장애인복지상담원을 해당 장애인의 가정 또는 장애인이 주거편의·상담·치료·훈련 등의 서비스를 받는 시설이나 의료 기관을 방문하여 상담하는 일을 하게 된다.

2) 재활 및 자립지원 서비스 제공

재활 및 자립지원서비스 제공은 장애인복지법 제35조에 규정되어 있는데 내용을 정리하여 보면 장애인의 일상생활 지원과 사회활동 참여 증진을 위하여 장애 유형·장애 정도별로 재활 및 자립지원 서비스를 제공한다는 것이다.

3) 의료비 지급

의료비지급은 장애인복지법 제36조에 규정되어 있는데 그 내용은 장애인복지 실시기관은 의료비의 부담이 어려운 장애인의 상황에 따른 의료비용을 지급할 수 있다는 것이다.

4) 산후조리도우미 지원

산후조리도우미 지원은 장애인복지법 제37조에 규정되어 있는데 그 내용은 임산부인 여성장애인과 신생아의 건강관리를 위하여 경제적 부담능력에 따라 여성장애인의 가정을 방문하여 산전·산후 조리를 돕는 도우미(이하 "산후조리도우미"라 한다.)를 지원할 수 있다는 것이다.

5) 자녀교육비 지원

자녀교육비지원은 장애인복지법 제38조에 규정되어 있는데 그 내용은 장애인 복지실시기관은 장애인의 경제적 부담능력 등을 고려하여 장애인이 부양하는 자녀 또는 장애인인 자녀의 교육비를 지급할 수 있다는 것이다.

6) 장애인이 사용하는 자동차 등에 대한 지원

장애인이 사용하는 자동차 등에 대한 지원은 장애인복지법 제39조에 규정되어 있는데 그 내용은 장애인이 이동의 불편함이 없이 자동차를 편리하게 사용할 수 있도록 하고, 조세감면 등의 정책을 통하여 경제적 부담을 줄이기 위한 지원을 한다. 이를 위하여 시장·군수·구청장은 장애인이 이용하는 자동차임을 알아볼 수 있도록 장애인사용자동차표지를 발급하여야 한다는 것이다.

7) 장애인보조견의 훈련·보급지원 등

장애인보조견의 훈련·보급지원 등은 장애인복지법 제40조에 규정되어 있는데 그 내용은 국가와 지방자치단체는 장애인의 복지향상을 위하여 장애인을 보조할 장애인 보조견의 훈련·보급을 지원하는 방안을 강구하여야 한다고 정하고 있다.

8) 자금 대여 등

자금대여등은 장애인복지법 제41조에 규정되어 있는데 그 내용은 장애인이 사업을 시작하거나, 필요한 지식과 기능을 익히는 것 등을 지원하기 위하여 자금을 대여할 수 있다는 것이다.

9) 생업 지원

생업지원은 장애인복지법 제42조에 규정되어 있는데 그 내용은 공공시설 내 매점이나 자동판매기 설치의 허가·위탁할 때, 그리고 담배소매인으로 지정 신청을 할 때, 또는 우표류 판매업 계약을 신청할 때 장애인에게 우선권을 주며, 허가·위탁 또는 지정 등을 받은 자는 특별한 사유가 없으면 직접 그 사업을 하여야 한다는 것이다.

10) 자립훈련비 지급

자립훈련비지급은 장애인복지법 제43조에 규정되어 있는데 그 내용은 장애인

복지실시기관은 장애인복지시설에서 주거편의, 상담, 치료, 훈련 등을 받도록 하
거나 위탁한 장애인에 대하여 그 시설에서 훈련을 효과적으로 받는데 필요하다
고 인정되면 자립훈련비를 지급할 수 있으며, 특별한 사정이 있으면 훈련비 지
급을 대신하여 물건으로 지급할 수 있다는 것이다.

11) 장애수당

장애수당은 장애인복지법 제49조에 규정되어 있는데 그 내용은 장애인의 장애
정도와 경제적 수준을 고려하여 장애수당을 지급할 수 있다는 것이다.

12) 장애아동수당과 보호수당

장애아동수당과 보호수당은 장애인복지법 제50조에 규정되어 있는데 그 내용
은 장애아동에게 보호자의 경제적 생활수준과 장애아동의 장애 정도를 고려하여
장애아동수당을 지급할 수 있으며, 장애인의 보호자에게 보호수당을 지급할 수
있다는 것이다.

7. 자립생활의 지원

1) 자립생활 지원

장애인복지법 제53조에서는 장애인의 자립생활에 대하여 규정하고 있는데 이
는 "국가와 지방자치단체는 중증장애인의 자기결정에 의한 자립생활을 위하여
활동보조인의 파견 등 활동보조서비스 또는 장애인보조기구의 제공, 그 밖의 각
종 편의 및 정보제공 등 필요한 시책을 강구하여야 한다."라고 규정하고 있다.

2) 중증장애인자립생활지원센터

중증장애인 자립지원센터는 장애인복지법 제54조에 규정하고 있는데 이는, "국
가와 지방자치단체는 중증장애인의 자립생활을 실현하기 위하여 중증장애인자립

생활지원센터를 통하여 필요한 각종 지원서비스를 제공한다." 그리고 이에 대한 구체적 내용은 보건복지부령에 따른다고 규정하고 있다.

3) 활동지원급여의 지원

활동지원급여의 지원은 장애인복지법 제55조에 규정하고 있는데 이는 "국가와 지방자치단체는 중증장애인이 일상생활 또는 사회생활을 원활히 할 수 있도록 활동지원급여를 지원할 수 있다. 국가 및 지방자치단체는 임신 등으로 인하여 이동이 불편한 여성장애인에게 임신 및 출산과 관련한 진료 등을 위하여 경제적 부담능력 등을 감안하여 활동보조인의 파견 등 활동보조서비스를 지원할 수 있다"라고 규정되어 있다.

4) 장애동료간 상담

장애동료간 상담에 대해서는 장애인복지법 제56조에 규정되어 있는데 이는 "국가와 지방자치단체는 장애인이 장애를 극복하는 데 도움이 되도록 장애동료 간 상호대화나 상담의 기회를 제공하도록 노력하여야 한다"라고 규정하고 이에 따른 구체적인 사업 등에 관하여는 보건복지부령에 따른다고 규정하고 있다.

8. 장애인복지시설의 유형

장애인복지시설의 유형은 장애인복지법 제58조에 규정되어 있는데 이를 요약하면 〈표 7-4〉와 같다. 장애인 거주시설은 장애인이 가정이 아닌 시설에서 거주하는 형태를 의미하고, 장애인지역사회재활시설은 장애인을 전문적으로 치료, 재활하거나 일상생활을 지원하는 시설을 의미한다.

그리고 장애인직업재활시설은 일반 직업생활이 아니라 장애인만을 위하여 직업훈련이나 직업생활을 하는 시설로서 보호작업장이 이에 해당한다. 장애인 의료재활시설은 의료재활서비스를 받는 시설을 의미한다.

〈표 7-4〉 장애인복지시설의 유형

유형	내 용
장애인 거주시설	거주공간을 활용하여 일반가정에서 생활하기 어려운 장애인에게 일정 기간 동안 거주·요양·지원 등의 서비스를 제공하는 동시에 지역사회생활을 지원하는 시설
장애인 지역사회재활시설	장애인을 전문적으로 상담·치료·훈련하거나 장애인의 일상생활, 여가활동 및 사회참여활동 등을 지원하는 시설
장애인직업재활시설	일반 작업환경에서는 일하기 어려운 장애인이 특별히 준비된 작업환경에서 직업훈련을 받거나 직업 생활을 할 수 있도록 하는 시설
장애인의료재활시설	장애인을 입원 또는 통원하게 하여 상담, 진단·판정, 치료 등 의료재활서비스를 제공하는 시설

제 2 절

장애인차별금지 및 권리구제 등에 관한 법률

장애인차별금지 및 권리구제에 관한 법률은 흔히 장애인차별금지법으로 불린다, 또한 약어로 '장차법'이라고도 한다. 여기서는 장애인차별금지법이란 명칭을 사용할 것인데 법률상 오해가 없기 바란다.

1. 장애인차별금지법의 목적

장애인차별금지법의 목적은 장애인차별금지법 제1조에 밝히고 있는 이는 "모든 생활영역에서 장애를 이유로 한 차별을 금지하고 장애를 이유로 차별받은 사람의 권익을 효과적으로 구제함으로써 장애인의 완전한 사회참여와 평등권 실현을 통하여 인간으로서의 존엄과 가치를 구현함을 목적으로 한다."고 규정하고 있다.

2. 차별행위

장애인 차별금지에 있어 어떤 행동이 차별 행동인가에 대한 정의는 장애인차별금지법 제4조에서 규정하고 있다. 이를 살펴보면 다음과 같다.

- 장애인을 장애를 사유로 정당한 사유 없이 제한·배제·분리·거부 등에 의하여 불리하게 대하는 경우
- 장애인에 대하여 형식상으로는 제한·배제·분리·거부 등에 의하여 불리하게 대하지 아니하지만 정당한 사유 없이 장애를 고려하지 아니하는 기준을 적용함으로써 장애인에게 불리한 결과를 초래하는 경우
- 정당한 사유 없이 장애인에 대하여 정당한 편의 제공을 거부하는 경우
- 정당한 사유 없이 장애인에 대한 제한·배제·분리·거부 등 불리한 대우를 표시·조장하는 광고를 직접 행하거나 그러한 광고를 허용·조장하는 경우. 이 경우 광고는 통상적으로 불리한 대우를 조장하는 광고효과가 있는 것으로 인정되는 행위를 포함한다.
- 장애인을 돕기 위한 목적에서 장애인을 대리·동행하는 자(장애아동의 보호자 또는 후견인, 그 밖에 장애인을 돕기 위한 자임이 통상적으로 인정되는 자를 포함한다. 이하 "장애인 관련자"라 한다)에 대하여 제1호부터 제4호까지의 행위를 하는 경우. 이 경우 장애인 관련자의 장애인에 대한 행위 또한 이 법에서 금지하는 차별행위 여부의 판단대상이 된다.

- 보조견 또는 장애인보조기구 등의 정당한 사용을 방해하거나 보조견 및 장 애인보조기구 등을 대상으로 제4호에 따라 금지된 행위를 하는 경우

여기에서 "정당한 편의"라 함은 장애인이 장애가 없는 사람과 동등하게 같은 활동에 참여할 수 있도록 장애인의 성별, 장애의 유형 및 정도, 특성 등을 고려한 편의시설·설비·도구·서비스 등 인적·물적 제반 수단과 조치를 말한다.

그러나 장애인차별금지법 제4조 3항에서는 위 차별행위에도 불구하고 차별로 보지 아니하는 경우를 규정으로 정하고 있다 이는 다음과 같다.

- 금지된 차별행위를 하지 않음에 있어서 과도한 부담이나 현저히 곤란한 사정 등이 있는 경우
- 금지된 차별행위가 특정 직무나 사업 수행의 성질상 불가피한 경우(이 경우 특정 직무나 사업 수행의 성질은 교육 등의 서비스에도 적용되는 것으로 본다).
- 장애인의 실질적 평등권을 실현하고 장애인에 대한 차별을 시정하기 위하여 이 법 또는 다른 법령 등에서 취하는 적극적 조치

3. 고용에서의 차별금지

1) 의의

장애인차별금지법 제10조에 의하면 "사용자는 모집·채용, 임금 및 복리후생, 교육·배치·승진·전보, 정년·퇴직·해고에 있어 장애인을 차별하여서는 안되며, 노동조합은 장애인 근로자의 조합 가입을 거부하거나 조합원의 권리 및 활동에 차별을 두어서는 안된다"고 규정하고 있다.

2) 정당한 편의제공 의무

장애인차별금지법 제11조에 의하면 사용자는 장애인이 해당 직무를 수행함에

있어서 장애인 아닌 사람과 동등한 근로조건에서 일할 수 있도록 정당한 편의를 제공하여야 한다. 여기서 정당한 편의제공 내용은 다음과 같다.

- 시설·장비의 설치 또는 개조
- 재활, 기능평가, 치료 등을 위한 근무시간의 변경 또는 조정
- 훈련 제공 또는 훈련에 있어 편의 제공
- 지도 매뉴얼 또는 참고자료의 변경
- 시험 또는 평가과정의 개선
- 화면낭독·확대 프로그램, 무지점자단말기, 확대 독서기, 인쇄물음성변환출력기 등 장애인보조기구의 설치·운영과 낭독자, 수화 통역자 등의 보조인 배치

또한 사용자는 정당한 사유 없이 장애를 이유로 장애인의 의사에 반하여 다른 직무에 배치하여서는 안된다.

3) 의학적 검사의 금지

장애인차별금지법 제12조에 의하면 사용자는 채용 이후에 직무의 본질상 요구되거나 직무배치 등을 위하여 필요한 경우를 제외하고는 채용 이전에 장애인 여부를 조사하기 위한 의학적 검사를 실시하여서는 안된다.

만일 사전에 의학적 검사를 실시할 경우 그 비용은 원칙적으로 사용자가 부담하고 이 때 취득한 장애인의 건강상태나 장애 또는 과거 장애경력 등에 관한 개인정보를 누설하여서는 안 된다.

4. 교육에서의 차별금지

1) 의의

장애인차별금지법 제13조에서는 교육에서의 차별금지를 규정하고 있는데 이를

살펴보면 교육책임자는 장애인의 입학 지원 및 입학을 거부할 수 없고, 전학을 강요할 수 없으며, 「영유아보육법」에 따른 어린이집, 「유아교육법」 및 「초·중등교육법」에 따른 각급 학교는 장애인이 당해 교육기관으로 전학하는 것을 거절하여서는 안 된다.

또한 교육책임자는 당해 교육기관에 재학 중인 장애인 및 그 보호자가 이후 언급할 정당한 편의 제공을 요청할 때 정당한 사유 없이 이를 거절하여서는 안 된다.

그리고 교육책임자는 특정 수업이나 실험·실습, 현장견학, 수학여행 등 학습을 포함한 모든 교내외 활동에서 장애를 이유로 장애인의 참여를 제한, 배제, 거부하여서는 안 되며 취업 및 진로교육, 정보제공에 있어서 장애인의 능력과 특성에 맞는 진로교육 및 정보를 제공하여야 한다.

교육책임자 및 교직원은 교육기관에 재학 중인 장애인 및 장애인 관련자, 특수교육 교원, 특수교육보조원, 장애인 관련 업무 담당자를 모욕하거나 비하하여서는 안 되며 교육책임자는 장애인의 입학 지원 시 장애인 아닌 지원자와 다르게 추가 서류, 별도의 양식에 의한 지원 서류 등을 요구하거나, 장애인의 특성을 고려한 교육시행을 목적으로 함이 명백한 경우를 제외하고는 장애인만을 대상으로 한 별도의 면접이나 신체검사, 추가시험 등을 요구하여서는 안 된다.

2) 정당한 편의제공 의무

장애인차별금지법 제14조에 의하면 교육책임자는 당해 교육기관에 재학 중인 장애인의 교육활동에 불이익이 없도록 아래 사항을 적극적으로 강구하고 제공하여야 한다. 이는 장애인의 정당한 편의제공 요구사항이다.

- 장애인의 통학 및 교육기관 내에서의 이동 및 접근에 불이익이 없도록 하기 위한 각종 이동용 보장구의 대여 및 수리
- 장애인 및 장애인 관련자가 필요로 하는 경우 교육보조인력의 배치

- 장애로 인한 학습 참여의 불이익을 해소하기 위한 확대 독서기, 보청기기, 높낮이 조절용 책상, 각종 보완·대체 의사소통 도구 등의 대여 및 보조견의 배치나 휠체어의 접근을 위한 여유 공간 확보
- 시·청각 장애인의 교육에 필요한 수화통역, 문자통역(속기), 점자자료, 자막, 큰 문자자료, 화면낭독·확대프로그램, 보청기기, 무지점자단말기, 인쇄물 음성변환 출력기를 포함한 각종 장애인보조기구 등 의사소통 수단
- 교육과정을 적용함에 있어서 학습 진단을 통한 적절한 교육 및 평가방법의 제공
- 그 밖에 장애인의 교육활동에 불이익이 없도록 하는 데 필요한 사항으로서 대통령령으로 정하는 사항

5. 재화와 용역의 제공에 있어서의 차별금지

1) 의의

장애인차별금지법 제15조에서는 재화와 용역의 제공에 있어서 장애인 차별금지에 대해 규정하고 있다. 이 규정에 따르면 재화·용역 등의 제공자는 장애인에 대하여 장애를 이유로 장애인 아닌 사람에게 제공하는 것과 실질적으로 동등하지 않은 수준의 편익을 가져다주는 물건, 서비스, 이익, 편의 등을 제공하여서는 안 된다. 또 장애인이 해당 재화·용역 등을 이용함으로써 이익을 얻을 기회를 박탈하여서는 안 된다.

2) 토지 및 건물의 매매·임대 등에 있어서의 차별금지

장애인차별금지법 제16조에서는 토지 및 건물의 매매·임대 등에 있어서의 차별금지를 규정하고 있는데 이에 따르면, 토지 및 건물의 소유·관리자는 당해 토지 및 건물의 매매, 임대, 입주, 사용 등에 있어서 정당한 사유 없이 장애인을 제한·분리·배제·거부하여서는 안 된다.

3) 금융상품 및 서비스 제공에 있어서의 차별금지

장애인차별금지법 제17조에서는 금융상품 및 서비스 제공에 있어서의 차별금지를 규정하고 있는데 이 법에 따르면 금융상품 및 서비스의 제공자는 금전대출, 신용카드 발급, 보험가입 등 각종 금융상품과 서비스의 제공에 있어서 정당한 사유 없이 장애인을 제한·배제·분리·거부하여서는 안 된다.

4) 시설물 접근·이용의 차별금지

장애인차별금지법 제18조에서는 시설물 접근·이용의 차별금지를 법으로 정하고 있는데 이에 따르면 시설물의 소유·관리자는 장애인이 당해 시설물을 접근·이용하거나 비상시 대피함에 있어서 장애인을 제한·배제·분리·거부하여서는 안 된다.

또 시설물의 소유·관리자는 보조견 및 장애인보조기구 등을 시설물에 들여오거나 시설물에서 사용하는 것을 제한·배제·분리·거부하여서는 안 된다.

그리고 시설물의 소유·관리자는 장애인이 당해 시설물을 접근·이용하거나 비상시 대피함에 있어서 피난 및 대피시설의 설치 등 정당한 편의의 제공을 정당한 사유 없이 거부하여서는 안 된다.

5) 기타 차별금지

(1) 이동 및 교통 수단에서의 차별금지

장애인차별금지법 제19조에서는 이동 및 교통수단 등에서의 차별금지를 정하고 있는데 교통약자의 이동편의증진법에 따라 교통사업자 및 교통행정기관은 이동 및 교통수단 등을 접근·이용함에 있어서 장애인을 제한·배제·분리·거부하여서는 안되며, 교통사업자 및 교통행정기관은 이동 및 교통수단 등의 이용에 있어서 보조견 및 장애인보조기구 등의 동승 또는 반입 및 사용을 거부하여서는 안된다.

그리고 교통사업자 및 교통행정기관은 이동 및 교통수단 등의 이용에 있어서 장애인 및 장애인 관련자에게 장애 또는 장애인이 동행·동반한 보조견 또는 장애인보조기구 등을 이유로 장애인 아닌 사람보다 불리한 요금 제도를 적용하여서는 안된다.

또한 교통사업자 및 교통행정기관은 장애인이 이동 및 교통수단 등을 장애인 아닌 사람과 동등하게 이용하여 안전하고 편리하게 보행 및 이동을 할 수 있도록 하는 데 필요한 정당한 편의를 제공하여야 하며, 교통행정기관은 교통사업자가 장애인에 대하여 이 법에 정한 차별행위를 행하지 아니하도록 홍보, 교육, 지원, 감독하여야 한다.

한편 국가 및 지방자치단체는 운전면허시험의 신청, 응시, 합격의 모든 과정에서 정당한 사유 없이 장애인을 제한·배제·분리·거부하여서는 안되며 국가 및 지방자치단체는 장애인이 운전면허시험의 모든 과정을 장애인 아닌 사람과 동등하게 거칠 수 있도록 정당한 편의를 제공하여야 한다.

(2) 정보접근에서의 차별금지

장애인차별금지법 제20조에서는 정보접근에서의 차별금지를 정하고 있는데 그 내용은 개인·법인·공공기관은 장애인이 전자정보와 비전자정보를 이용하고 그에 접근함에 있어서 장애를 이유로 차별행위를 하여서는 안된다. 그리고 장애인 관련자로서 수화통역, 점역, 점자교정, 낭독, 대필, 안내 등을 위하여 장애인을 대리·동행하는 등 장애인의 의사소통을 지원하는 자에 대하여는 누구든지 정당한 사유 없이 이들의 활동을 강제·방해하거나 부당한 처우를 하여서는 안된다.

(3) 문화·예술·체육활동에서의 차별금지

장애인차별금지법 제24조와 제25조에서는 문화, 예술, 체육활동에서의 차별금지를 정하고 있는데 이를 보면 국가와 지방자치단체 및 문화·예술사업자는 장애인이 문화·예술활동에 참여함에 있어서 장애인의 의사에 반하여 특정한 행동을 강요하여서는 안되며, 장애인이 문화·예술활동에 참여할 수 있도록 정당한 편의를 제공하여야 한다.

또한 장애인이 문화·예술시설을 이용하고 문화·예술활동에 적극적으로 참여할 수 있도록 필요한 시책을 강구하여야 하고 체육활동을 주최·주관하는 기관이나 단체, 체육활동을 목적으로 하는 체육시설의 소유·관리자는 체육활동의 참여를 원하는 장애인을 장애를 이유로 제한·배제·분리·거부하여서는 안된다.

국가 및 지방자치단체는 자신이 운영 또는 지원하는 체육프로그램이 장애인의 성별, 장애의 유형 및 정도, 특성 등을 고려하여 운영될 수 있도록 하고 장애인의 참여를 위하여 필요한 정당한 편의를 제공하여야 하며, 장애인이 체육활동에 참여할 수 있도록 필요한 시책을 강구하여야 한다.

6. 사법·행정절차 및 서비스와 참정권

1) 의의

장애인차별금지법 제26조에 의하면 "공공기관 등은 장애인이 생명, 신체 또는 재산권 보호를 포함한 자신의 권리를 보호·보장받기 위하여 필요한 사법·행정절차 및 서비스 제공에 있어 장애인을 차별하여서는 안된다고 정하고 있고, 공공기관 및 그 소속원은 직무를 수행하거나 권한을 행사함에 있어서 허가, 신고, 인가 등에 있어 장애인을 정당한 사유 없이 장애를 이유로 제한·배제·분리·거부하는 차별행위와 공공사업 수혜자의 선정기준을 정함에 있어서 정당한 사유 없이 장애인을 제한·배제·분리·거부하거나 장애를 고려하지 아니한 기준을 적용함으로써 장애인에게 불리한 결과를 초래하는 차별행위를 하여서는 안된다"라고 규정하고 있다.

또한, 공공기관 및 그 소속원은 사법·행정절차 및 서비스를 장애인이 장애인 아닌 사람과 실질적으로 동등한 수준으로 이용할 수 있도록 제공하여야 하며, 이를 위하여 정당한 편의를 제공하여야 하며, 장애인이 사법·행정절차 및 서비스에 참여하기 위하여 장애인 스스로 인식하고 작성할 수 있는 서식의 제작 및 제공 등 정당한 편의 제공을 요구할 경우 이를 거부하거나 임의로 집행함으로써 장애인에게 불이익을 주어서는 안된다.

한편 참정권과 관련하여 장애인차별금지법 제27조에서는 국가 및 지방자치단체와 공직선거후보자 및 정당은 장애인이 선거권, 피선거권, 청원권 등을 포함한 참정권을 행사함에 있어서 차별하여서는 안되고, 장애인의 참정권을 보장하기 위하여 필요한 시설 및 설비, 참정권 행사에 관한 홍보 및 정보 전달, 장애의 유형 및 정도에 적합한 기표방법 등 선거용 보조기구의 개발 및 보급, 보조원의 배치 등 정당한 편의를 제공하여야 하며, 공직선거후보자 및 정당은 장애인에게 후보자 및 정당에 관한 정보를 장애인 아닌 사람과 동등한 정도의 수준으로 전달하여야 한다고 정하고 있다.

7. 모·부성권, 성 등

장애인차별금지법 제28조에서는 모부성권 등에 대하여 법으로 정하고 있는데 이를 보면 누구든지 장애인의 임신, 출산, 양육 등 모·부성권에 있어 장애를 이유로 제한·배제·분리·거부하여서는 안 되고, 입양기관은 장애인이 입양하고자 할 때 장애를 이유로 입양할 수 있는 자격을 제한하여서는 안된다.

그리고 교육책임자 및 「영유아보육법」에 따른 어린이집 및 그 보육교직원와 「아동복지법」에 따른 아동복지시설 및 그 종사자 등은 부모가 장애인이라는 이유로 그 자녀를 구분하거나 불이익을 주어서는 안된다.

또한 국가 및 지방자치단체에서 직접 운영하거나 그로부터 위탁 혹은 지원을 받아 운영하는 기관은 장애인의 피임 및 임신·출산·양육 등에 있어서의 실질적인 평등을 보장하기 위하여 관계 법령으로 정하는 바에 따라 장애유형 및 정도에 적합한 정보·활동보조 서비스 등의 제공 및 보조기기·도구 등의 개발 등 필요한 지원책을 마련하여야 하며, 임신·출산·양육 등의 서비스 제공과 관련하여 이 법에서 정한 차별행위를 하지 아니하도록 홍보·교육·지원·감독하여야 한다.

한편 장애인차별금지법 제29조에서는 장애인의 성에 대한 권리를 언급하고 있는데 모든 장애인의 성에 관한 권리는 존중되어야 하며, 장애인은 이를 주체적으로 표현하고 향유할 수 있는 성적 자기결정권을 가진다.

가족·가정 및 복지시설 등의 구성원은 장애인에 대하여 장애를 이유로 성생활을 향유할 공간 및 기타 도구의 사용을 제한하는 등 장애인이 성생활을 향유할 기회를 제한하거나 박탈하여서는 안된다.

국가 및 지방자치단체는 장애인이 성을 향유할 권리를 보장하기 위하여 관계 법령에서 정하는 바에 따라 필요한 지원책을 강구하고, 장애를 이유로 한 성에 대한 편견·관습, 그 밖의 모든 차별적 관행을 없애기 위한 홍보·교육을 하여야 한다고 정하고 있다.

8. 가족·가정·복지시설, 건강권 등

1) 의의

장애인차별금지법 제30조에서는 가족·가정·복지시설, 건강권 등에 대하여 규정하고 있는데 이를 보면 가족·가정 및 복지시설 등의 구성원은 장애인의 의사에 반하여 과중한 역할을 강요하거나 장애를 이유로 정당한 사유 없이 의사결정 과정에서 장애인을 배제하여서는 안 되고, 정당한 사유 없이 장애인의 의사에 반하여 장애인의 외모 또는 신체를 공개하여서는 안 되며, 장애를 이유로 장애인의 취학 또는 진학 등 교육을 받을 권리와 재산권 행사, 사회활동 참여, 이동 및 거주의 자유를 제한·박탈·구속하거나 권리 등의 행사로부터 배제하여서는 안된다.

가족·가정의 구성원인 자 또는 구성원이었던 자는 자녀 양육권과 친권의 지정 및 면접교섭권에 있어 장애인에게 장애를 이유로 불리한 합의를 강요하거나 그 권리를 제한·박탈하여서는 안된다.

그리고 복지시설 등의 장은 장애인의 시설 입소를 조건으로 친권포기각서를 요구하거나 시설에서의 생활 중 가족 등의 면접권 및 외부와의 소통권을 제한하여서는 안된다.

2) 건강권에서의 차별금지

장애인차별금지법 제31조에서는 건강권에서의 차별금지를 규정하고 있는데 여기에서는 의료기관 등 및 의료인 등은 장애인에 대한 의료행위에 있어서 장애인을 제한·배제·분리·거부해서는 안되고, 장애인의 의료행위와 의학연구 등에 있어 장애인의 성별, 장애의 유형 및 정도, 특성 등을 적극적으로 고려하여야 하며, 의료행위에 있어서는 장애인의 성별 등에 적합한 의료 정보 등의 필요한 사항을 장애인 등에게 제공하여야 한다.

그리고 공공기관은 건강과 관련한 교육 과정을 시행함에 있어서 필요하다고 판단될 경우 장애인의 성별 등을 반영하는 내용을 포함하여야 하며, 국가 및 지방자치단체는 선천적·후천적 장애 발생의 예방 및 치료 등을 위하여 필요한 시책을 추진하여야 하며, 보건·의료 시책의 결정과 집행과정에서 장애인의 성별 등을 고려하여야 한다.

3) 괴롭힘 등의 금지

장애인차별금지법 제 32조에서는 괴롭힘 등의 금지를 법으로 규정하고 있는데 장애인은 성별, 연령, 장애의 유형 및 정도, 특성 등에 상관없이 모든 폭력으로부터 자유로울 권리를 가진다.

괴롭힘 등의 피해를 당한 장애인은 상담 및 치료, 법률구조, 그 밖에 적절한 조치를 받을 권리를 가지며, 괴롭힘 등의 피해를 신고하였다는 이유로 불이익한 처우를 받아서는 안 되며, 누구든지 장애를 이유로 학교, 시설, 직장, 지역사회 등에서 장애인 또는 장애인 관련자에게 집단따돌림을 가하거나 모욕감을 주거나 비하를 유발하는 언어적 표현이나 행동을 하여서는 안된다.

장애를 이유로 사적인 공간, 가정, 시설, 직장, 지역사회 등에서 장애인 또는 장애인 관련자에게 유기, 학대, 금전적 착취를 하여서는 안되고, 장애인의 성적 자기결정권을 침해하거나 수치심을 자극하는 언어표현, 희롱, 장애 상태를 이용한 추행 및 강간 등을 행하여서는 안되며, 국가 및 지방자치단체는 장애인에 대한 괴롭힘 등을 근절하기 위한 인식개선 및 괴롭힘 등 방지 교육을 실시하고 적절한 시책을 강구하여야 한다고 정하고 있다.

9. 장애여성 및 장애아동 등

1) 장애여성에 대한 차별금지

장애인차별금지법 제33조, 제34조에서는 장애여성에 대한 차별금지를 규정하고 있는데 이를 보면, 국가 및 지방자치단체는 장애를 가진 여성임을 이유로 모든 생활 영역에서 차별을 하여서는 안된다. 누구든지 장애여성에 대하여 임신·출산·양육·가사 등에 있어서 장애를 이유로 그 역할을 강제 또는 박탈하여서는 안된다. 사용자는 남성근로자 또는 장애인이 아닌 여성근로자에 비하여 장애여성 근로자를 불리하게 대우하여서는 안되며, 직장보육서비스 이용 등에 있어서 다음과 같은 정당한 편의제공을 거부하여서는 안된다.

- 장애의 유형 및 정도에 따른 원활한 수유 지원
- 자녀상태를 확인할 수 있도록 하는 소통방식의 지원
- 그 밖에 직장보육서비스 이용 등에 필요한 사항

교육기관, 사업장, 복지시설 등의 성폭력 예방교육 책임자는 성폭력 예방교육을 실시함에 있어서 장애여성에 대한 성인식 및 성폭력 예방에 관한 내용을 포함시켜야 하며, 그 내용이 장애여성을 왜곡하여서는 안된다.

교육기관 및 직업훈련을 주관하는 기관은 장애여성에 대하여 차별을 하여서는 안된다. 다만, 행위가 장애여성의 특성을 고려하여 적절한 교육 및 훈련을 제공

함을 목적으로 함이 명백한 경우에는 이를 차별로 보지 않는다. 그 차별내용은
다음과 같다.

- 학습활동의 기회 제한 및 활동의 내용을 구분하는 경우
- 취업교육 및 진로선택의 범위 등을 제한하는 경우
- 교육과 관련한 계획 및 정보제공 범위를 제한하는 경우
- 그 밖에 교육에 있어서 정당한 사유 없이 장애여성을 불리하게 대우하는 경우

장애여성에 대한 차별금지를 위한 국가 및 지방자치단체의 의무에 관련하여
국가 및 지방자치단체는 장애여성에 대한 차별요인이 제거될 수 있도록 인식개
선 및 지원책 등 정책 및 제도를 마련하는 등 적극적 조치를 강구하여야 하고,
통계 및 조사연구 등에 있어서도 장애여성을 고려하여야 한다. 그리고 정책의
결정과 집행과정에 있어서 장애여성임을 이유로 참여의 기회를 제한하거나 배제
하여서는 안된다.

2) 장애아동에 대한 차별금지

장애인차별금지법 제35조에서는 장애아동에 대한 차별금지를 정하고 있다. 그
내용을 보면 누구든지 장애를 가진 아동임을 이유로 모든 생활 영역에서 차별을
하여서는 안되며 장애아동에 대하여 교육, 훈련, 건강보호서비스, 재활서비스, 취
업준비, 레크리에이션 등을 제공받을 기회를 박탈하여서는 안된다.

또한 누구든지 장애아동을 의무교육으로부터 배제하여서는 안되며, 장애를 이
유로 장애아동에 대한 유기, 학대, 착취, 감금, 폭행 등의 부당한 대우를 하여서
는 안되며, 장애아동의 인권을 무시하고 강제로 시설 수용 및 무리한 재활 치료
또는 훈련을 시켜서는 안된다.

한편, 장애아동에 대한 차별금지를 위한 국가 및 지방자치단체의 의무를 제36
조에 정하고 있는데 그 내용을 보면 국가 및 지방자치단체는 장애아동이 장애를

이유로 한 어떠한 종류의 차별도 없이 다른 아동과 동등한 권리와 자유를 누릴 수 있도록 필요한 조치를 다하여야 하고, 장애아동의 성별, 장애의 유형 및 정도, 특성에 알맞은 서비스를 조기에 제공할 수 있도록 조치하여야 하고, 이를 위하여 장애아동을 보호하는 친권자 및 양육책임자에 대한 지원책을 마련하여야 한다.

3) 정신적 장애를 가진 사람에 대한 차별금지 등

장애인차별금지법 제37조에서는 정신적 장애를 가진 사람에 대한 차별금지 등을 규정하고 있는데 이를 살펴보면 누구든지 정신적 장애를 가진 사람의 특정 정서나 인지적 장애 특성을 부당하게 이용하여 불이익을 주어서는 안되며, 국가와 지방자치단체는 정신적 장애를 가진 사람의 인권침해를 예방하기 위하여 교육, 홍보 등 필요한 법적·정책적 조치를 강구하여야 한다고 규정하고 있다.

10. 장애인차별금지법의 의미

장애인차별금지법은 장애인 인권단체가 이루어낸 결과물이라 해도 과언이 아니다. 장애인차별금지법을 2001년에 제안한 이후 약 7년만인 2007년에서야 국회를 통과하였다.

장애인은 선천적·후천적으로 발생한 신체적·정신적 장애로 일상생활의 활동이나 사회활동 등에 상당한 제약을 받는 사람이다. 2011년 장애인의 등록현황을 살펴보면, 현재 국내 장애인은 약 260만 명으로 전체인구의 약 5%에 해당한다. 2000년 이후, 2005년, 2010년 장애인의 수는 갈수록 증가하고 있지만 사회적 약자로서 생존권, 노동권, 교육권, 공공시설 및 건축물의 이용권, 이동권, 정보통신의 접근권, 여성장애인 및 모성권, 참정권 등 다양한 분야에 걸쳐 편견과 차별을 받으며 이방인으로서 살아가고 있었다.

이러한 편견과 차별을 해소하고자 장애인복지법, 특수교육진흥법, 직업재활법,

편의증진법 등이 제정·시행되었지만 실효성을 거두지 못하였다.

이에 장애인 차별의 구체적 기준이 되는 독립적인 법률 제정이 요구되었으며, 장애인복지 차원을 넘어 장애인의 인권을 보장받는 법률이 필요하게 되었다. 그 결과가 바로 장애인차별금지법인 것이다.

따라서 「장애인차별금지법」의 체계는 「장애인차별금지법」이 전체 장애인 관련법들과의 관계에서 모순이 없이 합목적적 일관성을 갖는 관계를 갖는 상태가 된 것이다(위계출, 2012).

제 3 절

발달장애인 권리보장 및 지원에 관한 법률

발달장애인 권리보장 및 지원에 관한 법률은 2014년 5월에 국회를 통과하였다. 그 발효는 2015년부터이다. 흔히 이 법률은 발달장애인법으로 불리운다.

따라서 본 서에서는 이 법을 〈발달장애인법〉으로 부르기로 한다.

1. 발달장애인법의 목적

발달장애인법의 목적은 발달장애인법 제1조에 의하면 발달장애인 즉, 지적장애인과 자폐성장애인의 의사를 최대한 존중하여 그들의 생애주기에 따른 특성 및 복지 욕구에 적합한 지원과 권리옹호 등이 체계적이고 효과적으로 제공될 수 있도록 필요한 사항을 규정함으로써 발달장애인의 사회참여를 촉진하고, 권리를 보호하며, 인간다운 삶을 영위하는데 이바지하고자 제정된 법률이다.

2. 발달장애인법의 주요 내용

1) 발달장애인을 위한 기관(시설)의 설치 및 운영

발달장애인을 위한 서비스 지원과 체계적 업무 수행을 위하여 다음의 기관(시설)을 설치·운영할 수 있도록 하고 있다. 이를 설명하면 다음과 같다.

(1) 발달장애인지원센터

발달장애인지원센터는 발달장애인법 제33조에 의한 기관으로서 보건복지부장관은 발달장애인에 대한 통합적 지원체계를 마련하기 위하여 중앙발달장애인지원센터를 설치하여야 한다. 그리고 시·도지사는 발달장애인의 권리보호 활동, 당사자와 그 가족에 대한 상담 등을 담당하는 지역발달장애인지원센터를 특별시·광역시·특별자치시·도·특별자치도에 설치하여야 한다. 이 경우 시·도지사는 필요성을 고려하여 지역발달장애인지원센터를 시·군·구에 설치할 수 있다.

이 때, 시·도지사는 지역발달장애인지원센터를 시·군·구에 설치하는 경우 둘 이상의 시·군·구를 통합하여 하나의 지역발달장애인지원센터를 설치·운영할 수 있다. 이 경우 시·도지사는 지역발달장애인지원센터의 설치·운영에 필요한 비용을 관할 구역의 발달장애인 수 등을 고려하여 시장·군수·구청장에게 공동으로 부담하게 할 수 있다.

한편 중앙발달장애인지원센터와 지역발달장애인 지원센터의 업무내용은 〈표 7-5〉와 같다.

<표 7-5> 발달장애인지원센터의 업무

중앙발달장애인지원센터	지역발달장애인지원센터
-발달장애인에 대한 연구수행 지원 -발달장애인이 이용 가능한 복지정보 데이터베이스 구축 및 정보 제공 -발달장애인 가족 및 관련 서비스 종사자에 대한 지침·편람 마련 및 교육지원 -발달장애인에 대한 인식개선 홍보 -발달장애인 지원 프로그램 개발 -지역발달장애인지원센터의 지원 -제9조제3항에 따른 후견인 후보자의 추천 -발달장애인 권리침해의 모니터링 및 권리구제의 지원 -그 밖에 보건복지부장관이 필요하다고 인정하는 사항	-발달장애인에 대한 개인별지원계획의 수립 -발달장애인을 위한 복지지원 정보의 제공 및 연계 -발달장애인 가족 및 관련 서비스 종사자에 대한 교육지원 -발달장애인에게 서비스를 제공하는 기관에 대한 정보의 축적 및 관리 -발달장애 조기 발견과 발달장애인에 대한 인식개선을 위한 지역사회 홍보 -발달장애인 및 그 가족에 대한 상담지원 -제2조제2호라목에 따른 보호자에 대한 감독 -제9조에 따라 선임된 후견인에 대한 감독지원 및 후견업무의 지원 -제16조 및 제17조에 따른 현장조사 및 보호조치 등 발달장애인의 권리구제 지원 -그 밖에 보건복지부장관이 필요하다고 인정하는 사항

(2) 행동발달증진센터

행동발달증진센터는 발달장애인법 제24조에 의한 기관으로서 국가와 지방자치단체는 자해·공격 등 행동문제로 인하여 일상생활에 곤란을 겪는 발달장애인을 전문적으로 지원하기 위하여 대통령령으로 정하는 바에 따라 행동발달증진센터를 설치·운영할 수 있다.

(3) 발달장애인거점병원

발달장애인거점병원은 발달장애인법 제24조에 의한 기관으로서 보건복지부장관은 발달장애의 원인규명과 치료 및 행동문제 등의 완화를 위한 연구 및 의료 지원체계를 구축하여야 한다. 이를 위하여 국가와 지방자치단체는 발달장애인의 특성과 요구에 맞는 체계적이고 효율적인 의료지원을 위하여 발달장애인 거점병원을 지정할 수 있다.

(4) 직업훈련 및 직업재활시설

직업훈련 및 직업재활시설은 발달장애인법 제25조에 의한 시설로서 국가와 지방자치단체는 발달장애인이 자신의 능력을 최대한 활용하여 직업생활을 영위할 수 있도록 필요한 조치를 강구하여야 한다. 이를 위하여 보건복지부장관은 장애의 정도가 심한 발달장애인의 능력과 특성에 적합한 직업훈련을 지원하기 위하여 발달장애인에 특화된 직업훈련을 하는 직업재활시설을 설치·운영할 수 있다.

(5) 발달장애인 평생교육시설

발달장애인평생교육시설은 발달장애인법 제26조에 의한 시설로서 국가와 지방자치단체는 발달장애인에게 교육기본법에 따른 평생교육의 기회가 충분히 부여될 수 있도록 특별자치시·특별자치도·시·군·구별로「평생교육법」상 평생교육기관을 지정하여 발달장애인을 위한 교육과정을 적절하게 운영하도록 조치하여야 한다.

또한 국가와 지방자치단체는 지정된 평생교육기관에 대하여 예산의 범위에서 발달장애인을 위한 교육과정의 운영에 필요한 경비의 전부 또는 일부를 지원할 수 있다.

3. 서비스 내용

1) 개인별지원계획 수립 및 지원

발달장애인법 제19조, 제20조에 의하면 발달장애인 개인의 특성과 요구를 고려하여 복지서비스의 내용, 방법 등이 포함된 개인별지원계획을 수립하여야 하며, 필요시 서비스 내용의 수정 및 변경이 가능하다.

또한 지역발달장애인지원센터를 통한 원스톱 서비스 지원을 개인별지원계획에 따라 서비스 신청부터 서비스 제공기관을 연계할 때까지 한 곳에서 통합적으로 관리를 받을 수 있다.

2) 발달장애인을 위한 복지지원 및 서비스

발달장애인 권리보장 및 지원에 관한 법률 제18조에서는 타 법령에 의한 서비스를 지정하여 제시하고 있는 데 이를 요약하면 〈표 7-6〉 발달장애인을 위한 복지지원 및 서비스와 같다.

〈표 7-6〉 발달장애인을 위한 복지지원 및 서비스

복지지원 및 서비스	법령
활동지원급여	「장애인복지법」제55조 및 「장애인활동 지원에 관한 법률」
발달재활서비스지원	「장애아동 복지지원법」 제21조
가족지원	「장애아동 복지지원법」제25조
돌봄 및 일시적 휴식지원 서비스지원	「장애아동 복지지원법」제24조
지역사회 전환 서비스지원	「장애아동 복지지원법」제25조
문화·예술 등 복지지원	「장애아동 복지지원법」제26조
조기진단 및 개입	발달장애인법 제23조
재활 및 발달 지원	발달장애인법 제24조
고용 및 직업훈련 지원	발달장애인법 제25조
평생교육지원	발달장애인법 제26조
문화·예술·여가·체육 활동 등 지원	발달장애인법 제27조
소득보장	발달장애인법 제28조
거주시설·주간활동·돌봄지원	발달장애인법 제29조
보호자에 대한 정보제공과 교육	발달장애인법 제30조
보호자에 대한 상담지원	발달장애인법 제31조
휴식지원	발달장애인법 제32조

위 서비스 중 발달장애인법에서 규정하고 있는 법령을 중심으로 설명하면 다음과 같다.

(1) 조기진단 및 개입

조기진단 및 개입은 발달장애인법 제23조에 규정하고 있는데 이는, 국가와 지방자치단체는 발달장애인의 장애를 조기에 발견하기 위하여 검사도구의 개발, 영유아를 둔 부모에 대한 정보제공 및 홍보 등 필요한 정책을 적극적으로 강구하여야 하며 이 때, 보건복지부장관은 발달장애가 의심되는 영유아에 대하여 발달장애 정밀진단 비용을 지원할 수 있다.

(2) 재활 및 발달 지원

재활 및 발달지원은 발달장애인법 제24조에 규정하고 있는데 이는, 국가와 지방자치단체는 발달장애인이 자신의 장애에도 불구하고 잠재적인 능력을 최대한 계발할 수 있도록 발달장애인에게 적절한 재활치료와 발달재활서비스 등을 제공하도록 노력하여야 한다. 그리고 보건복지부장관은 발달장애의 원인규명과 치료 및 행동문제 등의 완화를 위한 연구 및 의료 지원체계를 구축하여야 한다.

또한 국가와 지방자치단체는 발달장애인의 특성과 요구에 맞는 체계적이고 효율적인 의료지원을 위하여 발달장애인 거점병원을 지정하고, 국가와 지방자치단체는 자해·공격 등 행동문제로 인하여 일상생활에 곤란을 겪는 발달장애인을 전문적으로 지원하기 위하여 대통령령으로 정하는 바에 따라 행동발달증진센터를 설치·운영할 수 있다.

(3) 고용 및 직업훈련

고용 및 직업훈련은 발달장애인법 제25조에 규정하고 있는데 이는 앞서 고용 및 직업재활시설에서 설명하였다.

(4) 평생교육지원

평생교육지원은 발달장애인법 제26조에 규정하고 있는데 이에 대해서는 앞서 설명하였다.

(5) 문화 · 예술 · 여가 · 체육 활동 등 지원

문화 · 예술 · 여가 · 체육 활동 등 지원은 발달장애인법 제27조에 규정하였는데 이는 국가와 지방자치단체는 발달장애인이 영화, 전시관, 박물관 및 국가 · 지방 자치단체 등이 개최하는 각종 행사 등을 관람 · 참여 · 향유할 수 있도록 발달장 애인을 지원할 수 있고, 발달장애인의 문화 · 예술 · 여가 · 체육 활동을 장려하기 위하여 발달장애인의 특성과 흥미에 적합한 방식으로 설계된 시설, 놀이기구, 프로그램 및 그 밖의 장비 등을 지원할 수 있다.

또한 국가와 지방자치단체는 발달장애인의 생활체육을 활성화시키기 위하여 생활체육 행사 및 생활체육 관련 단체를 지원할 수 있다.

(6) 소득보장

소득보장은 발달장애인법 제28조에서 정하고 있는데 이는 "국가와 지방자치단 체는 발달장애인의 특수한 어려움을 고려하여 발달장애인이 적정한 생활수준을 유지할 수 있도록 장애인 연금제도 등 관련 장애인복지제도의 개선을 위하여 노력하여야 한다"라고 정하고 있다.

(7) 거주시설 · 주간활동 · 돌봄지원

거주시설, 주간활동, 돌봄지원은 발달장애인법 제29조에서 정하고 있는데 이는, 국가와 지방자치단체는 발달장애인의 특성에 맞는 거주시설 지원을 위하여 필요한 시책을 강구하여야 하고, 발달장애인의 낮 시간 활동 및 지역사회 참여를 효과적으로 제공할 수 있는 주간활동 지원을 위하여 노력하여야 한다.

또한 국가와 지방자치단체는 발달장애인과 그 가족의 특성과 요구에 따른 돌봄 지원을 제공하기 위하여 노력하여야 한다.

(8) 보호자에 대한 정보제공과 교육

보호자에 대한 정보제공과 교육은 발달장애인법 제30조에 정하고 있는데 이는,

국가와 지방자치단체는 발달장애인의 보호자가 발달장애인을 적절하게 보호 및 양육하는 데 필요한 정보를 제공하거나 관련 교육을 할 수 있다고 정하고 있다.

(9) 보호자에 대한 상담지원

보호자에 대한 상담지원은 발달장애인법 제31조에 규정하고 있는데 이는, "국가와 지방자치단체는 발달장애인과 동거하는 보호자에게 전문적인 심리상담 서비스를 제공할 수 있다"라고 정하고 있다.

(10) 휴식지원 등

휴식지원 등은 발달장애인법 제32조에 정하고 있는데 이는, "국가와 지방자치단체는 발달장애인 가족의 일상적인 양육부담을 경감하고 보호자의 정상적인 사회활동을 돕기 위하여 돌봄 및 일시적 휴식 지원 서비스를 제공할 수 있으며, 발달장애인의 형제·자매로서 발달장애인이 아닌 아동 및 청소년이 건전하게 성장할 수 있도록 이들의 정서발달과 심리적 부담 해소 등을 위한 프로그램 운영을 지원할 수 있다"고 정하고 있다.

4. 발달장애인의 권리보장

1) 자기결정권의 보장

발달장애인의 자기 결정권에 관련하여 발달장애인법 제8조에서는 발달장애인은 자신의 주거지의 결정, 의료행위에 대한 동의나 거부, 타인과의 교류, 복지서비스의 이용 여부와 서비스 종류의 선택 등을 스스로 결정한다. 누구든지 발달장애인에게 의사결정이 필요한 사항과 관련하여 충분한 정보와 의사결정에 필요한 도움을 제공하지 아니하고 그의 의사결정능력을 판단하여서는 안된다. 그럼에도 불구하고 스스로 의사를 결정할 능력이 충분하지 아니하다고 판단할 만한 상당한 이유가 있는 경우에는 보호자가 발달장애인의 의사결정을 지원할 수 있다.

이 경우 보호자는 발달장애인 당사자에게 최선의 이익이 되도록 하여야 한다고 하여 자기 결정권을 보장하고 있다.

2) 성년후견제 이용지원

발달장애인의 성년후견제와 관련하여 발달장애인법 제9조에 의하면 지방자치 단체의 장은 성년인 발달장애인이 후견인을 선임할 필요가 있음에도 불구하고 자력으로 후견인을 선임하기 어렵다고 판단되는 경우에는 그를 위하여 「민법」 에 따라 가정법원에 성년후견개시, 한정후견개시 또는 특정후견의 심판을 청구할 수 있다. 또한 지방자치단체의 장이 성년후견개시, 한정후견개시 또는 특정후견 의 심판을 청구할 때에는 대통령령으로 정하는 요건을 충족하는 사람을 후견인 후보자로 하여 그 사람을 후견인으로 선임하여 줄 것을 함께 청구하여 지원하도 록 하고 있다. 여기에서 후견인을 선임할 필요가 있는 경우는 다음에 해당한다.

- 일상생활에서 의사를 결정할 능력이 충분하지 아니하거나 매우 부족하여 의 사결정의 대리 또는 지원이 필요하다고 볼 만한 상당한 이유가 있는 경우
- 발달장애인의 권리를 적절하게 대변하여 줄 가족이 없는 경우
- 별도의 조치가 없으면 권리침해의 위험이 상당한 경우

3) 의사소통 지원

의사소통지원과 관련하여 발달장애인법 제10조에 따르면 국가와 지방자치단체 는 발달장애인의 권리와 의무에 중대한 영향을 미치는 법령과 각종 복지지원 등 중요한 정책정보를 발달장애인이 이해하기 쉬운 형태로 작성하여 배포하여야 하 고, 교육부장관은 발달장애인이 자신의 의사를 원활하게 표현할 수 있도록 학습 에 필요한 의사소통도구를 개발하고 의사소통지원 전문인력을 양성하여 발달장 애인에게 도움이 될 수 있도록 학교와 평생교육기관 등을 통하여 필요한 교육을 실시하여야 한다.

4) 자조단체의 결성

자조단체의 결성과 관련하여 발달장애인법 제11조에 의하면, 발달장애인은 자신의 권익을 보호하고 사회참여를 제고하기 위하여 자조단체(自助團體)를 구성할 수 있다고 규정하고 있다.

5. 발달장애인법의 의미

발달장애인법 제정은 2011년 한국지적장애인복지협회, 한국장애인부모회, 전국장애인부모연대, 한국자폐인사랑협회 등 관련 민간단체가 중심이 되어 발달장애인법제정운동을 결의하여 그 제정운동이 시작되었다.

이후 2012년 발달장애인법제정추진연대가 발달장애인 관련 단체를 중심으로 결성되었고, 2012년 5월에 발달장애인 지원 및 권리보장에 관한 법률안이 발의되었으나, 여러 가지 곡절을 거치면서 2014년 5월에서야 국회에서 법안이 통과되었다.

이와 같은 발달장애인 관련 단체들이 발달장애인법을 주장하는 이유는 첫째, 발달장애인은 전체 장애인 중에서 소수에 불과하지만, 상대적으로 성인기 이후에도 일상생활 및 사회생활의 어려움, 인지력 및 의사소통능력 등이 부족하여 혼자의 힘으로 생활하거나 스스로를 보호하고 권리를 주장하는 것 등이 어렵기 때문에 다양한 위험에 노출되어 지속적인 피해가 발생하고 있다.

둘째, 발달장애인에 대한 서비스지원의 부족으로 보호자의 신체적·정서적·경제적 부담이 점차 증가하고 있다. 따라서 발달장애인의 전 생애를 고려한 전방위적 지원체계를 독립적 전달체계(발달장애인지원센터) 중심으로 구축하여 서비스 제공, 발달장애인의 권리보호, 가족의 삶의 질 향상 등 발달장애인과 가족에 대한 적극적인 지원이 필요하였다.

오르지 못할 나무
반드시
쳐다보자

제 8 장

장애인복지 서비스 전달체계

Social Welfare for the Disabled

여우와 두루미로부터 배우는 전달체계

여우와 두루미 이야기는 여우가 두루미를 초대하면서부터 시작된다. 그리고 여우는 두루미가 음식을 먹기 어렵도록 납작한 접시에 음식을 내어 준다. 여우는 맛있게 혓바닥으로 음식을 먹었지만 두루미는 먹을 수가 없었다.

화가 난 두루미는 이번엔 여우를 자기 집으로 초대한다. 그리고 여우가 음식을 먹기 어렵도록 목이 긴병 안에 음식을 담아내어 준다.

두루미는 음식을 맛있게 부리를 이용하여 먹었지만 여우는 먹을 수가 없었다.

이 우화는 아마도 자신을 뽐내려는 사람의 심리를 잘 표현한 내용으로, 타인을 배려하고 장점을 이해하라는 교훈을 담고 있을 것이다.

전달체계도 그러하다.

시각장애인에게 시각적인 정보는 의미가 거의 없다.

마찬가지로 청각장애인에게 청각적인 정보가 무슨 의미가 있겠는가?

장애인의 욕구에 맞는 서비스 제공, 장애인의 장애를 고려한 서비스 제공은 전달체계에 있어 가장 중요한 내용이다.

그러므로 전달체계는 서비스라는 집을 짓는데 가장 중요한 기둥이요, 대들보인 것이다.

제 1 절

복지서비스와 전달체계

1. 전달체계의 의의

서비스 전달자가 클라이언트에게 급여 또는 서비스를 제공하기 위해서는 조직적이고 체계적인 체제를 갖추어야 한다. 이를 전달체계라고 한다. 이때 조직적인 전략을 통하여 효과적인 공급체계를 갖추어야 할 것이다.

아마도 전달체계를 다른 말로 표현하면 제도라고 함이 타당할 것이다. 즉, 급여나 서비스를 제공하기 위한 제도를 전달체계라고 하여도 무방할 것이다.

전달체계를 이해하기 위하여 전달체계를 이루는 공공부문과 민간부문을 먼저 구분하여 보기로 한다.

공공부문은 중앙정부나 지방자치단체가 제공을 담당하는 부분이다. 이 경우 정부나 지방자치단체에서는 급여나 서비스를 직접 제공하는 전달체계를 기지고 있기도 하고, 제도를 통하여 민간부문에 사업비를 제공하여 민간부문에서 서비스를 제공하도록 하기도 한다.

민간부문은 중앙정부나 지방자치단체가 제공하는 부분 외의 부문을 의미하는 것으로 사회복지법인이 대표적인 사례라고 할 수 있다. 그러나 사회복지법인에서의 서비스 제공은 중앙정부나 지방자치단체가 제공하는 비용을 가지고 서비스를 제공하고 있으므로 완전한 민간이라고 하기 어렵다. 완전한 민간부문이라 한다면, 기업형태의 복지산업을 의미할 것이다.

2. 부문별 전달체계

1) 공공부문

완전 공공부문은 중앙정부와 지방자치단체가 급여나 서비스를 직접 제공하고 그 비용도 부담하는 유형이다. 이때 전달체계는 법률과 제도에 의하여 급여나 서비스를 제공하게 된다.

2) 공공-민간 연계 부문

공공-민간 연계 부문은 급여나 서비스 비용은 중앙정부나 지방자치단체가 부담하고 급여나 서비스를 전달하는 것은 민간단체가 담당하게 된다. 예를 들면, 사회복지법인, 사회복지협의회, 사회복지협의체 등이 이에 해당한다. 이 경우의 전달체계는 국가 제도와 기관의 운영규정에 의하여 전달이 이루어진다. 즉, 종속적 대행자 역할인 것이다(김송이, 2014).

3) 민간부문

민간부문은 서비스 공급과 비용을 민간이 담당하는 것으로서 복지산업, 복지관련 사단법인, 유료 실버타운과 같은 예가 이에 해당 한다. 장애인을 위한 국내 항공기 운임 할인 등도 완전 민간부문에 해당한다 할 것이다. 이 경우 전달체계는 민간부문의 규정으로 이루어진다.

<표 8-1> 부문별 전달체계

부문	비용부담	서비스제공	전달체계	예
공공부문	중앙정부, 지방자치단체	중앙정부, 지방자치단체	중앙정부, 지방자치단체 법률	주민센터
공공-민간 연계부분	중앙정부, 지방자치단체와 민간 단체	중앙정부, 지방자치단체와 민간 단체	중앙정부, 지방자치단체 법률 및 민간 규정	-사단법인 -사회복지협의회 -사회복지협의체
민간부문	민간	민간	민간 규정	주식회사

〈표 8-1〉은 부문별 전달체계를 비용부담, 서비스 제공, 전달체계, 예를 구분하여 설명한 것이다.

3. 전달체계 조직

전달체계를 만드는 일은 서비스 제공을 위한 가장 기본적이면서도 가장 중요한 일이다. 이 체계를 통하여 서비스가 제공되고 클라이언트에게 만족을 줄 수 있기 때문이다. 흔히 '제도가 미비하여'라는 말을 하는데 이는 곧 전달체계가 잘못되었다는 것을 시사하는 것이다.
전달체계를 마련함에 있어 유의해야 할 점은 다음과 같다.

1) 담당자

여기에서 담당자란 서비스 제공자의 자격을 의미한다. 이를 전문성원칙이라고 하는데 서비스를 제공하는 사람의 자격을 명확히 하여야한다는 것이다. 물론 해당 자격을 가진 자로 함이 당연하다. 예를 들어 장애인 활동보조 서비스를 제공하는 자의 자격은 활동보조인 교육과정을 이수하고 그 자격을 인정받은 자로 하는 것이다.

2) 포괄

전달체계는 서비스 이용자의 다양한 욕구를 모두 충족시키려는 노력을 하여야 한다. 따라서 전달체계에서는 발생할 수 있는 경우의 수를 각기 고려하는 것이 매우 중요하다. 이를 포괄성의 원칙이라고도 하는데 이 때, 서비스 이용자를 한 사람의 전문가가 전담하는 방법, 다수의 전문가가 한 사람의 이용자를 담당하는 방법, 다수의 전문가가 다수의 이용자를 담당하는 방법, 다수의 전문가가 사안별로 팀을 구성하여 한 명의 이용자를 담당하는 방법, 한사람의 전문가가 중심이 되지만 필요할 경우 타 전문가와 연계하는 방법(사례관리) 등이 있다.

3) 충분성

이는 적절성의 원칙이라고도 하는데 서비스 이용자(클라이언트)의 욕구에 만족하도록 서비스를 제공하여야한다. 이는 예산상 어려움이 있을 수 있는데, 예산 부족이나 전달체계상 문제로 인하여 서비스 중에 중단해야 하는 일이 없어야 할 것이다.

4) 연계

이는 연속성의 원칙이라고도 하는데, 전달체계에서는 제공되는 서비스가 연속성이 있어야 한다는 것이다. 예를 들어 장애인을 위한 사회적응 훈련 프로그램이 있다면 그 다음으로 직업훈련 프로그램이 있어야 하고 또 직업훈련 프로그램 이후에는 직업안내 프로그램이나 창업 프로그램이 있어야 하는 것이다.

5) 통합

이는 통합성의 원칙이라고 하는데, 앞서 연계는 프로그램의 연속성을 의미하였으나 통합성의 원칙은 서비스이용자의 욕구가 오직 한 가지일 수도 있지만, 대부분의 경우 다양한 문제를 함께 가지고 있음을 유념해야 한다는 것이다. 예를 들어 정서장애 아동의 문제는 언어 문제, 행동 문제, 심리 문제 등이 있을 수 있고 이들 문제를 해결하기 위하여 언어치료, 행동치료, 심리치료 등을 연관하여 제공하여야 한다.

6) 평등

이는 평등성의 원칙이라고 하는데 서비스 이용자는 누구든 성별, 연령, 종교, 지역에 관계없이 서비스를 제공하여야한다는 개념이다. 물론 이와 같은 평등의 개념은 기본적이고 절대적인 개념이지만, 서비스 혜택을 일부 제한하는 경우가 있다. 예를 들어 장애인의 경우 활동보조를 장애인 등급 2급 이상자에게만 제공한다거나, 2급 이상의 장애인이라 할지라도 소득수준에 따라 본인부담금이 다른 경우가 그 예이다.

7) 책임

서비스를 제공하는 담당자나 기관은 서비스 전달에 대한 책임을 가지도록 전달체계를 구성하여야 한다. 이를 책임성의 원칙이라고 하는데 전달체계에서는 그 책임의 한계를 명확히 담아야한다.

8) 접근성

이는 접근 용이성의 원칙이라고도 하는데 전달체계를 구성함에 있어 매우 중요한 원칙이다. 전달체계에 이용자가 접근하기 곤란하다면 그 전달체계는 실패한 체계인 것이다.

예를 들어 우리나라에는 112, 119와 같은 긴급 신고 전화번호의 종류가 너무 많아 이를 모두 알고 있는 시민은 거의 없으며, 이용자가 거의 없는 전화번호가 많다 보니, 긴급 전화를 하였어도 ARS로 응답하는 기현상이 발생하고 있다고 한다.

즉, 전달체계는 서비스가 필요한 사람이면 누구나 쉽게 접근하여 서비스를 받을 수 있는 전달체계여야 한다는 것이다.

제 2 절

장애인복지서비스 전달체계

1. 공공부문 서비스 전달체계

　　공공부문의 전달체계는 기본적으로 중앙정부와 지방자치단체가 수행하는 서비스를 의미한다. 이때 중앙정부가 직접 수행하는 경우도 있고, 지방자치단체가 수행하는 경우도 있을 수 있다. 물론 양자가 함께 수행하는 경우도 있다. 서비스 전달에 있어 국비 일부, 도비 일부, 시(군)비 일부를 합하여 사업을 하는 경우도 매우 많다.

　　〈그림 8-1〉은 정부차원에서의 공공부문 장애인복지 전달체계를 도표로 표시한 것이다.

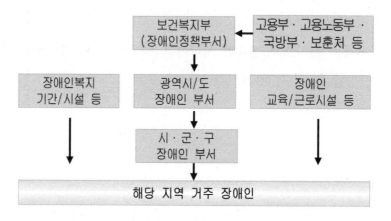

〈그림 8-1〉 장애인복지 공공부문 전달체계

　　즉, 장애인복지 공공 부문 전달체계는 중앙정부의 장애인 정책부서를 정점으로 하여, 광역시도 장애인부서 그리고 그 아래로 시군구 장애인 부서에서 장애인을 대상으로 서비스를 제공하게 된다. 그리고 이와 같은 전달은 관련 법률에 따라 제공하게 된다.

한편 장애인복지법 제12조에서는 특별히 장애인을 위한 전달체계를 규정하고 있는데 이는 〈표 8-2〉와 같다. 이에 대해서는 앞서 장애인복지법에 관한 설명에서 하였으므로 생략하기로 한다.

〈표 8-2〉 장애인복지법에 의한 장애인복지 전달체계

전달체계	설 명
장애인 정책조정위원회	- 총리 산하의 위원회 - 장애인을 위한 종합정책을 수립 - 관계 부처 간의 의견을 조정 - 정책의 이행을 감독 · 평가
장애인정책 책임관	장애인정책을 효율적으로 수립 · 시행하기 위하여 소속공무원 중에서 장애인정책책임관 지정
지방장애인 복지위원회	- 지방자치단체에 설치 - 장애인복지사업을 기획 · 조사 · 실시하는데 필요한 사항 심의
장애인복지상담원	- 복지 현장에서 장애인의 복지 향상을 위한 상담 · 지원 등의 업무 담당 - 시 · 군 · 구에 배치 - 업무 수행 시 개인의 인격존중, 업무상 비밀 유지 의무

2. 민간부문 서비스 전달체계

민간부문 장애인복지서비스 전달체계는 사회복지재단, 자원봉사 단체, 사회복지협의회, 사회복지 협의체, 각종 장애인 관련 사단법인 등이 대표적이며, 개인일 수도 있고 단체일 수도 있다.

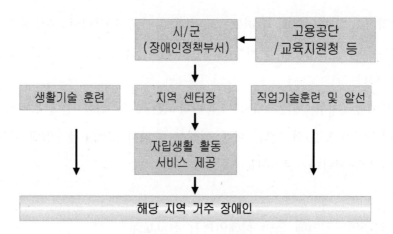

<그림 8-2> 장애인복지 민간부문 전달체계

이들 민간부문에서의 서비스 전달체계는 국가가 정한 법령, 예를 들면 장애인 복지의 경우, 사회복지사업법, 장애인복지법 등에서 정한 서비스 범주내에서 서 비스를 제공할 수 있다. 그리고 이들 서비스 전달체계는 각 민간부문에 따라 다 르다. 예를 들어, 사단법인이 장애인자립생활센터를 운영할 경우, 그 전달체계는 먼저, 해당 시·군의 지원을 받아 센터장이 주 책임자가 되며, 센터 직원이 장애 인을 대상으로 장애인 자립을 위한 제반 활동을 하게 된다.

<그림 8-2>는 장애인복지 민간부문의 전달체계를 그림으로 제시한 것이다.
민간부문에서의 전달체계는 주로 장애인 관련 단체가 운영하는 단체가 담당하 고 있는데, 이는 사단법인과 재단법인 그리고 비법인, 비영리 민간단체 등으로 구분된다.

<표 8-3>은 2012년 기준 우리나라 장애인복지관련 단체를 법인 유형별로 정리 한 것이다(보건복지부 2012).

<표 8-3> 우리나라 장애인복지관련 단체

단체명	유형	단체명	유형
한국시각장애인연합회	사단법인	한국척수장애인협회	사단법인
한국농아인협회	사단법인	한국장애인직업재활시설협회	사단법인
한국지체장애인협회	사단법인	한국자폐인사랑협회	사단법인
한국지적장애인복지협회	사단법인	한국장애인자립생활센터총연합회	사단법인
한국뇌성마비복지회	사단법인	해냄복지회	사단법인
한국장애인부모회	사단법인	전국장애인부모연대	사단법인
한국장애인복지시설협회	사단법인	한국언어재활사협회	사단법인
한국장애인재활협회	사단법인	국제키비탄한국본부	사단법인
장애우권익문제연구소	사단법인	한국신장장애인협회	사단법인
한국의지보조기협회	사단법인	한국장애인재단	복지재단
자행회	사단법인	푸르메재단	복지재단
한국신체장애인복지회	사단법인	이형섭복지재단	복지재단
한국장루협회	사단법인	한국장애인개발원	복지재단
한국장애인단체총연맹	사단법인	장애인편의시설촉진시민연대	비영리민간단체
한국장애인복지관협회	사단법인	중증장애인이동지원전국협의회	비영리민간단체
한국여성장애인연합	사단법인	한국장애인도우미견협회	비영리민간단체
한국장애인연맹	사단법인	한국작은키(연골무형성증)모임	비영리민간단체
한국장애인단체총연합회	사단법인	한국장애인그룹홈교사협회	비영리민간단체
장애인먼저실천운동본부	사단법인	한국근육장애인협회	비영리민간단체
한국뇌병변장애인인권협회	사단법인	자랑스러운 한국장애인상	비영리민간단체
한국장애인인권포럼	사단법인	한국호흡기장애인협회	비영리민간단체

제 3 절

장애인복지서비스 전달 하위체계

이제까지 살펴본 장애인복지 전달체계는 넓은 의미에서의 체계를 의미하는 것이고 실질적인 서비스 전달을 위한 하위 체계는 보다 상세하게 마련되어 있다.

이와 같은 서비스 전달체계는 서비스마다 각각 마련되어 있어 이를 모두 언급하기에는 지면이 부족하다. 따라서 여기에서는 장애인 등록과 활동보조 신청에 관하여 간단히 설명하기로 한다. 이 내용은 보건복지부 2014 장애인복지사업 안내(1)에 의한 것임도 밝혀둔다.

장애인 등록과 활동보조신청은 비록 별개의 사안이나 활동보조를 신청하기 위해서 장애인 등급을 재심사하는 경우가 많으므로 여기에서는 이를 통합하여 설명하기로 한다.

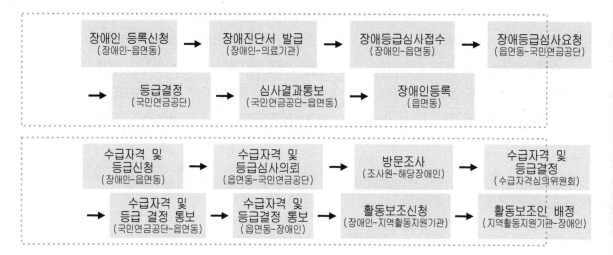

〈그림 8-3〉 장애인 등록 및 활동보조 신청

〈그림 8-3〉은 장애인 등록과 활동보조 신청하는 과정을 도표로 제시한 것이다.

〈그림 8-3〉에서 보는 바와 같이 장애인 등록은 먼저 장애인 등록 신청을 하여야 한다. 이때 장애인이 반드시 해당 읍·면사무소 및 동주민센터에 갈 필요는 없고 보호자가 방문하여 신청서를 작성하면 된다.

다음 절차는 의료기관에서 발급하는 진단서를 발급받게 되는데, 이때 장애 등급이 명시되지 않고 의사의 소견서만이 제출된다.

의사의 진단서를 받은 경우 해당 읍·면사무소 및 동주민센터에서는 이를 국민연금공단에 장애등급심사를 요청하고 국민연금공단에서는 의사가 참여하는 회의에서 장애유형 및 등급을 결정하여 그 결과를 해당 읍·면사무소 및 동주민센터에 통보한다. 결국 장애 유형 및 등급 결정은 진단서를 발급하는 의사가 하는 것이 아니라 국민연금공단 회의에서 결정되는 것이다.

해당 읍면동사무소에서는 이를 곧바로 해당 장애인에게 통보하고 장애인 등록을 하게 되는데, 만일 장애 등급과 유형 등에 대하여 장애인이나 그 보호자가 사유를 적어 이의를 신청하게 되면, 국민연금공단에서는 그 심사를 다시하게 된다.

이후 장애등급이 2급 이상으로 결정되면 해당 장애인 또는 그 보호자는 관할 읍면동사무소에 수급자격 및 등급 신청을 하게 된다. 읍면동사무소에서는 그 신청서를 국민연금공단으로 보내 수급자격 및 등급을 심사하게 된다. 이때, 국민연금공단에서는 조사원을 통하여 해당 장애인을 조사 평가하고 그 결과를 바탕으로 수급자격심의위원회를 열게 된다. 수급자격심의 위원회에서는 해당 장애인이 수급자격이 있는지 검토하여 수급자격이 있을 경우, 등급을 결정하게 된다. 이와 같은 심의결과는 곧바로 읍면동사무소를 경유하여 해당 장애인에게 전달되며, 그 결과에 불복하는 경우 재심의를 요청할 수 있다.

결과적으로 수급자격이 있고 등급이 결정된 경우, 해당 장애인 또는 그 보호자는 지역에 있는 활동보조지원기관에 활동보조를 신청하게 되면 활동보조지원기관에서는 장애의 유형을 고려하여 가장 적합한 활동보조원을 배치하게 된다.

제 4 절
장애인복지서비스
전달체계의 문제점

전달체계는 그 효율성과 욕구충족 측면에서 볼 때 가장 기본적이면서도 가장 중요한 부분이다. 그러나 우리나라 장애인복지서비스 전달체계는 몇가지 문제점을 안고 있다.

첫 번째는 서비스 전달체계와 통제(감독)체계가 이원적이라는 점이다. 우리나라의 경우 서비스의 전달은 중앙정부가 하는 경우도 있고, 지방자치단체가 독자적으로 수행하는 경우도 있다. 그러나 사실상 통제(감독)는 중앙정부 중심의 체계를 따르고 있다.

그 원인은 당연히 지방자치단체의 경제자립도와 관련이 있을 것이다. 우리나라 지방자치단체의 경제 자립 수준은 미미한 수준이기 때문에 중앙정부의 통제를 벗어날 수 없는 것이다.

또한, 지방자치단체에 장애인복지를 전문적으로 수행할 만한 사무관급의 공무원이 절대적으로 부족한 점도 있다. 그리고, 시·군의 경우 사회복지를 전공한 전문가가 사회복지과장으로서 업무를 수행하고 있는 지방자치단체는 찾아보기 힘들다.

따라서 지방자치단체가 독자적인 장애인복지서비스 전달체계를 마련하기 위해서는 경제자립도 향상과 더불어 지방자치단체의 전문성 확보가 필요할 것이다.

둘째는 현행 전달체계가 장애인의 욕구를 제대로 반영하고 있는 지에 대한 의문이 있다. 중앙정부의 보건복지부가 장애인에 관련한 업무를 하고 있으나 관련

교육부, 고용노동부 등과의 협력관계가 애매하고, 지방자치단체에는 기껏해야 사회복지과 한 개 부서에서 장애인복지문제를 취급하고 있다. 어느 지방자치단체에는 아예 사회복지과도 없이 주민지원과가 담당하고 있기도 하다.

이와 같은 상황에서 장애인의 다양한 욕구를 담당 공무원이 제대로 파악하지 못하고, 장애인 단체의 요구에 이끌려 장애인복지서비스 정책을 입안하게 되는 것이다.

셋째로, 장애인에 대한 체계적인 지원이 가능한 전달체계가 없이 해당 법령에 따라 그 때 그 때 서비스를 제공하는 문제를 유발하고 있다. 장애인이 장애인 등록 이후 읍·면사무소 및 동주민센터로부터 받는 것은 장애인복지 시책을 담은 안내 책자가 고작이다.

한 사람의 장애인이 그 삶의 질을 향상시키기 위하여 어떤 지원이 필요하고 이를 위하여 어떤 준비를 하여야 하는 지에 대한 포괄적이고 생애지향적인 계획이 없다는 것이다.

물론 가장 이상적인 전달체계는 한사람의 장애인으로 의심되는 사람이 있을 경우, 그 사람을 대상으로 하여 장애인 등록부터 지원방향 설계에 이르기까지 서비스 전달자가 일괄 처리하는 전달체계를 갖는 것이다. 물론 이와 같은 전달체계를 갖추기에는 아직까지는 요원하겠지만 이를 향해 노력하는 전달체계라도 갖추어졌으면 하는 바램이다.

평생 갇혀 살았네
지구라는
수용시설에서...

제 9 장

장애인의 자립생활

Social Welfare for the Disabled

장애인복지의 완성은 자립이다

우리나라는 요즘 경제가 어려워 삶이 힘겹다고 한다. 혹자는 IMF 때보다도 더 어렵다고 한다. 이처럼 어려운 시기에 장애인이 이 사회에서 발을 붙이고 당당히 살아가기란 일반인들보다 더 어렵고 힘에 부칠 것은 당연할 것이다.

무릇 장애인복지는 자립생활에 기반을 둔 경제적 자립이 최종 목적지이다. 장애인이 경제적으로 자립하지 못하게 되면, 결국 가족이나 사회에 의존해야 하고, 그 의존성으로 말미암아 온전한 삶을 이룩하지 못하는 것이다.

장애인의 경제적 자립을 달성하기 위해서는 먼저 장애인들이 교육을 받아야한다. 장애인이 교육을 받지 못한다는 것은 분명 중대한 차별이라고 볼 수 있다.

장애인이 제때에 교육을 제대로 받지 못하면 사회에 통합되어 생활한다 해도 직업을 갖기 어렵고, 직업을 갖지 못하면 보호자나 가족에게 평생 동안 의지하게 될 것이다.

그러므로 장애인들의 적절한 욕구를 찾아 장애인들의 권익을 향상시키고 자립생활이 가능하도록 사회적 인프라를 구축하고 사회인식개선 및 당사자 역량강화를 통하여 지역사회 통합을 이룩함으로서 장애인이 행복하게 사는 세상을 만들어 가야할 것이다.

제 1 절
패러다임의 변화

1. 패러다임의 의의

방송 등의 매체를 보면 흔히 "패러다임이 변화하였다"는 말을 듣게 된다. 이는 뭔가가 달라졌다는 의미일 수 있는데, 사전적 의미로 보면 패러다임은 "어떤 한 시대 사람들의 견해나 사고를 근본적으로 규정하고 있는 테두리로서의 인식의 체계, 또는 사물에 대한 이론적인 틀이나 체계를 의미하는 개념"으로 정의하고 있다(위키백과).

이와 같은 개념에서 패러다임을 간단히 요약하면 그 시대의 사회문제를 푸는 공식(公式)인 것이다. 즉, 패러다임은 수학에서 문제를 푸는 공식이 있듯이, 사회문제를 푸는 공식인 것이다.

예를 들어 우리나라에는 형사취수제(兄死聚嫂制)가 있었다고 한다. 이는 고구려나 부여시대에 있었던 제도였는데, 형이 죽으면 그 동생이 형수를 아내로 삼아 살아가는 제도이다. 이와 같은 제도를 활용한 이유는 물론 여러 가지 이유가 있었겠지만, 당시의 상황으로 볼 때, 아마도 남자는 전쟁터에 가서 많이 죽었을 것이다. 그리고 형수는 그 자식과 함께 농사를 지으며 살기가 매우 어려웠을 것이다. 그리고 정권의 입장에서 보면 이 문제가 사회문제가 되었을 것임은 자명하다. 그래서 아마도 그 동생이 죽은 형을 대신하여 형수와 조카를 거둘 수 있도록 한 제도일 것이다. 이것이 바로 그 시대의 패러다임 것이다.

또한 조선시대에는 칠거지악(七去之惡) 풍습이 있었다. 현대를 사는 우리에게는 말도 안 되는 풍습이었지만 당시엔 통용되었던 모양이다. 그런데 칠거지악(七去之惡)에 걸려 쫓겨난 여인은 어찌 살았을까? 아마도 당시에 칠거지악에 걸려 쫓겨난 여인네가 많았을 것이고, 이로 인한 사회문제가 도처에서 발생하였을 것이다. 그래서 이와 같은 사회문제를 해결하기 위해서 쫓겨난 여인이 성황당에서 있으면 먼저 본 선비가 이 여인을 데려다 살게 하였다고 한다. 이 역시 당시의 사회 문제를 해결하는 패러다임인 것이다.

이와 같이 사회문제를 해결하는 공식이 바로 패러다임인데, 이와 같은 해결공식이 일반화되었을 때에는 법으로 정해지기도 하고, 판례로 남기도 한다. 즉, 제도적으로 뒷받침되는 것이다.

2. 장애인에 대한 인식 패러다임 변화

과거 장애인에 대한 사회적 인식은 매우 부정적이었다. 현재에도 장애를 부끄럽고 잘못된 것으로 인식하고 있기도 하다. 예를 들어 10여 년 전 남부지방의 어느 교회 목사님은 지적장애가 있는 아들을 수년간 쇠사슬로 감금하였다고 한다. 장애가 있는 아들은 교회 작은 방에서 양쪽 발목에 쇠사슬을 묶인 채 생활하였다고 한다.

아마도 이와 같은 일이 100년 전에 있었다면 뉴스거리가 되지 못하였을 것이다. 왜냐하면 당시의 장애인은 특히 지적장애인은 귀신이 든 사람으로 취급되거나 인권을 보장받지 못하였기 때문이다.

그러나 지금은 장애인에 대한 인식이 크게 달라져있다. 장애인에 대한 인식 패러다임이 변화한 것이다. 장애인도 하나의 인격체로서 당당한 시민으로서의 권리가 있다는 것이다.

장애인에 대한 인식 패러다임이 변화한 내용을 정리하여 보면, 산업혁명 시기에는 다분히 인권이 없는 시기였으며, 산업혁명 시대(이 시기를 모더니즘(Modernism시기라고 한다.)에는 장애인을 인권은 있으나 생산성이 떨어지는 사람으로 보던 시기였다. 또한 산업혁명 이후 시기, 이를 포스트모더니즘 시기라고 하는데 이 시대에는 장애인도 하나의 인격체로서 그들의 권리를 보장하는 시기인 것이다.

〈표 9-1〉은 장애인 인식 패러다임 변화를 시대별로 요약한 것이다.

〈표 9-1〉 장애인 인식 패러다임 변화

시 대	장애관련 키워드		시대 이념 및 가치	
산업혁명 이전	마귀, 불행, 외면, 비정상		육체노동	
산업혁명(모더니즘)	-차별 -분리 -재활 -개인	-수용 -생산성 -비정상	-기계화 -생산성 향상 -암기 -경영	-량(量)의 시대 -경쟁 -통일성 -집단
산업혁명이후 (포스트모더니즘) 정보화 혁명	-주류화 -자립	-통합 -환경	-질(質)의 시대 -창의 -복지 -개별	-협력(팀워크) -다양성 -정보화

〈표 9-1〉에서 보는 바와 같이 산업혁명 이전기에 언급된 장애인 및 시대적 이념은 그다지 없다. 따라서 여기에서는 모더니즘시대와 포스트모더니즘 시대를 구분하여 패러다임의 변화를 설명하고자 한다.

먼저, 모더니즘시대 즉, 산업혁명기 당시의 시대적 이념 및 가치는 기계화로부터 시작된다. 즉, 종전의 육제노동에 의한 농경활동에서 기계에 의한 산업활동으로 생산성이 비약적으로 발달하게 된다.

자동화된 기계에 의하여 공산품이 쏟아지고 그로 인한 인간의 풍요로움은 가히 혁명적으로 발달하게 된다. 이전까지 육제노동에 의존하여 힘센 사람이 사회를 지배하였으나, 이제 어려운 육체노동은 기계가 대신하여 주므로, 육체적 힘을 지닌 사람보다는 지능이 뛰어난 기술자가 사회를 지배하게 되었다. 공산품은 소품종대량생산을 하게 되었고, 원가를 절감하여 판매가격도 낮아지게 되었다. 즉, 자동화의 혜택인 것이다. 이는 곧 균일화를 강조하게 되어 통일성을 부각시키게 되고, 사회에서는 교복과 같은 유니폼을 즐기게 되었다.

이와 같은 상황에서 장애인은 통일성에 저해되는 사람들로 치부되었다. 왜냐하면 자동화기기에 앉아 생산성을 발휘하기 위해서 정해진 능력을 보유해야 하는데 장애인은 그렇지 못하였기 때문이다. 그래서 모든 산업에서 장애인은 배제되어 차별이 이루어지게 되었다.

또한 교육에서도 생산성이 강조되어, 특수학교가 만들어지고 장애인은 장애인끼리 교육하는 분리 교육을 실시하게 되었다. 이는 당시사회에서는 매우 긍정적인 패러다임으로 가장 최선이라고 생각하였다. 즉 당시의 패러다임인 것이다. 또한, 장애인이 노동력은 부족하지만 이들에 대한 인권은 있다고 생각하여 별도의 수용시설에 수용하여 평생 굶지 않고 생활할 수 있는 공간을 마련하여 주었다.

이 당시 의학도 발전하여 장애인에 대한 재활연구를 활발히 한 결과로서 장애인을 정상인으로 만들 수 있다는 생각을 갖게 되었다. 즉, 최대한 장애인을 정상인과 유사하게 만들고자 노력한 것이다. 이것이 재활 패러다임이다.

그러나, 시대가 발전하면서 패러다임도 변화하기 시작하였다. 산업혁명 이후 우리 사회는 정보화 혁명의 시대를 맞게 되었다. 정보화 혁명의 시대와 산업 혁명의 시대 간의 중요한 차이는 사람의 두뇌를 기계가 대신할 수 있는 가에 관한 것이다. 산업혁명시대에는 기계가 아무리 발달한다고 해도 사람의 두뇌를 대신하기에는 무리가 있다는 생각을 가지고 있었지만, 정보화 혁명시대가 도래한 후, 기계가 인간의 두뇌를 대신하게 되었다. 독자도 생각해보라. 암기하고 있는 전화번호가 몇 개나 되는가? 정보화 혁명 이전 시대에는 대부분의 독자는 전화번호를 상당히 많이 암기 하고 있었다. 그러나 이제는 그 두뇌의 역할을 모바일 폰이 대신하고 있는 것이다.

정보화 혁명의 시대는 포스트모더니즘 시대라고 한다. 이 시대는 모더니즘 시대와 달리 량(量)의 시대에서 질(質)의 시대로 패러다임이 변화하였다. 질의 시대에는 남과 같은 통일성을 거부한다. 즉, 남 같은 나가 아니라 남 다른 나를 강조한다. 즉 개성을 강조하는 것이다.

그리고 이 시대에는 경쟁을 통하여 타인을 이기려는 것보다는 함께 하는 사회를 강조하여 경쟁보다는 화합을 강조한다. 또한 암기에 의한 지식이 높은 것을 강조하기 보다는 창의적인 것을 강조하고, 타인의 다양성을 인정하는 패러다임으로 변화하였다.

따라서 이 시기에는 장애인에 대한 인식도 변화하였다. 앞서 언급한 바와 같이 시대적인 이념이 다양성을 강조하게 되어 장애인의 경우도 다양한 사람 중 한 유형으로 인식하게 된 것이다. 그리고 질의 시대를 맞이하여 얼마나 사는 것이 중요한 것이 아니라 어떻게 사는 것이 중요하다는 점을 강조하게 되면서, 장애인을 수용시설에 가두고 그들의 삶을 제약하는 것은 죄악이라는 인식을 갖게 되었다. 참으로 엄청난 패러다임의 변화인 것이다.

타인의 다양성을 인정하면서 집단화가 아니라 개개인의 특성을 고려한 개별성을 강조하게 되고 그로 인하여 분리에 의한 교육 보다는 통합에 의한 교육을 강조하게 되었으며, 장애인의 경우 이들이 일반사회에서 함께 생활하여야 할 대상이라는 생각을 갖게 되었다. 이것이 바로 사회 통합이다.

또한 물질이 만능이 아니며, 행복한 삶이 더욱 중요하다는 인식과 함께 장애인을 독특한 개인으로 인정하기 시작하였다. 그로 말미암아 장애인은 정상으로 재활되어야 할 대상이 아니며 그 자체로 인정되어야 할 대상이라는 인식을 갖게 되었다. 즉, 얼마든지 장애인으로서도 건강하게 인간다운 삶을 영위할 수 있다는 생각을 갖게 된 것이다.

이와 같은 시대이념의 패러다임 변화는 장애를 보는 시각에서 큰 변화를 보인다. 즉, 장애인은 그 자체가 사람으로 인정되어야 한다고 생각하게 되었다. 또한, 장애인이 편리하게 생활할 수 있는 환경을 제공하지 못하고 있음을 인식하게 되었다. 이와 같은 시대이념 패러다임의 이동으로 인하여 장애인편의시설이나 활동보조 제도가 사회적으로 용인되고 마련되게 되었다. 그럼에도 불구하고 부족한 상태이지만 바람직한 방향을 찾은 것에서 의의를 찾을 수 있다.

제 2 절

자립생활 패러다임

1. 자립생활의 의의

자립생활(Independent Living)은 장애인이 사회에서 독립하여 당당한 사회의 일원으로 생활하고자 하는 것으로, 이를 위한 운동이 1970년대부터 미국에서 일기 시작하면서 장애인의 권리 찾기 운동으로 발전하게 되었다.

자립생활의 이념에서는 장애인 문제를 장애인 스스로 결정하여야 한다는 자기 결정권을 강조한다(이영미, 2005). 자기 결정권 문제는 당연한 주장일 수 있으나 그동안 장애인은 전문가 집단 즉, 의사, 복지사, 치료사 등이 결정하고 지시하는 것을 따르는 형태의 수동적 존재였기 때문에 자기결정권을 확보하기 위해 저항하게 된 것이다. 그로 인하여 이러한 운동은 사회를 개혁해 가기 위한 과정이 되었다(국윤경, 2014).

이 운동 역시 장애인복지에 있어 중요한 패러다임 이동인 것이다. 예를 들어 장애인이 의사를 찾아 상담하게 되면 의사는 장애인을 재활의 대상으로 본다는 것이다. 또한 장애인은 아프고 병이 있거나, 일반인들과 다르므로 의사가 처방하여 일반인들처럼 만들고자 한다는 것이다. 이는 일견 맞는 듯 하지만 장애인의 입장에서 보면 장애인이 일반인들과 동일해야만 할 이유가 없고, 치료나 재활에 있어서도 일반들과 같이 재활을 원하는 사람이 있는가 하면 그렇지 않은 장애인도 있는 것이다. 즉, 그 결정의 주체가 의사가 아니라 장애인 본인이어야 한다는 것이다. 또 일부 장애인의 경우 시설에 들어가고 싶은 사람이 있는가 하면 일반 사회에서 살고 싶은 사람이 있는데 그 결정을 사회복지사가 하게 된다면 장애인의 자기 결정권이 없어지는 문제가 발생한다.

이와 같은 배경에서 장애인은 자기결정권을 장애인에게 달라는 요구를 하게 되고, 장애인도 다른 일반인들처럼 모든 결정에 있어 장애인 본인의 결정을 존중하라는 요구를 하게 된 것이다.

2. 자립생활패러다임

패러다임 측면에서 볼 때, 자립생활패러다임 시대 이전을 재활패러다임시대라고 한다. 그 이유는 장애인을 기존에는 재활의 대상으로 보았기 때문이다(국윤경, 2014).

이 운동으로 인하여 변화하게 된 패러다임은 〈표 9-2〉 자립생활 패러다임변화와 같다.

〈표 9-2〉 자립생활 패러다임변화

주제	기존(재활패러다임)	변화(자립생활패러다임)
장애	-비정상	-한 개인
처방	-환자(의사 중심)　　　-치료사 중심	-고객
개입	-개입　　　-봉사(시혜)　　　-보호	-장애인의 선택사항
결정	-담당자 또는 위원회 결정	-장애인 당사자 결정
복지서비스	-제공자	-소비자
이동의 불편	-장애로 인한 문제	-환경으로 인한 문제

1) 장애

재활패러다임에서 장애를 보는 관점은 장애를 기본적으로 비정상으로 본다. 이는 다분히 의학적 관점에서 본 시각으로서 장애인은 곧 환자인 것이다. 그러나 자립생활 패러다임에서는 이를 거부한다. 물론 장애인이 아픈 경우도 있고 장애 부분에서 기능 상실이 있지만 환자는 아니라는 관점이다. 따라서 자립생활 패러다임에서는 장애인을 그냥 한 개인으로 인정 할 것을 요구하고 있다(김영대, 2013).

2) 처방

의사의 경우 장애인을 환자로 보고, 비정상으로 인식하기 때문에 반드시 재활과정을 통하여 치료 받아야 할 대상으로 생각하고 있다. 거기에 해당 장애인의 의사는 제외된다. 마찬가지로 치료사(물리치료사, 작업치료사 등)의 경우도 장애인을 비정상적인 환자로 인식하고 치료해야할 대상으로 본다.

그러나 자립생활 패러다임에서 볼 때 장애인은 반드시 치료받아야 할 대상이 아니라는 것이다. 해당 장애인의 의사에 따라 치료를 받을 수도 있고 아닐 수도 있는 고객일 뿐이라는 것이다. 즉, 중심이 의사나 치료사에게 있는 것이 아니라 장애인에게 있는 것이다.

3) 개입

재활패러다임에서는 치료나 지원 개입을 보호 측면에서 접근한다. 즉, 장애인은 보호받아야 할 시혜의 대상인 것이다. 그러나 자립생활 패러다임에서는 봉사를 받거나 반드시 개입을 받아야 할 존재가 아니다. 한 사람의 시민으로서 당당히 치료받고 싶을 경우 치료받고 지원을 받을 것이 있으면 지원을 받는 것이다.

독자는 장애인이 복지서비스 비용을 면제받을 경우, 장애인이 받은 복지서비스를 당연한 시혜나 봉사로 받아들일 수도 있다고 생각할 수도 있을 것이다. 그러나 이에 대해서는 아래 결정과 복지서비스 부분에서 자세히 설명할 것이다.

4) 결정

이는 가장 중요한 자립생활 패러다임 이념인데 재활 패러다임에서는 장애인을 위한 의사결정과정에서 장애인은 배제될 수 있었다. 즉, 국가가 정부의 비용으로 장애인복지서비스를 제공하고 있기 때문에 수혜자인 장애인의 의사를 반드시 반영할 필요가 없다는 생각이었다.

그러나 자립생활 패러다임에서는 입장이 다르다. 자신의 삶을 결정하는데 당사자인 본인이 배제되는 것은 합당하지 않으며, 비록 그 비용이 정부로부터 지급되는 것이라 할지라도 해당 장애인을 위한 서비스이므로 그 서비스를 받는 사람이 서비스 제공자를 고용하고 있다는 생각이다. 이에 대해서는 아래 복지서비스부문에서 좀 더 언급하기로 한다.

5) 복지서비스

재활 패러다임에서는 복지서비스를 제공하는 경우, 서비스를 제공하는 제공자 중심에서 수혜자인 장애인을 바라보지만, 자립생활패러다임에서는 수요자 중심에서 서비스를 선택하는 결정권을 강조한다. 예를 들어 활동보조서비스의 경우를 살펴보자.

활동보조 서비스는 장애인의 내·외부 활동을 지원하기 위하여 국가가 대부분의 비용을 지원하고 장애인은 극히 일부만 부담하는 제도이다.

그러므로 재활 패러다임 관점에서, 활동보조 서비스는 일종의 시혜에 해당한다. 장애인을 위한 배려인 셈이다. 그러나 자립생활 패러다임관점에서는 전혀 그렇지 않다. 왜냐하면, 국가가 부담하는 활동서비스 비용은 해당 장애인을 위해 지급된 금액이고 그 비용의 사용여부를 결정하는 것은 장애인이기 때문에, 장애인은 곧 소비자라는 생각이다. 따라서 자립생활 패러다임 관점에서 장애인이 비용을 부담하여 활동보조인을 고용한 형태가 되는 것이다. 그러므로 활동보조인을 선택하고 서비스를 요구하는 것은 장애인에게 결정권이 있는 것이지 활동보조인에게 있는 것이 아니라는 것이다. 이와 같은 논리는 노인요양보호사의 경우도 마찬가지이다.

6) 이동

재활 패러다임에서는 장애인의 이동권에 대하여 매우 미온적이다. 왜냐하면 장애인은 재활하여 일반인들처럼 살아가야 할 대상이기 때문이다. 그러나 자립생활 패러다임에서는 보는 관점이 다르다. 장애인은 엄연한 사람이고 사람은 볼 수도 있고, 보지 못할 수도 있으며, 들을 수도 있고 듣지 못할 수도 있다. 또한 걸을 수도 있고 걷지 못할 수도 있는 것이다.

그러나 환경은 대부분 그렇지 못하다. 사회 환경은 보지 못하는 사람, 듣지 못하는 사람, 특히 걷지 못하는 사람을 위한 시설이 없다. 즉, 걸을 수 있으며 볼 수 있는 사람만을 위한 환경인 것이다.

즉, 사람은 볼 수 있거나 없는 사람, 들을 수 있거나 없는 사람, 걸을 수 있거나 없는 사람이 있는데 환경은 오직 보고, 듣고, 걸을 수 있는 사람만을 위한 환경이라는 것이다.

따라서 장애인의 이동권 요구는 정당한 요구이고, 이를 무시하는 것은 차별이며, 이 차별에 저항하는 것은 당연하다는 주장이다.

〈표 9-3〉은 장애인 문제를 보는 시각을 패러다임별로 구분하여 설명한 것이다.

〈표 9-3〉 패러다임별 문제의 시각

구분	재활 패러다임	자립생활 패러다임
일반인(비장애인)	사람	사람
장애인	일반인으로 재활되어야 할 사람	사람
이동의 본질	재활이 이루지지 못해 어쩔 수 없는 것임	같은 사람이므로 환경에 문제가 있는 것임
장애대상	장애인 본인	환경이 장애임
이동지원	시혜	권리

3. 장애인자립생활센터

장애인자립생활센터(Centers for Independent Living)는 1970년대 초 미국에서 최초로 설립되었다(전은수, 2013). 이후 자립생활센터에서는 장애인 당사자들이 중심이 되어 운영하였으며, 우리나라의 경우 장애인복지법 제53조(자립생활지원), 제54조(중증장애인자립생활지원센터), 제56조(장애동료간 상담) 등에 의하여 자립생활 센터를 지원하고 있다.

1) 자립생활센터의 사업

보건복지부에서는 자립생활센터 운영 방향을 장애인이 중심이 된 의사결정, 서비스 제공, 운영, 장애인들 간에 서로 지원하고 옹호하는 동료지원(Peer Support), 모든 장애인의 참여에 두고 있다. 그리고 보건복지부 2010년 자료에 의하면 센터가 할 수 있는 사업으로서 〈표 9-4〉와 같은 사업이 있다.

〈표 9-4〉 우리나라 장애인자립생활센터 사업

사업	내용	비고
정보제공과 의뢰	자립생활에 영향을 미칠 수 있는 각종 제도·정책, 지역사회자원에 대한 정보제공과 다른 기관에서 적절한 서비스를 받을 수 있도록 알선하는 활동(Information/Referral)	
권익옹호	개인적·사회적 권리침해에 대해 옹호적 활동을 하고, 법률적 자문 지원, 인권교육 및 인식 개선사항(Advocacy)	
동료상담	자립생활을 경험한 동료장애인에 의하여 제공되는 상담. 가족관계, 지역사회자원 활용방법, 곤란한 문제에의 대처 방법 및 법률적 자문 등에 대해 상담 또는 정보제공(Peer CoUNseling)	
활동보조 서비스	중증장애인에게 신변활동, 가사 및 일상생활의 보조, 이동 등의 활동보조 서비스 지원(Personal Assistance Service)	선택
주거서비스	주택의 개조(改造), 소개, 주택비용의 조성, 지원 제도의 활용 등의 서비스(Assistance in Obtaining and Modifying Accessible Housing).	선택

사업	내용	비고
자립생활기술 훈련	스스로의 의사결정의 중요성, 활동보조서비스 관리, 신변처리 및 일상생활 관리, 개인 재정관리, 지역사회 자원의 활용 등에 대한 교육프로그램·동료지원방식 활용(Independent Living Skill Training). *자립생활 체험홈 활용 프로그램 포함 *장애인의 자립을 위한 기본적인 교육활동 프로그램 포함 (예:야학, 검정고시 대비 등)	
이동서비스	리프트 차량 등을 활용한 이동(Door to Door) 서비스(Transportation)	선택
보조기구 관리, 수리, 임대	각종 장애인보조기구, 관련 장비의 유지·관리 및 지원 (Equipment Maintenance, Repair and Loan).	선택
기타 사업	시설장애인의 자립생활전환 지원사업, 장애청소년사업, 가족지원사업, 교육·훈련사업, 고용지원사업, 자원개발사업 등 기타 사업.	선택

2) 자립생활센터의 운영

(1) 운영위원회(최고의사결정기구)

자립생활센터는 최고 결정기구로 운영위원회를 두며 운영위원회에는 센터소장, 이용자대표, 외부인사(장애관련 학계 및 실무전문가 등) 등이 포함되어야 한다. 그리고 기타 시민단체 활동가, 지역사회 인사, 장애인단체 인사, 관련공무원 등도 포함될 수 있다. 단, 최고위원회 구성원의 과반수 이상이 장애인이어야 한다. 그리고 운영위원회에서는 자립생활센터의 운영에 관한 모든 사항을 심의·결정하는데 그 내용은 다음과 같다.

- 센터 운영규정 등 각종 내부규정의 제정 및 개정·폐지
- 센터의 운영규칙 준수 여부에 대한 관리·감독
- 사업의 예산 및 결산의 심의 의결
- 센터 운영에 필요한 인적·물적 자원 발굴,
- 센터대표의 임면사항, 다만 법인이 운영주체인 경우에는 법인이 정한 정관 규정에 따른다.
- 기타 자립생활센터 운영에 필요한 사항

(2) 직원

직원 구성은 소장 1인, 사무국장 1인, 동료상담가 1인, 행정지원인력 1인을 최소한의 인력으로 구성하되, 센터의 여건에 따라 증원할 수 있다. 센터의 대표는 장애인을 우선으로 하며, 장애인복지 또는 사회복지분야에서 실무 또는 활동경력이 있어야 한다. 센터 대표의 임기는 3년(연임 가능)으로 하고, 그 추천과 임명은 운영위원회에서 하며, 상급 법인 이사회나 회원총회가 있는 경우에는 임명 동의를 받아야 한다. 소장 이외의 직원은 반드시 장애인이 1인 이상 포함되어야 한다.

센터 직원은 유급을 원칙으로 하고, 보수는 개인의 학력 및 경력 등을 고려한 연봉제를 원칙으로 하는데, 이때 시·도 협의 후 보수지급기준을 정하고 이에 따라 지급한다. 시·도지사는 국고 지원 대상인 센터의 지원금 사용이 목적에 맞도록 사용(집행) 될 수 있도록 지도·감독(사업비 비율 및 편성의 적절성 등)한다.

직원 교육은 직원들의 자기개발 및 훈련·교육 기회를 제공해야 하며 직원을 대상으로 자립생활 이념에 대한 교육과 직무에 대한 교육을 연 1회 이상 실시하여야 한다.

(3) 운영

센터에서는 운영에 대한 장기 및 연간계획을 수립하여야하는데 계획 내용에는 센터의 목표와 미션, 목표를 달성하기 위한 사업계획 및 세부활동 계획, 재정계획이 포함되어야 하며 사업계획에는 제공되는 서비스 유형, 지원대상, 전달방법 등의 내용이 포함되어야 한다. 또한 사업계획 수행을 위한 재원확보계획 및 인력배치 계획도 포함되어야 한다.

센터 운영 및 사업과 관련된 기록 및 자료를 정리하여 보관하여야 하는데 이때 반드시 포함되어야 할 내용 및 자료는 이용자의 규모, 특성, 개인별 자립생활 서비스 이용실태 등과 직원 및 자원봉사자 등 인력자료, 재정운영 관련 자료, 최고위원회 및 기타 센터 의사결정과정 관련 자료 등이다.

시·도지사는 당초 사업계획대로 사업이 진행되는지 지도·점검을 하여야 하며 장애인자립생활센터는 시·도지사의 정당한 요구에 불응하여서는 안된다. 그리고 사업 수행 실적 반기별로 시·도지사 및 보건복지가족부장관에게 보고하여야 한다.

4. 자립생활센터 현황

〈표 9-5〉는 전국의 장애인자립생활센터를 제시한 것이다. 이들 센터는 비약적으로 증가하는 추세이며 여기에 제시한 센터들은 확보가능한 일부에 불과하다는 점을 양해하기 바란다.

〈표 9-5〉 전국 장애인자립생활센터

지역	센 터 명	소재지	지역	센 터 명	소재지
서울	강동장애인자립생활센터	서울시 강동구	강원	아우름장애인자립생활센터	강원도 속초시
	광진장애인자립생활센터	서울시 광진구		원주장애인자립생활센터	강원도 원주시
	남은자장애인자립생활센터	서울시 강서구	충북	다사리장애인자립생활센터	충북 청주시
	노들장애인자립생활센터	서울시 종로구		직지장애인자립생활센터	충북청주시
	노원중증장애인독립생활센터	서울시 노원구		청원장애인자립생활센터	충분 청원군
	동작장애인자립생활센터	서울시 동작구		청주함어울장애인자립생활센터	충북 청주시
	성동장애인자립생활센터	서울시 성동구		충주장애인자립생활센터	충북 충주시
	성북장애인자립생활센터	서울시 성북구		옥천장애인자립생활센터	충북 옥천군
	아름다운행동장애인자립생활센터	서울시 강서구	서울	가온자립생활센터	서울시 마포구
	이음장애인자립생활센터	서울시 영등포구	충남	다님길장애인자립생활센터협의회	충남 홍성군
	은평장애인자립생활센터	서울시 은평구	부산	부산장애인자립생활센터	부산 북구
	사단법인 장애여성공감 부설 장애여성독립생활센터[숨]	서울시 강동구		영도장애인자립생활센터	부산시 영도구
	도봉사랑길장애인자립생활센터	서울시 도봉구		함세상장애인자립생활센터	부산 남구

지역	센 터 명	소재지	지역	센 터 명	소재지
서울	송파솔루션장애인자립생활센터	서울시 송파구	대구	다릿돌장애인자립생활센터	대구시 동구
	중랑장애인자립생활센터	서울시 중랑구		대구사람장애인자립생활센터	대구시 중구
	한울림장애인자립생활센터	서울시 관악구	경북	경산장애인자립생활센터	경상북도 경산시
경기	상록수장애인자립생활센터	경기도 안산시		안동장애인자립생활센터	경북 안동시
	에바다장애인자립생활센터	경기도 평택시	경남	김해장애인자립생활센터	경남 김해시
	오산중증장애인자립생활센터	경기도 오산시		마산장애인자립생활센터	경남 창원시
	의정부세움장애인자립생활센터	경기도 의정부시		사단법인밀양장애인자립생활센터	경남 밀양시
	일산서구햇빛촌 장애인자립생활센터	경기도 일산서구		진해장애인자립생활센터	경남진해시
	포천나눔의 집 장애인자립생활센터	경기도 포천시		창원장애인자립생활센터	경남 창원시
	새벽빛 공동체	경기도 수원시		사) 통영장애인자립생활센터	경상남도 통영시
	의왕시장애인자립생활센터	경기도 의왕시	광주	나눔장애인자립생활센터	광주광역시광산구
	수지장애인자립생활센터	경기도 용인시		오방장애인자립생활센터	광주광역시 북구
	김포장애인자립생활센터	경기도 김포시		한마음장애인자립생활센터	광주시 광산구
	화성동부자립생활지원센터	경기도 화성시		어울림장애인자립생활센터	광주광역시 북구
인천	민들레장애인자립생활센터	인천시	전남	여수장애인자립생활센터	전남 여수시
	인천장애인자립생활센터	인천시		순천팔마장애인자립생활센터	전남 순천시
	인천함께걸음장애인 자립생활센터	인천시		목포유달장애인자립지원센터	전남 목포시
강원	강릉장애인자립생활센터	강원도 강릉시		광양장애인자립생활센터	전남 광양시
	동해장애인자립생활센터	강원도 동해시	전북	중증장애인지역생활지원센터	전라북도 전주시

제 3 절
장애인 자립을 위한 지원방안

장애인의 자립은 자립생활패러다임과 상통할 수도 있으나 반드시 일치한다고 볼 수는 없다. 그리고 장애의 유형에 따라 장애인의 자립을 지원할 방법 또한 다르다.

따라서 본 절에서는 특히 유념할 만한 장애 유형만을 선정하고, 신체장애와 정신장애로 구분하여 분야별 즉, 의료, 교육, 직업, 사회심리적 관점에서 장애인의 자립 방안을 언급하기로 한다.

1. 신체장애

신체장애인의 상당수는 일반인과 다름없이 자립을 하고 있다. 그러나 장애의 정도가 중증인 경우 특히 척수손상으로 인한 장애의 경우 자립의 정도가 매우 제한될 수 있다. 또한 시각장애나 청각 장애의 경우 장애로 인한 활동에서 제한이 발생하기 때문에 이에 대한 지원이 필요할 것이다.

1) 의료

의료측면에서 중증 지체장애인의 경우, 추가적인 손상에 유의하여야 하고, 장애로 인한 합병증도 고려하여야한다. 예를 들어 휠체어 장애인의 경우 심한 욕창으로 고생할 수도 있고, 이로 인한 소화기 손상을 동반할 수도 있기 때문이다.

2) 교육

교육측면에서 볼 때, 학령기에 장애를 입은 경우, 장기간 병원 생활로 인하여

공부할 기회를 상실하게 되어, 비록 후에 일상생활을 할 수 있게 되어도 사회적응이나 직업을 갖기 어렵게 된다. 따라서 장애로 인하여 교육의 기회를 박탈당하지 않고 계속하여 교육기회를 제공하는 방안을 강구하여야 한다(김은주, 2008).

예를 들어 병원학교와 같은 교육체제나, 순회교사 제도를 활용하는 방안도 고려할만하다. 다행히 병원학교의 경우 여러 지역에 설치되어 있으며, 중증 장애학생을 대상으로 순회교육을 실시하고 있어 학령기 장애 학생들에게 교육기회를 제공할 수 있게 되었다. 그럼에도 불구하고 아직도 미흡한 여건에 있는 것도 사실이다. 〈표 9-6〉은 우리나라 병원학교 현황을 지역별로 제시한 것이다.

〈표 9-6〉 우리나라 병원학교 현황

지역	학교명	소재지
서울	경희대의료원병원학교	서울 동대문구
	국립서울병원학교	서울 중구
	꿀맛무지개학교	서울 동대문구
	삼성서울병원학교	서울 강남구
	서울대학교병원학교	서울 서초구
	세브란스병원학교	서울 서대문구
	한국원자력병원학교	서울 노원구
	한양대학교병원학교누리봄교실	서울 성동구
부산	동아대병원학교	부산 서구
	부산대학교병원학교	부산 서구
	인제대부산백병원학교	부산 부산진구
인천	가천의대길병원학교	인천 남동구
	인하대병원학교	인천 중구
대구	대동병원학교	대구 동구
	영남대원병원학교	대구 남구

지역	학교명	소재지
대전	건양대병원학교	대전 서구
	충남대학교병원학교	대전 중구
울산	울산대병원다솜병원학교	울산 동구
경기도	국립암센터병원학교밝은교실	경기도 고양시
강원도	강릉아산병원학교희망교실	강원도 강릉시
	강원대학교병원학교	강원 춘천시
충청남도	단국대학교병원학교	충남 천안시
충청북도	충북대병원학교	충북 청주시
전라남도	화순전남대학교병원여미사랑병원학교	전남 화순군
전라북도	전북대학교병원학교한누리학교	전북 전주시
경상남도	경상대병원학교희망교실	경남 진주시
	국립부곡병원학교도담교실	경남 창녕군
	꿈사랑사이버학교	경남 창원시

3) 직업

직업 측면에서 신체장애인은 비록 경증인 장애인의 경우는 직업생활에 크게 문제가 없으나, 중증인 경우와 시각장애인의 경우는 직업을 구하는데 많은 애로가 발생한다.

물론 장애인고용공단과 같은 기관으로부터 직업을 소개 받기는 하지만, 실제로 근무하여 직업생활을 하기에는 일반인과 큰 차이가 있다. 따라서 장애인이 원만하게 직업생활을 할 수 있도록 하는 방안에는 두 가지 측면에서 접근 할 수 있을 것이다.

첫째는 신체장애인을 고용하는 기관에 대한 파격적인 지원이다. 현재 장애인을 고용하는 고용주에게는 장애인을 고용한 인원에 따라 고용 장려금을 지급하고 있다. 장애인고용공단에서 제시하고 있는 고용장려금은 〈표 9-7〉과 같다. 문제는 위와 같은 고용장려금이 과연 고용주에게 매력이 있는가 하는 점이다.

<표 9-7> 고용장려금 (단위 : 원)

구분	경증남성	경증여성	중증남성	중증여성
입사일로부터 만 3년까지(100%)	300,000	400,000	400,000	500,000
입사 3년 초과 만 5년까지(70%)	210,000	280,000	400,000	500,000
만 5년 초과(50%)	150,000	200,000	400,000	500,000

* 고용된 근로자가 장애인이 되었을 경우에는 장애인등록일이 입사일
* 동일 사업장에 12개월 내 재고용되었을 경우 기존 입사일자를 기준으로 산정
* 지급단가와 월임금액의 60%를 비교하여 낮은 단가 적용

중증 장애인의 정의
-장애인복지법에 따른 장애인 중 2급의 장애등급 이상인 자
-장애인복지법에 따른 장애인 중 3급의 장애등급에 해당하는 자 중에서 뇌병변 · 시각 ·
 지적 · 자폐성 · 정신 · 심장 · 호흡기 · 간질장애인 및 팔에 장애가 있는 지체장애인
-「국가유공자 등 예우 및 지원에 관한 법률에 따른 상이등급에 해당하는 사람 중 3급
 이상

둘째로, 신체장애인의 직업을 적극적으로 개발하여야 한다. 예를 들어 시각장애인의 경우 안마 등에 국한되어 있는 직업군이나, 중증신체장애인 중 많은 수가 조립 등의 단순화 작업에 투입되고 있어 직업의 질을 저하시키고 있는 것이다.

장애인복지의 완성은 자립일 것이다. 그리고 무엇보다도 경제적 자립은 장애인의 자존감 향상과 더불어 삶에 대한 기쁨을 제공할 수 있는 계기가 된다(강필수, 2011).

일반인들도 실업자가 되면 경제적으로 부모나 가족에게 의지하게 되어 자기주장을 펼 수 없게 된다. 이는 장애인의 경우도 마찬가지인 것이다. 따라서 장애인복지 전문가들은 장애인의 직업 재활을 위하여 더욱 노력하여야 할 것이다.

4) 사회심리

사회심리적 관점에서 볼 때, 신체장애인은 사회적 약자로서의 삶을 살아왔다. 이로 인하여 중증 신체장애인의 대부분은 정신적인 스트레스에 고통을 호소할

수 있다.

따라서 장애인자립생활센터를 통하여 자신감을 회복하고 사회관계를 이어 갈 수 있도록 심리적 지원을 아끼지 말아야 할 것이다.

2. 정신적 장애

정신적 장애는 신체장애와 달리 일반인과 다름없이 자립을 수행하기 어렵다. 정신장애인의 상당수는 학령기를 거친 이후 집에 있거나 시설에 거주하는 경우가 많다. 물론 운이 좋아서 직장생활을 하는 경우도 있지만 그 수는 매우 제한적이다.

1) 의료

의료측면에서 볼 때, 지적장애인은 별다른 의료지원이 존재하지 않는다. 다만 간질과 같은 문제가 있는 경우 의료적 지원이 필수적이다. 이는 자폐성장애도 유사한데 자폐성장애인의 일부가 청소년기 이후 간질 증상을 보이므로 이에 대한 적극적인 대처가 필요할 것이다.

또한 조현병[43]과 같은 정신장애의 경우, 지속적인 관찰과 약물복용이 필요하므로 이에 유의하여야 한다.

2) 교육

교육측면에서 볼 때, 지적장애인이나 자폐성장애인의 경우 대부분 특수교육적 배려가 필요하다. 연구에 의하면 특수교육적 지원을 조기에 받을수록 그 예후는 좋은 것으로 나타나고 있다.

현재 우리나라는 지적장애인과 자폐성장애인을 위한 특수학교가 유치부부터 고등부 그리고 전공부에 이르기까지 설치되어 있다.

---

43) 정신분열의 다른 표현

그러나 학령기를 마친 지적장애인과 자폐성장애인의 경우 더 이상 공부 할 수 있는 기관은 거의 전무하다 하겠다. 따라서 장애인을 위한 평생교육기관이 반드시 설립되어 이들의 교육을 담당하여야 할 것이다(손정녀, 2014). 그리고 이들 평생교육기관 프로그램에서는 반드시 장애인의 특성에 맞는 직업훈련을 실시하여 직업생활과 연계하는 시스템을 갖추어야 할 것이다(김두영, 2014).

또한 아무리 교육해도 직업을 갖기 어려운 장애인이나 초기에 사회적응이 필요한 장애인의 경우 사회적응 프로그램이나 사회기술 훈련을 강도 높게 실시하여 사회에서 함께 살 수 있는 방안을 마련하여야 할 것이다.

3) 직업

직업 측면에서 지적장애인과 자폐성장애인은 극히 일부를 제외하고는 일반적인 직장에 취업하기는 어렵다. 따라서 보호작업장을 선택하여 적은 임금을 받고 취업하여 간단한 조립이나 봉투 만드는 일 등을 하고 있다. 이와 같은 보호고용의 형태는 일견 바람직한 방향으로 보이나 이를 통하여 경제적 자립을 할 수 없어 결국 보호자의 통제에 놓일 수 밖에 없게 된다.

따라서 지적장애인과 자폐성장애인과 같은 정신장애인의 취업(경제활동)을 위한 획기적인 방안을 강구하여야한다. 이를 위하여 국가에서 마련한 제도가 중증장애인 생산품제도이다.

「중증장애인생산품 우선구매 특별법」에서는 공공기관으로 하여금 중증장애인 생산품을 우선 구매하도록 규정하고 있다. 그리고 여기서 '중증장애인생산품'이란 장애인직업재활시설과 장애인복지단체 중 보건복지가족부장관으로부터 지정을 받은 생산시설에서 생산된 제품 등을 말한다.

이와 같은 제도를 통하여 지적장애인이나 자폐성장애인의 소득을 보장할 수 있는 생산품을 개발하는 일이 매우 중요할 것이다.

4) 사회심리

사회심리적 관점에서 볼 때, 정신장애인은 평생 치료를 받아야 할 것이다. 물론 치료라고 말할 수 없지만 사회기술 훈련이나 행동문제를 관리하는 중재를 지속적이고 일관되게 받음으로서 보다 나은 사회적응을 도모할 수 있을 것이다.

이와 같은 지원기관으로서는 복지관이나 민간 치료실 등이 해당할 수 있을 것이다.

제 4 절

편의시설과 장애인

1. 편의시설

지금까지의 도시환경은 인간을 위한 도시환경, 인간중심의 환경이라고 보기 어렵다. 적어도 자립생활패러다임에서는 그러하다. 즉, 능률성 중심, 효율성 중심의 환경이었다. 다시 말하면 재활패러다임에 의한 환경이었다.

이는 결국 사람을 위해 환경을 구성하기보다 환경에 사람을 맞추는 기현상이었던 것이다.

사람은 누구나 장애가 있을 수 있으며 노인이 될 수 있다. 그럼에도 불구하고 환경은 아주 건강한 사람을 위한 환경인 것이다.

결론적으로 우리의 환경은 인간중심의 환경이 되어야 한다는 것이다. 인간이 처한 상황(남녀노소)에 따라 환경이 적응해주는 인간중심의 환경이 바로 그것이다.

인간중심의 환경이란 무엇일까? 이를 현재 사용하고 있는 용어로 편의시설이라고 한다. 편의시설은 장애가 있든 없든, 연령이 많든 적든 누구든 시설을 사용하기 편리하게 구성한 시설이다.

2. 장애인 편의시설

우리나라의 경우 장애인 편의시설이라는 용어는 1997년 이전의 일이다. 그러나 아직까지도 편의시설이라고 하면 장애인 편의시설이라고 인식하는 사람이 적지 않다. 1997년도에 『장애인·노인·임산부 등의 편의증진보장에 관한 법률』이 통과되면서부터 편의시설은 장애인만의 시설이 아니라는 개념이 생긴 것이다.

당연히 편의시설은 장애인만 이용하는 시설이 아니다. 일상생활이 힘든 노인이나 아이들도 편리하게 사용할 수 있는 그냥 사람용인 것이다.

3. 장애인과 편의시설

편의시설이 일반용임을 강조하면서 장애인 편의시설을 강조하는 이유는 바로 장애인의 접근성을 보장해 주기 때문이다. 그리고 장애인의 문화, 예술, 체육 활동에서의 소외는 장애인에 대한 이해부족, 물리적 환경장벽 및 장애인의 경제활동 제한 등이 복합적으로 작용하여 초래된 결과이다(위계출, 2012).

장애인의 접근성(Accessibility)이란 건물이나 시설을 이용하는데 있어 아무런 장해없이 목적을 수행할 수 있도록 하는 것을 의미한다.

예를 들어 장애인이 빵을 사고자 건물에 진입할 때 빵을 구입하고 나오려는 목적을 달성하는데 아무런 지장이 없어야 한다는 것이다. 조금 더 확대하면 어느 장애인이 도서관에 가게 되면 단순히 건물에 진입하는 것만이 목적을 달성하는 것은 아니다. 도서관에서 책을 찾고 공부를 할 수 있어야 할 것이다. 학교의 경우, 학교에 단순히 진입하는 것만이 아니라 학교에서 공부 할 수 있는 제반 여건을 마련해 주는 일도 접근성과 같은 개념인 것이다.

4. 편의시설과 장애건물

단순히 건물만을 볼 때 건축법상 편의시설은 설치해도 되기도 하고 설치하지 않아도 되는 기준이 있다. 이는 아마도 건축비 등의 비용을 고려한 조치 일수도 있다는 점에서 이해는 할 수 있다.

그러나 그로 말미암아 그 건물이 장애건물이 되었음은 인정하여야 할 것이다. 왜냐하면 경비를 줄이기 위해 장애인, 노인, 어린이를 포함한 모든 사람이 이용할 수 있도록 건축한 건물이 아니기 때문이다. 따라서 장애인에게 무장애 공간 확보가 매우 중요하다(서선호, 2008).

남다른 나

제 10 장

장애인복지서비스 욕구 및 자원

Social Welfare for the Disabled

고객만족과 고객감동

현대는 고객의 시대이다. 소비자 중심사회라는 뜻이다. 기업광고 중에 고객만족과 고객감동이 있다. 고객만족은 자신의 상품의 구입자에게 만족을 준다는 의미이고 고객감동은 고객에게 감동을 준다는 뜻이겠으나 정확히 그 차이를 이해하기는 힘들다. 어쨌든 고객에게 잘하겠다는 의미로 해석하면 되겠으나 이를 조금 살펴보면 그 개념은 조금은 다르다 할 것이다.

고객은 상품을 구입할 때 나름대로 그 상품에 대하여 의식적이든 무의식적이든 간에 기대를 가질 것이다. 제품의 성능이나 품질뿐만 아니라 제품의 구입 시 판매원의 태도 등에도 기대치가 있을 것이다. 그 기대치를 수치로 표현하기는 힘들지만 어쨌든 기대치가 있을 것이다.

여기에서 고객만족이나 고객감동의 개념이 시작된다. 고객만족이란 고객이 가지고 있는 기대치에 부응하여 준다는 의미일 것이고, 고객감동은 고객이 가지고 있는 기대치를 넘어 그 이상의 만족을 준다는 의미로 해석할 수 있을 것이다

어쨌든 고객중심사회가 된 지금 고객은 왕이요 황제다. 새로운 고객을 창출하려하지 말고 현재 고객에게 만족이나 감동을 주어 다시 찾는 고객으로 만드는 것이 훨씬 더 생산적인 방법이 될 것이다.

장애인 역시 고객이요, 왕이다. 이들을 만족시킬 수 있는 또 감동시킬 수 있는 서비스가 절실하다.

제 1 절

장애인의 생애주기

장애인복지서비스 욕구 및 자원에서 장애인의 생애주기를 언급하는 이유는 다른 경우와 마찬가지로 장애인의 경우도 생애주기별로 서비스 욕구가 다르기 때문이다(최경화, 2011).

여기에서는 일반적인 생애주기와 장애인 생애주기의 구분 그리고 생애주기별 욕구를 간단히 요약하여 설명하고자 한다.

1. 생애주기

생애주기(Life Cycle)는 사람이 탄생하면서부터 사망에 이르기까지의 과정에서 일정한 단계마다 발생할 수 있는 모든 과정을 의미한다. 즉, 생애주기는 한 아이가 태어나서 세상을 떠날 때까지의 과정으로 그 속에서 일어나는 모든 활동을 영역별로 나누어 놓은 것이다(김종민, 2012).

〈표 10-1〉 인간의 생애주기

구 분			단계별 주 내용
아동기	영아기	학령기이전기	부모에게 절대적인 의존을 하면서, 자아를 형성
	유아기		가족 구성원과 애착을 형성하고 사회를 탐색
	아동기		어린이집이나 유치원에 다니면서 사회적응 범위를 확대
청소년기	학령기		학업을 통하여 사회생활을 위한 적응력을 기름
장년기	학령기이후기		가정을 꾸리고 새로운 가족을 구성
노년기			인생을 정리하고 마무리

실제로 사람에게는 생애주기가 있는 것으로 보고 있고 그 생애주기는 일반적으로 〈표 10-1〉 생애주기 구분과 같이 나눈다.

1) 학령기 이전기

이 단계는 영아기와 유아기, 그리고 아동기를 통합하여 아동기로 보기도 하는데 이 시기를 학령기 이전으로 구분한다. 이 시기에 아동은 부모에게 의존하면서 자아를 형성하고, 애착을 기르며, 사회를 탐색하게 된다. 그리고 아동기 말에는 어린이집이나 유치원에 다니면서 사회의 적응 범위를 확대하기 시작한다.

2) 학령기

학령기는 초등학교 입학부터 고등학교 졸업시기까지의 기간을 의미하는 것으로 이 시기에 사람은 많은 것을 배우게 된다. 사회생활과 집단에서의 자신의 위치 그리고 자신의 능력 등을 고려한 인생의 진로를 결정하게 된다.

3) 학령기 이후기

학령기 이후 사람은 장년기에 돌입하면서 직장을 구하고 가정을 이루게 된다. 이 시기가 인간으로서 가장 활발한 시기가 된다. 이후 노년기가 되면 인생을 정리하고 마무리하게 된다.

장년기와 노년기가 어떻게 구분되는가에 대한 문제는 논란이 있을 수 있겠으나 정년퇴임을 하는 시점을 그 구분점으로 보는 것이 타당할 것이다. 즉, 약 60세를 전후하여 구분이 이루어질 것이다. 물론 일반적으로 65세를 기준으로 노인을 정의하고 있다.

2. 장애인 생애주기의 중요성

생애주기는 일반인이나 장애인이나 모두 매우 중요하다. 그 시기마다 욕구가 다르고 결정해야 할 문제가 다르기 때문이다. 특히 장애인의 경우 생애주기에 맞는 욕구에 부응하는 일이 그 사람의 질 향상에 매우 중요하다.

이제까지 장애인복지에서는 생애주기라는 개념을 도입하기보다는 장애인이라는 집단으로만 인식하여 장애인 개개인의 연령대별, 성별 차이를 고려한 복지서비스 즉, 생애주기별 서비스에 대해서는 소홀하였다.

〈표 10-2〉 생애주기별 장애인의 일반적인 욕구

구 분			욕 구	
아동기	영아기	학령기 이전기	– 장애인등록 – 보호자에게 정보제공	– 보호자와의 상호작용 원활화 – 의료적 치료지원
	유아기		– 보호자에게 정보제공 – 조기 교육	– 의료적 치료
	아동기		– 조기교육	– 가족 스트레스 지원
초등학교		학령기	– 일반학교 대 특수학교 – 일반학급 통합 – 학습의 원활한 수행 – 활동보조인활용	– 일반학급 대 특수학급 – 사회적응 훈련 – 특수학생 실무원
중 학 교			– 학습의 원활한 수행 – 활동보조인활용 – 사회적응 훈련	– 특수학생 보조원 – 진로지도
고등학교				
전 공 과			– 직업훈련	– 사회적응 훈련
장 년 기		학령기 이후기	– 사회적응 훈련 – 시설입소 대 가정 – 일반 취업 대 보호작업장 – 여가	– 독신 대 결혼 – 주간보호시설 대 평생교육원 – 활동보조인
노 년 기			– 경제적 도움 – 여가	– 활동보조인

　　장애인 중에는 사회적응을 위한 프로그램을 원하는 장애인이 있을 수 있고 어떤 장애인은 직업훈련을, 그리고 다른 장애인은 학습, 이성교제 등을 원할 수 있다. 이와 같은 욕구는 서로 다르고 연령대 별로 다르기 때문이다.

　　따라서, 장애인의 생애주기에 맞는 서비스를 제공하려는 노력은 너무나 중요한 일이다.

　　〈표 10-2〉는 생애주기별 장애인의 일반적인 욕구를 요약하여 제시한 표이다. 이들에 대해서는 절을 달리하여 자세히 설명할 것이다.

제 2 절
장애인의 생애주기별 욕구

　　제1절에서 언급한 바와 같이 장애인의 생애주기는 그 관점에 따라 구분 영역이 다를 수 있으나 여기에서는 장애인의 생애주기를 학령기를 중심으로 하여 학령기 이전과 학령기 그리고, 학령기 이후로 구분하여 설명하고자 한다.

　　이와 같은 구분을 하는 이유는 학령기 이전에는 치료와 진단 영역을 가장 심각하게 고민하는 부분이고, 학령기 중에는 학교생활이며, 학령기 이후는 사회에 통합되어 함께 생활할 수 있는 부분으로, 각 단계마다 인생에서 매우 중요한 전환점을 맞이하기 때문이다.

1. 학령기 이전기 욕구

　　학령기 이전의 장애인의 욕구는 보호자와 상호작용 원활화, 보호자에게 정보제공, 의료적 치료지원, 보호자에게 정보제공, 의료적 치료, 조기 교육, 치료교육, 가족 스트레스 지원, 장애인 등록 등이 해당한다. 이들에 대한 구체적인 욕구를 요약하면 〈표 10-3〉과 같다.

〈표 10-3〉 학령기 이전의 욕구

욕 구	설 명
보호자와의 상호작용 원활화	장애아동과 보호자간의 상호작용에서 의사소통이 일반 아동과 다르므로 이들 간의 의사소통법을 지원하여야 함
보호자에게 정보제공	해당 장애에 대하여 장애의 원인, 예후 등에 대하여 보호자에게 충분히 설명하고 이 시기에 가장 적절한 양육법에 대한 정보를 제공함
의료적 치료지원	장애에 대하여 의료적 개입이 필요한 경우 지속적이고 안전한 방법으로 의료적 치료활동을 전개하여야 함
조기 교육	발달장애로 의심되는 경우, 조기에 개입하여 교육을 실시함으로서 향후 예후에 도움을 제공함
가족 스트레스 지원	장애로 인한 가족 구성원의 스트레스를 해소 할 수 있는 방안을 지원함
장애인등록	장애인 등록이 아동에 미칠 낙인 등에 대한 우려를 줄일 수 있도록 지원하여야 함

〈표 10-3〉에 제시한 바와 같이 보호자와의 상호작용 원활화란 장애아동과 보호자간의 의사소통의 문제를 지적하는 것이다. 발달지체나 장애를 가진 많은 영아들은 사람과 사물간의 상호작용에 필요한 감각과 운동시스템을 조직화하는데 어려움을 겪는다. 이로 인하여 충분한 대처를 하기 어렵다. 결국 영아는 부모로부터의 관심을 끌어내기 위한 능력을 발휘하지 못한다. 그러면 부모-영아간의 관계는 긴장이 되고 그 결과 긍정적인 애착형성과 유대감을 확립할 수 있는 능력에 악영향을 미치게 된다.

예를 들어 뇌성마비 영아는 초기에 기운이 없다. 그리고 점차 산만한 행동모습을 보인다. 이들은 머리를 안정시키기 위해 어깨를 들어 올리는 수단을 사용한다(어깨 으쓱한 모양). 또는 몸통을 구부릴 수도 있고 팔과 다리를 굳게 할 수도 있다. 이런 영아는 전형적으로 몸이 한쪽보다 다른 쪽으로 기울어지기 때문에 머리는 불완전하게 기울어져 있을 수 있다. 결과적으로 그들은 부모가 잡을 때 등을 돌리거나 밀게 된다. 그러면 부모는 이와 같은 영아의 자세반응을 자신이 영아로부터 거절당한 것으로 볼 수 있어 양육기술상의 불편함을 느끼게 될 것이다. 그래서 부모는 영아와 상호작용하기가 매우 어렵다. 그리고 다음 문제들은 영아의 행동을 이해하기 어렵게 만든다.

이와 같은 사례는 장애 영아의 경우 얼마든지 있을 수 있다. 따라서 보호자에게 올바른 정보를 제공하여 아동과의 상호작용에 도움을 제공하여야 할 것이다. 이때 장애의 원인과 예후 등에 대한 정확한 정보를 제공하고 현 상황에서 보호자가 해야 할 일 등에 대한 정보를 제공한다.

또한 장애에 대하여 의료적 개입이 필요한 경우, 그 보호자가 지속적이고 안전한 방법으로 의료적 치료활동을 전개 할 수 있도록 지원하여야 하며, 발달장애로 의심되는 경우, 조기에 개입하여 교육을 실시함으로써 예후에 도움을 제공하고, 장애로 인한 가족 구성원의 스트레스를 해소할 수 있는 가족상담 및 치료방안을 통하여 지원할 필요가 있다. 물론 이와 같은 가족지원은 장애인이 성인기에 이르기까지 지속되어야 할 것이다.

마지막으로 장애인 등록에 대한 가족들의 우려 역시 무시할 수 없는 스트레스이다. 이에 대한 적절한 안내와 지원이 필요할 것이다.

2. 학령기 욕구

장애인이 학령기에 들어서게 되면 여러 가지 욕구가 새로이 발생한다. 〈표 10-4〉는 이에 대한 욕구들을 요약한 것이다.

<표 10-4> 학령기 욕구

욕 구	설 명
일반학교 대 특수학교 일반학급 대 특수학급 일반학급 통합	- 장애인이 학령기가 되어 학교에 입학하게 될 때 - 어떤 유형의 학교에 입학을 시켜야하는지에 대한 올바른 정보 제공이 필요
학습의 원활한 수행	학교에 입학한 장애 학생의 학습을 원활하게 지원할 수 있는 여러 가지 방안들을 지원
특수학생 실무원	학생의 학교생활을 지원하기 위한 실무원 욕구에 부응함.
사회적응 훈련	통합사회에서 살아야 할 장애학생이므로 사회에 대한 적응력을 높임
활동보조인 활용	사회적응 훈련이나 보조적인 치료 활동을 위하여 활동보조 인력을 사용할 수 있도록 지원
진로지도	향후 통합 사회에서 직업을 가지고 생활할 수 있도록 치밀한 계획 이 필요
직업훈련	직업훈련을 통하여 정상적인 직업 생활을 지원할 수 있는 교육제 체를 갖춤

　장애인이 학령기가 되어 학교에 입학하게 될 때 가장 심각한 고민은 바로 어떤 유형의 학교에 입학을 하는 것이 바람직한 것인가이다. 부모가 선택할 수 있는 학교 유형은 완전통합학급에 입학시키는 방법부터 특수학교에 입학시키는 방법을 고려할 수 있다. 이들에 대한 정보를 장애인 부모들은 거의 얻기 힘들다. 얻을 수 있는 정보는 같은 처지에 있는 다른 부모님들에 의한 것이 전부인 것이다. 따라서 이에 대한 올바른 정보와, 자녀를 위하여 가장 이상적인 방법이 무엇인지를 찾도록 지원하여야 할 것이다.

　다음으로, 학교에 입학한 장애 학생의 학습을 원활하게 지원할 수 있는 여러 가지 방안들을 지원하여야 한다. 물론 장애의 유형에 따라 다르겠으나, 학교 내 모든 활동을 장애 학생이 수행하고 배울 수 있도록 배려하는 일이 가장 중요한 것이다. 필요할 경우 보충도 하여야하고 반복학습이 필요할 경우도 있을 것이다. 또한 특수 교육적 관점에서 학습의 내용 역시 재구성 할 필요성도 제기 될 수 있을 것이다.

근래 우리나라에서는 특수학생을 위한 실무원을 배치하고 있다. 물론 예산상의 이유로 실무원의 수는 아직도 매우 부족하기는 하지만, 저자가 관찰한 바에 의하면 참으로 이상한 경우도 있었다. 자폐성장애 학생에게 실무원이 필요하다 하여 실무원을 배치하였는데 오전에는 배치하고 오후에는 배치하지 않는 경우였다. 오전에는 문제가 특히 심각하여 배치하고 오후에는 문제 행동이 심각하지 않아 그런 조치를 하였다면 이해할 수 있겠으나, 실상은 오전에도 필요하고 오후에도 필요한 장애학생임에도 불구하고 예산을 이유로 형식적인 실무원 배치를 한 것이다. 향후 이와 같은 일은 발생하지 않겠지만 이와 같은 배치는 매우 허망한 일이다.

또한 장애 학생은 사회적응 훈련이나 보조적인 치료 활동을 위하여 활동보조 인력을 사용할 수 있도록 지원하여야 하고, 통합사회에서 직업을 가지고 생활할 수 있도록 진로계획을 치밀하게 세울 필요가 있다. 그리고 진로계획에 의거한 직업훈련을 통하여 정상적인 직업 생활을 지원할 수 있는 교육제체를 갖추어야 한다.

3. 학령기 이후 욕구

학령기 이후 욕구는 장년기 욕구와 노년기 욕구로 구분되는데 이들에 대한 욕구를 요약하면 〈표 10-5〉와 같다.

사회적응 훈련은 장애인이 학령기에도 불구하고 사회적응이 이루어지지 못한 경우 계속하여 사회적응훈련을 할 필요가 있다. 그리고 사회에 진출한 장애인의 경우 결혼하여 가정을 꾸릴 것인지 아니면 독신으로 생활하여야 할 것인지를 결정하여야 하고 이성교제를 통하여 결혼을 원하는 경우 이에 대한 제반 여건조성을 위하여 지원이 필요할 것이다.

현실적으로 볼 때, 학령기를 보낸 장애인의 경우 더 이상 참여할 기관이 없다. 그러므로 보호자 가정에 거주하여 살거나 아니면 시설에 입소하는 형태를 취하게 된다.

<표 10-5> 학령기 이후 욕구

욕　구	설　명
사회적응 훈련	사회적응 훈련은 학령기에도 불구하고 사회적응이 이루어지지 못한 경우 계속하여 사회적응훈련을 할 필요가 있음
독신：결혼	사회에 진출한 장애인의 경우 결혼하여 가정을 꾸릴 것인지 아니면 독신으로 생활하여야 할 것인지를 결정하여야하고 이에 대한 지원이 필요
시설입소：가정	학령기를 보낸 장애인의 경우 더 이상 참여할 기관이 없어 보호자 가정에 거주하거나 시설에 입소하는 형태를 취하게 되는데 이에 대한 지원이 필요
주간보호시설：평생교육원	취업을 할 능력이 없는 장애인이 보호자 가정에 거주할 경우 이들의 활동이 주간보호시설에서 활동할 것인지 아니면 장애인 평생교육시설을 이용할 것인지를 정하여야 하는데 이에 대한 지원이 필요함. 물론 자립생활센터도 고려할 수 있음
일반 취업：보호작업장	취업이 가능한 장애인의 경우 보호작업장을 통하여 취업을 하든지 아니면 일반 취업 전선에 뛰어들 수 있는 지 등을 고려하여야 하는데 이에 대한 지원이 필요
활동보조인	직업활동을 위하여 또한 여가 활동을 위하여 활동보조원을 활용할 수 있음. 물론 현재까지는 장애 2급 이상의 장애인에게 적용되지만 앞으로는 더욱 확대 될 것으로 예상
여가	장애인의 여가 활동을 위한 여가 바우처 등의 제도가 있는 바, 이에 대한 정보 제공과 적극지원이 필요
경제적 도움	현재 장애인 연금 등의 제도가 마련되어 있으나 사회활동을 하기에는 아직 부족한 상태임. 이들의 경제적 지원이 필요

　이때 가정에서 하루 종일 무료한 시간을 보내야 하는 문제와 시설 입소에 대한 입소시설 및 입소 경비들에 대한 지원이 필요할 것이다.

　또한 취업을 할 능력이 없는 장애인이 보호자 가정에 거주할 경우, 이들이 주간 보호시설에서 활동할 것인지 아니면 장애인 평생교육시설을 이용할 것인지를 정하여야 한다. 이에 대한 정보 제공과 지원이 필요 할 것이다. 이 경우 각 지역에 있는 자립생활센터도 고려할 수 있을 것이다.

취업이 가능한 장애인의 경우 보호작업장을 통하여 취업을 할 것인지 아니면 일반 취업 전선에 뛰어 들 수 있는지 등을 고려하여야 하는데 장애인 고용공단 등을 활용한 올바른 정보체계를 갖추어 지원할 필요가 있다.

그리고 직업활동 또는 여가 활동을 위하여 활동보조원을 활용할 수 있을 것이다. 이는 물론 현재까지는 장애 2급 이상의 장애인에게 적용되지만 앞으로는 더욱 확대 될 것으로 예상된다.

장애인의 여가 활동을 위한 여가 바우처 등의 제도 활용도 필요하고, 현재 장애인 연금 등의 제도가 마련되어 있으나, 사회활동을 하기에는 아직 부족한 상태이므로 이들의 경제적 지원이 필요할 것이다.

제 3 절
생애주기별 서비스 자원

사회복지서비스 자원은 사회복지서비스를 제공하기 위한 인적자원과 물적 자원을 의미하는데, 생애주기별로 필요한 서비스 자원을 확인하는 일은 매우 중요하다. 왜냐하면 이 역시 서비스를 얻기 위해 필요한 정보이기 때문이다. 여기서 인적자원이라 함은 사회복지사, 의사, 가족, 친구, 자원봉사자 등이 해당되고, 물적 자원은 복지관, 병원, 복지법인, 단체 등이 해당한다.

여기에서는 서비스 자원을 생애주기별로 정리하여 설명하고자 한다.

1. 취학이전기 서비스 자원

〈표 10-6〉은 취학 이전기 장애인을 위한 서비스 자원을 도표로 제시한 것이다. 이들 서비스 자원들은 반드시 필요한 것은 아니고 장애의 유형과 장애의 정도에 따라 다를 수 있을 것이다.

〈표 10-6〉 취학 이전기 서비스 자원

구분	자원	자원의 활용
물적 자원	병원	보건소, 약국 등을 포함하며, 장애 자녀의 의료적 지원이 필요한 경우와 물리치료, 작업치료가 필요한 경우, 장애인 등록을 위하여 필요한 경우
	치료실	보통 언어치료실, 음악치료실, 미술치료실, 심리치료실, 행동치료실 등이 있으며, 장애 아동의 정서적인 지원을 위하여 필요한 경우
	체육시설	공원, 체육관 등도 포함되며, 아동의 산책, 운동 등을 위하여 필요한 경우
	경찰서, 119	장애 아동의 경우 미아가 되는 경우가 있을 수 있어 긴급한 지원이 필요한 경우, 그리고 위급상황에 대한 대처 자원으로서 119가 필요한 경우
	교육시설	어린이집·유치원 등을 의미하며 연령에 맞는 교육을 시작하여야 할 경우, 그리고 이때 장애아 전담 어린이 집이나 통합 어린이집, 유치원 등에 대한 자원이 필요한 경우
	읍면동사무소	장애인 등록이나 지원을 받을 수 있는 정보의 습득 및 자문
	보조기상사	보조기를 사용하여야 할 장애인의 경우
	사회복지관	장애인복지관 및 종합사회복지관이 해당되며 해당 장애인을 위한 프로그램이 존재할 경우
	사회복지협의회 사회복지협의체	지역사회에서 해당 장애인을 위한 복지서비스 동향 정보를 얻기 위해 필요한 경우
	특수교육지원센터 교육지원청	특수교육 지원을 위한 정보 전달 및 프로그램 이용을 위하여 필요한 경우

구분	자원	자원의 활용
인적 자원	의사	장애인 진단 및 처방을 위해 필요한 경우
	사회복지사	해당 장애아동을 위한 지원설계가 필요한 경우
	치료사	물리치료사, 작업치료사, 행동치료사, 언어재활사, 놀이치료사, 운동치료사, 미술치료사, 음악치료사 등이 필요한 경우
	가족	가족은 가장 중요한 인적자원
	친구	해당 장애인에게 친구가 있거나 필요한 경우
	자원봉사자	해당 장애인을 위한 활동에서 봉사자가 필요한 경우
	자조단체	같은 장애 유형을 지닌 보호자들 간의 단체를 통하여 정보를 교환하고 장애인 운동을 할 필요가 있는 경우
	후원자	해당 장애인과 자조 단체 운영을 위해 후원자가 필요한 경우
	봉사단체	해당 장애아동의 여러 가지 활동에 봉사 단체가 필요한 경우

1) 물적자원

취학 이전기 물적자원은 먼저 병원을 들 수 있다. 이는 보건소, 약국 등을 포함하여 생각할 수 있으며, 장애 자녀의 의료적 지원이 필요한 장애인의 경우와 물리치료, 작업치료가 필요한 경우, 장애인 등록을 위하여 필요한 경우 모두 중요한 자원이 된다.

치료실 역시 물적 자원으로 생각할 수 있는데 치료실 등은 보통 언어치료실, 음악치료실, 미술치료실, 심리치료실, 행동치료실 등이 있다. 특히 지적장애나 자폐성장애, 정서장애 아동인 경우 이에 대한 자원은 매우 필요할 것이다.

체육시설은 공원, 체육관 등을 의미하는데 장애 아동의 산책, 운동 등을 위하여 필요한 경우 이에 대한 정보는 도움이 될 것이다.

경찰서나 119의 경우도 매우 필요한 자원인데, 특히 지적장애, 자폐성장애, 정서장애 아동의 경우 우연히 길을 잃거나 아동이 집을 나가 저녁까지 찾지 못하게 되는 경우가 발생한다. 이 때, 경찰의 도움이 절실할 것이다. 따라서 이에 대한 자원 정보가 필요할 것이다. 그리고 질병을 수반한 장애인의 경우 의료상 긴급한 상황이 발생할 수 있으므로 위급상황에 대한 대처 자원으로서 119 역시 중요한 자원이 된다.

교육시설은 어린이집·유치원 등을 의미하는데 장애아동의 연령에 맞는 교육을 시작하여야 할 경우, 장애아 전담 어린이 집이나 통합 어린이집, 유치원 등에 대한 자원을 확보해 놓을 필요가 있다.

읍·면사무소 및 동 주민센터 역시 필요한 자원인데 장애인 등록이나 이후 지원을 받을 수 있는 정보의 습득 및 자문을 위하여 필요한 자원이다.

보조기상사는 장애인이 보조기를 사용하여야 할 장애인의 경우 매우 필요한 자원이 된다.

사회복지관은 장애인복지관 및 종합사회복지관을 의미하는 것으로 보통 장애아동을 위한 여러 가지 프로그램을 전개하고 있으므로 수시로 확인하고 이용할 수 있는 자원이 된다.

사회복지협의회는 각 지역마다 있으며 사회복지협의체의 경우도 도움을 받을 자원에 해당한다. 하지만 지역의 상황에 따라 협의회와 협의체간 역할 분담이 원활하지 못한 경우가 있어 양 기관에 대한 정보를 확인해 두는 일도 필요할 것이다. 즉, 협의체나 협의회를 통하여 지역사회에서 해당 장애인을 위한 복지서비스를 어떻게 제공하고 있는 지에 대한 정보를 얻을 수 있을 것이다.

특수교육지원센터는 지역을 중심으로 장애아동, 학부모, 교원을 대상으로 통합교육을 지원하기 위해 추진되었다(김혜령, 2014). 지역 교육지원청에서 운영하며, 장애아동이 특수교육 대상자로 선정된 경우 특수교육 지원을 위한 정보 전달 및 프로그램 이용을 위하여 필요한 자원이 된다.

2) 인적자원

취학 이전기 인적자원으로서는 먼저 의사를 들 수 있다. 이 시기 의사의 역할은 주로 장애인 진단 및 처방이며, 이후 장애인 등록을 위하여 소견서를 받아야 하기 때문에 신뢰할만한 전문의를 통하여 진단 받고 처방을 받는 것이 중요하다.

사회복지사는 복지관이나 읍·면사무소 및 동 주민센터 등에서 만날 수 있는데 보호자가 해당 장애아동을 치료나 교육 설계를 하는데 도움이 된다.

치료사의 경우 물리치료사, 작업치료사, 행동치료사, 언어재활사, 놀이치료사, 운동치료사, 미술치료사, 음악치료사 등이 해당하는데 물리치료사나 작업치료사는 의사의 처방에 의하여 치료행위를 하기 때문에 그에 따르면 되지만 나머지 치료사의 경우는 언어재활사를 제외하고는 민간자격이기 때문에 신뢰할만한 자격이 있는 치료사 정보를 얻어 두는 것이 좋다. 이는 이후에 설명할 치료 바우처를 선택할 때에도 마찬가지이다.

가족은 가장 중요한 인적자원이 된다. 가족으로부터 지지를 받고 외면당하지 않을 경우 그 예후가 매우 좋음은 당연한 것이다. 가족 역시 장애아동의 치료를 위한 방법 등을 공부할 필요가 있다.

친구 또한 필요한 인적자원이 되는데 해당 장애인에게 친구가 있을 경우 장애아동의 발달과 성장에 크게 도움이 된다.

자원봉사자나 자조단체의 경우 장애아동을 위한 활동 중 봉사자 자원이 필요할 수 있으며, 같은 장애유형을 지닌 보호자들 간의 단체를 통하여 정보를 교환하고 장애인 운동을 할 경우 크게 도움이 된다.

후원자, 봉사단체의 경우도 자조 단체 운영을 위해 필요할 수 있으며 장애아동의 여러 가지 활동에 봉사 단체의 도움이 필요할 것이므로 이에 대한 자원을 확보해둘 필요가 있다.

2. 학령기 서비스자원

〈표 10-7〉은 학령기 장애인을 위한 서비스 자원을 도표로 제시한 것이다. 이들 서비스 자원들은 반드시 필요한 것은 아니고 앞서의 취학 이전기 서비스자원과 같이 장애의 유형에 따라 그리고 장애의 정도에 따라 다를 수 있을 것이다. 다만 앞에서 언급한 취학 이전기 자원 중에서 중복되는 부분은 제외하였다.

〈표 10-7〉 학령기 서비스 자원

구분	활용 용도	자원의 활용
물적 자원	교육시설	교육청, 특수학교, 특수학급, 일반학교를 등을 의미하며 취학 전에 그리고 취학 후 전학 등을 고려하기 위해 필요한 경우
	전공부	고등학교 졸업 후 장애인 직업활동을 위한 전공부 과정을 의미하며, 장애학생에게 가장 적합한 직업군 탐색을 위해 필요한 경우
	여가시설	극장, 식당, 캠프장 등을 의미하며 사회성 향상을 위한 사회시설 교육이 필요한 경우
	학원	장애학생의 보충학습을 위해 필요한 경우
	주말학교	장애 학생의 경우 학교에 가지 않는 주말의 경우 의미없이 하루나 이틀을 집에서 보내게 된다. 그리고 가족 구성원이 주말에도 장애 자녀를 돌보느라 쉴 틈이 없다. 그래서 주말 학교, 등산학교 등에 대한 자원을 확보할 필요가 있는 경우
	바우처 제공기관	국가에서는 장애아동의 재활치료 바우처를 실시하고 있는 바, 치료 바우처 제공기관에 대한 자원이 필요한 경우.
인적 자원	특수교사	특수교육적 배려가 필요한 장애학생의 경우 특수교사와 보호자 그리고 장애학생간의 관계가 장애학생의 예후에 크게 영향을 미치므로 이에 대한 자원이 필요한 경우
	활동보조인	장애학생의 교외활동을 위하여 활동보조인이 필요한 경우
	실무원	장애학생은 교내 학습지원을 위하여 실무원이 필요한 경우
	직업훈련교사	장애학생의 적성에 맞는 직업의 선택과 훈련이 필요한 경우
	상담사	장애학생의 특정 행동이나 문제 그리고 생애주기 설계를 위하여 필요한 경우
	특기적성교사	방과 후 과정을 통하여 특기 적성 교육을 받을 필요가 있는 경우
	이웃	장애학생의 활동 범위가 늘어남에 따라 이웃의 도움이 필요한 경우
	치료재활 바우처교사	치료재활 바우처를 위하여 바우처 교사를 선택하여야 할 경우

1) 물적자원

학령기 물적자원으로서는 먼저, 교육시설을 들 수 있다. 이는 지역 교육지원청, 특수학교, 특수학급, 일반학교를 등을 의미하는데, 취학 전에 필요한 자원일 수도 있고, 취학 후 전학, 상급학교 진학 등을 위하여 학교에 대한 자원 정보를 얻을 필요가 있을 것이다.

전공부는 장애학생이 고등학교를 마친 후 사회에 진출하기 전에 직업활동을 위한 과정으로 전공부를 선택할 수 있다. 전공부는 특수학교 내에 있으며, 만일 전공부에 진학하고자 한다면 해당 학교에 지원서를 제출하여 합격하여야한다. 따라서 이에 대한 자원정보가 필요할 것이다. 우리나라 전공부는 지역노동시장을 반영하거나 훈련생들의 개별욕구에 초점을 두기보다는 기존의 특수학교 고등부에서 실시하고 있던 과정을 확대 연장해서 실시하는 정도가 대부분이다(황미애, 2013).

여가시설은 극장, 식당, 캠프장 등을 의미하는데 장애학생의 사회성 향상을 위한 여러 가지 시설에 대한 자원정보를 확보할 필요가 있을 것이다.

학원 역시 필요한 자원인데 장애학생의 경우 학습을 제대로 따라가지 못하여 보충학습이 필요한 경우 학습 부진아를 위한 학원에 대한 자원 정보를 확보할 필요가 있다.

주말학교는 장애학생이 학교에 가지 않는 주말의 경우 의미 없이 주말시간을 집에서 보내는 문제를 해결하기 위하여, 그리고 가족 구성원이 주말에도 장애자녀를 돌보느라 쉴 틈이 없는 문제로 이들에게 쉴 공간과 시간을 마련하여 주기 위하여 지역에서 주말학교나 토요등산교실 등의 형태로 운영하는 기관이 있다. 이들에 대한 자원 정보를 확인해 둘 경우 매우 유용할 것이다.

바우처 제공기관은 장애재활치료바우처 등의 바우처서비스를 제공하는 기관을 의미하는데 국가에서는 장애아동의 재활치료바우처를 실시하고 있는 바, 치료바우처 제공기관에 의한 자원이 필요한 경우 이에 대한 정보 확보가 필요할 것이다. 여기서 바우처란 정부가 사회서비스 수혜자 이용자를 대상으로 지원하는 재정 보증서를 말한다. 즉 특정 사회서비스를 구매할 수 있도록 정부가 사회서비스 수혜자격을 가진 대상자에게 제공하는 구매증서로 이용자는 이를 가지고 선택 가능한 해당 상품이나 서비스를 이용할 수 있다(이명호, 2013).

2) 인적자원

학령기 인적자원으로 가장 중요한 인적자원은 특수교사이다. 특히 특수교육적 배려가 필요한 장애학생의 경우 특수교사와 보호자 그리고 장애학생간의 관계가 장애학생의 예후에 크게 영향을 미친다. 따라서 이에 대한 자원이 반드시 필요할 것이다.

활동보조인 역시 필요한 자원이 되는데 장애학생의 교외활동을 위하여 활동보조인이 필요한 경우 장애학생에게 가장 적합한 활동보조인의 선택을 위한 것이다.

실무원은 교내 학습지원을 위하여 학내에 배치되는 인력으로서 실무원이 필요한 경우 이에 대한 자원 정보가 필요할 것이다.

직업훈련교사는 장애학생이 적성에 맞는 직업을 선택하고, 훈련에 대한 도움을 받기 위해 필요하다. 현재 직업훈련교사가 학교에 배치되는 경우는 드문 상황이고 특수교사가 이를 대신하는 경우가 많은 문제점이 있다. 그러나 특수교사가 직업재활을 함께 공부하여 직업재활사 자격을 가지고 있는 경우는 문제가 없을 것이다.

상담사는 장애학생의 특정 행동이나 문제 그리고 생애주기 설계를 위하여 필요한 경우, 가장 적절한 자원을 확보하여야 할 것이고 특기적성교사는 장애학생이 방과 후 과정을 통하여 특기 적성 교육을 받고 있거나 받을 예정인 경우 가장 적절한 자원을 확보하여야할 것이다. 이는 치료재활 바우처 교사의 경우도 마찬가지이다.

장애학생의 활동 범위가 확대됨에 따라 이웃은 매우 필요한 자원이 될 수 있다. 타인 가정을 방문할 기회도 얻고 잠시 자녀를 맡기고 은행업무 등의 일을 할 수 있기 때문이다.

3. 학령기 이후 서비스 자원

〈표 10-8〉은 학령기 이후 장애인을 위한 서비스 자원을 도표로 제시한 것이다. 이들 서비스 자원들은 반드시 필요한 것은 아니고 앞에서 언급한 취학이전기, 학령기 서비스 자원과 같이 장애의 유형에 따라 그리고 장애의 정도에 따라 다를 수 있을 것이다. 다만 앞의 자원 중에서 중복되는 부분은 제외하고 추가적인 자원만을 제시하였다.

〈표 10-8〉 학령기 이후 서비스 자원

구분	활용 용도	자원의 활용
물적 자원	평생교육시설	학령기를 넘긴 장애인이 가정에서 생활할 경우, 가족이 직장에 나간 이후 가족이 돌아올 때 까지 낮시간 동안 의미 있는 생활을 할 수 있도록 교육하는 시설이 필요한 경우
	주간보호소	위 평생교육 시설과 유사한 이유로 주간 보호소를 필요로 할 경우
	생활시설	학령기를 넘기 장애인을 시설에 입소시켜야 할 경우
	단기보호센터	가족구성원의 여행, 사망 등으로 인하여 장애가족을 돌보기 어려운 경우, 단기간 동안 시설에 보호를 요청할 필요가 있을 경우
	직업훈련시설	학령기를 넘긴 장애인이 아직 직업을 갖지 못하여 직업기술을 익혀야 할 필요성이 있는 경우
	자립생활센터	학령기를 넘긴 장애인이 자립생활을 위하여 장애인들과 함께 활동하기를 원하는 경우
	직장	학령기를 넘긴 장애인이 직업을 선택하여 직장에 다닐 수 있는 경우, 자신이 다니고 싶은 직장들에 대한 자원으로의 정보가 필요한 경우
	목욕탕	대중목욕탕, 장애인목욕탕 등을 포함하며 스스로 공중시설을 이용할 필요가 있는 경우
	사회적기업 (협동조합)	학령기를 넘긴 장애인이 일정한 사업을 전개하는 사회적 협동조합의 일원으로서 활동할 필요성이 있는 경우

구분	활용 용도	자원의 활용
인적자원	평생교육사	학령기를 넘긴 장애인이 장애인 평생교육원에 다니고 있는 경우 장애인을 담당할 평생교육사에 대한 자원정보가 필요한 경우
	연인	학령기를 넘긴 장애인이 이성교제를 원하는 경우 이성교제 대상으로 필요한 자원정보가 필요한 경우
	고용주와 동료직원	학령기를 넘긴 장애인이 취업을 한 경우, 그 회사 사장이나 직원과 원만한 관계 형성을 위해 필요한 경우
	후견인	학령기를 넘긴 장애인이 후견인이 필요한 경우
	형제자매	학령기를 넘긴 장애인이 독립적인 생활을 하면서 보호자가 될 수 있는 형제자매가 필요한 경우
	시설원장과 직원	학령기를 넘긴 장애인이 시설에 입소한 경우 시설원장과 직원에 대한 정보가 필요한 경우
	변호사	학령기를 넘긴 장애인이 법률적인 문제에 봉착하여 문제를 해결할 필요가 있는 경우

1) 물적자원

학령기 이후 물적자원으로서 평생교육시설은 학령기를 넘긴 장애인이 가정에서 생활할 경우, 그리고 가족이 직장에 나간 이후 가족이 돌아올 때까지 낮 시간 동안 의미 있는 생활을 할 수 있도록 교육하는 시설이 필요한 경우, 이에 대한 자원정보가 필요하다. 현재 장애인을 위한 평생교육시설은 아직 부족하지만 점차 장애인 평생교육원이 설치되고 있는 상황이다. 물론 현재의 평생교육은 장애유무를 떠나, 시기와 장소에 상관없이 그 수준에 맞는 교육을 하여야 한다(곽지혜, 2011)

주간보호소는 위 평생교육 시설과 유사하지만 그 목적이 주간보호시설은 보호에 있고, 평생교육 시설은 교육에 있음이 다르다.

생활시설은 불가피하게 학령기를 넘긴 장애인을 시설에 입소시켜야 할 경우 입소대상이 될 시설자원 정보가 필요하다. 입소시설, 입소비용, 입소환경 등에 대한 정보가 필요할 것이다.

단기보호센터는 주간보호소와 달리 보호가족 구성원의 여행, 사망 등으로 인하여 장애가족을 돌보기 어려운 경우, 24시간 이상 단기간 동안 시설에 보호를 요청할 필요가 있을 경우, 단기호보를 하게 된다.

직업훈련시설은 학령기를 넘긴 장애인이 아직 직업을 갖지 못하여 직업기술을 익혀야 할 필요성이 있는 경우에 해당한다. 고등학교, 전공과를 졸업한 장애인이라 할지라도 추가적인 직업 훈련이 필요한 경우 이에 대한 자원 정보가 필요할 것이다.

자립생활센터는 학령기를 넘긴 장애인이 자립생활을 위하여 장애인들과 함께 활동하기를 원하는 경우, 이에 대한 정보가 필요할 것이다. 현재까지 자립생활센터는 그 활동의 범위가 제한되어 있으나 향후 그 범의가 확대될 것으로 본다.

직장은 학령기를 넘긴 장애인이 일반 직업을 선택하여 일반인들과 함께 직장에 다닐 수 있는 경우, 자신이 다니고 싶은 직장들에 대한 자원으로의 정보가 필요할 것이다.

목욕탕은 대중목욕탕, 장애인목욕탕 등을 포함하며 스스로 공중시설을 이용할 필요가 있는 경우 가장 적합한 공중시설 자원 정보를 확인할 필요가 있을 것이다.

사회적기업(협동조합)은 학령기를 넘긴 장애인이 일정한 사업을 전개하는 사회적 협동조합의 일원으로서 활동할 필요성이 있는 경우에 해당한다. 사회적 협동조합의 경우 현재 많은 수가 설립되고 있으며, 정부의 지원에 따라 장애인들이 관심있게 지켜보고 참여할 수 있는 영역이 되었다. 물론 사회적 협동조합은 사회적 기업의 범주에 해당하나, 기업의 공익성을 강조하고 있다(오단이, 2013).

2) 인적자원

학령기 이후 인적자원으로서 먼저 평생교육사는 학령기를 넘긴 장애인이 장애인 평생교육원에 다니고 있는 경우 장애인을 담당할 평생교육사에 대한 자원정보가 필요할 것이다.

연인은 장애 성인이 이성교제를 원하는 경우 이성교제 대상으로 필요한 자원

정보가 필요할 수 있다. 장애인을 이용한 사기 문제도 있을 수 있고 그로 인한 상처도 줄 수 있기 때문에 건전한 연인관계를 유지시키기 위한 지원도 필요할 것이다.

장애 성인이 일반 기업체에 취업을 한 경우, 그 회사 사장이나 직원과 원만한 관계 형성이 매우 중요하다. 이를 위하여 적극적인 이해를 당부하고 지원을 요청하는 노력을 하여야 할 것이다.

또한 장애 성인의 경우 후견인이 필요할 수도 있다. 재산 문제 등에 대한 관리를 스스로 하기 어려운 경우 후견인을 지정하여 도움을 받아야 하는 바, 이에 대한 자원 정보를 필요로 하게 될 것이다.

장애 성인의 경우 그 부모가 사망하고 그 보호책임이 장애인 형제자매에게 떠넘겨진 경우가 적지 않다. 그래서 발생할 수 있는 문제도 있고 그렇지 않고 도움이 되는 경우도 있다. 따라서 장애성인의 형제자매는 장애인에게 중요한 자원이 된다.

시설원장과 직원은 학령기를 넘긴 장애인이 시설에 입소할 경우, 또는 입소한 경우 시설원장과 직원에 대한 정보가 필요할 것이다.

학령기를 넘긴 장애인이 법률적인 문제에 봉착할 수 있다. 장애로 인하여 법률을 위반할 수 있고, 반대로 법률적 피해를 억울하게 당할 수도 있는 것이다. 이때 가장 적합한 변호사 등 법률가의 도움이 필요할 것이다.

제 4 절

장애인복지서비스의 사례관리

1. 사례관리의 의의

장애인복지서비스에서 사례관리는 다른 사회복지 사례관리와 마찬가지로 장애인의 다양한 욕구에 부응하여 주기 위한 활동이다. 즉, 사례관리는 다양하고 복잡한 요구를 가진 개인에게 초점을 맞추어 욕구를 충족시키기 위한 체계적이고 협력적인 접근 방식이라고 볼 수 있다(문현정, 2013).

기존의 서비스 제공방식은 기관이나 시설에 정해진 매뉴얼이 있었다. 그리고 그 매뉴얼은 장애인 개개인의 사정을 고려하지 못하고 일반적인 장애인에 대한 일반적인 접근 방식을 담은 매뉴얼이었다. 결국 서비스를 제공하면서 매뉴얼에 합당하지 않은 장애인은 서비스 대상에서 제외하였다. 그로 말미암아 서비스 제공이 장애인의 욕구를 제대로 반영하지 못한 것이다.

이에 대한 문제점을 해소하기 위한 방법이 바로 사례관리인 것이다. 사례관리에서는 철저하게 장애인 개인에 초점을 둔다.

예를 들어 우리가 식당을 이용할 경우 식당에는 메뉴가 있다. 고객은 반드시 그 메뉴에 입각하여 주문하여야 하고, 그 메뉴에 적혀 있지 않는 음식은 먹을 수가 없다. 이 방식이 바로 기존의 서비스 방식이다.

사례연구에서 접근하는 방식은 손님에게 메뉴와 상관없이 먹고 싶은 음식을 묻는다. 양식집에서 짜장면이 먹고 싶다고 말하면 짜장면 집에서 주문하여 배달하여 준다. 이 방식이 사례연구 방식이다.

좀 더 구체적으로 장애학생의 경우를 보자. 한 학생이 어떤 일반 초등학교에 입학하였다. 학교는 학생이 어떤 학생인지 모른다. 그런데 그 학생이 시각장애인 이었다. 기존방식에 의하면, 시각장애 학생은 일반 초등학교의 메뉴에 없는 학생 이다. 그러므로 서비스 제공이 매우 제한된다. 그러나 사례연구에서는 시각장애 학생에 대한 사례연구를 통하여 이 시각장애 학생이 필요로 하는 것이 무엇인지 를 살핀다. 그리고 시각장애인을 위한 점자나 녹음 시설, 그리고 편의시설 등을 강구하고 필요할 경우 외부 지원기관과 연계한다. 한 명의 시각장애 학생을 위하여 한 명의 특수교사가 배치될 수도 있고, 시설이 바뀔 수도 있는 것이다. 즉, 장애인은 장애의 특성상 살아가는 과정에서 비장애인에 비해 더 다양한 욕구와 복합적인 문제를 지니고 있어 장애인복지 실천에서도 보다 폭넓은 접근이 이루어져야 한다(서혜미, 2012). 이것이 바로 사례관리인 것이다.

2. 사례관리의 원칙

사례관리의 원칙을 이해하면 사례관리에 대한 이해의 폭을 넓힐 수 있을 것이다(Gerhart, 1990). 〈표 10-9〉는 이들 사례관리의 원칙을 제시한 것이다. 이들에 대하여 각각 설명하면 다음과 같다.

〈표 10-9〉 사례관리의 원칙

원 칙	설 명
개별성의 원칙	사례관리에서는 관리의 초점을 철저하게 개인에게 맞춘다. 이때 개인이 가지고 있는 강약점 분석과 그 개인의 욕구를 현 서비스체제와 상관없이 분석
포괄성의 원칙	사례관리에서는 제공할 수 있는 서비스 내용이 제한되어 있지 않다. 앞서의 개별성의 원칙에 따라 그 개인의 욕구를 반영하기 위한 모든 서비스를 포함
지속성의 원칙	일단 사례관리에 들어가게 되면 문제의 해결을 위해 충분한 기간을 가지고 지속적으로 서비스를 제공
접근성의 원칙	사례관리자가 타 기관에 의뢰하여 서비스를 제공하는 경우, 서비스 이용자가 그 기관에 쉽게 접근할 수 있도록 중개자역할을 하여야 함

원 칙	설 명
연계성의 원칙	사례관리에서 서비스를 제공할 때에는 프로그램 간 상호 연계성이 있어야 함
책임성의 원칙	사례관리자는 해당 장애인의 욕구에 대한 지식과 기술을 갖추고 사례관리에 책임 있게 임하여야 함

1) 개별성

사례관리에서는 관리의 초점을 집단에 두지 않는다. 초점을 철저하게 개인에게 맞춘다. 이때 개인이 가지고 있는 강약점 분석과 그 개인의 욕구를 현 서비스체제와 상관없이 분석한다.

그리고 그 개인에게 가장 이상적인 서비스 방향이 무엇인지를 파악하게 된다. 유사한 다른 사례들은 하나의 참고 사항일 뿐 이 개인을 위한 서비스가 되지는 못한다.

2) 포괄성

사례관리에서는 제공할 수 있는 서비스 내용과 범위는 제한되어 있지 않다. 앞에서 언급한 개별성의 원칙에 따라 그 개인의 욕구를 반영하기 위한 모든 서비스가 포함될 수 있는 것이다.

예를 들어 교육분야, 경제분야, 의료치료분야, 사회적응분야, 가족분야 등 필요한 분야 모두를 담게 된다. 이러한 의미에서 포괄적이라는 것이다.

3) 지속성

사례관리에서는 해당 장애인이 지닌 서비스 욕구에 대한 문제를 해결하는데 있어, 단시간에 그리고 정해진 시간에 서비스를 제공하고 종료하는 체제가 아니다. 일단 사례관리에 들어가게 되면 문제의 해결을 위해 충분한 기간을 가지고 지속적으로 서비스를 제공하여야 한다.

4) 접근성

사례관리에서 사례관리자가 직접 서비스를 제공하지 않고 타 기관에 서비스를 의뢰하여 제공하는 경우, 서비스 이용자가 그 기관에 쉽게 접근할 수 있도록 사례관리자는 중개자 역할을 하여야 한다.

5) 연계성

사례관리에서 서비스를 제공할 때에는 프로그램 간 상호 연계성이 있어야 한다. 예를 들어 직업훈련 프로그램이 종료되면 직업 알선 프로그램에 들어가는 것이다.

6) 책임성

사례관리자는 해당 장애인의 욕구에 대한 지식과 기술을 갖추고 사례관리에 책임 있게 임하여야 한다.

3. 사례관리 절차

사례관리 절차는 〈표 10-10〉과 같다(서울복지재단, 2005). 여기에서는 앞에서 언급한 시각장애인이 학교에 입학하여 학교생활을 하는 문제를 가지고 사례관리 절차를 설명하고자한다.

〈표 10-10〉 사례관리 절차

절차	내용	설　명
단계1	사정	사례관리 절차 중 첫 단계는 문제의 사정이다. 여기에서는 장애인이 지닌 모든 문제들에 대하여 철저한 정보수집, 그리고 장애인이 원하는 바를 파악한다. 그리고 장애인이 활용할 수 있는 지역사회의 자원들에 대하여도 자료를 수집하고 분석한다. 또한 서비스 제공자로서 가장 적합한 서비스 제공자에는 어떤 인력이 있는 지에 대한 분석도 병행하게 된다.

절차	내용	설 명
단계2	계획	계획 단계에서는 서비스를 제공하기 위한 목표를 설정하고 이를 실천하기 위한 구체적인 계획을 마련한다.
단계3	개입	개입 단계는 계획 단계에서 수립된 서비스 계획에 따라 실행한다. 이 단계에서는 사례관리자가 서비스를 받기위하여 직접 노력하는 방식과 사례관리자가 장애인을 대신하여 서비스 신청이나 노력을 하는 방식이 있다. 전자를 직접개입, 후자를 간접개입이라고 한다.
단계4	점검	점검은 사례관리가 계획대로 시행되고 있는지를 확인하는 과정이다. 이 과정을 통하여 설정된 목표에 도달하고 있는지를 확인하게 된다.
단계5	평가	평가는 종결을 앞두고 본 사례관리의 성과를 평가하는 가정으로서 사례관리를 통하여 서비스 사정-계획을 올바로 하였는지 등부터 실제로 제공된 서비스가 목표를 달성하였는지 등을 평가하게 된다.
단계6	종결	사례관리자가 해당 사례관리를 마치는 것을 종결이라 한다.

1) 사정

사례관리 절차 중 첫 단계는 문제의 사정이다. 여기에서는 장애인이 지닌 모든 문제들에 대하여 철저한 정보수집, 그리고 장애인이 원하는 바를 파악한다. 그리고 장애인이 활용할 수 있는 지역사회의 자원들에 대하여도 자료를 수집하고 분석한다. 또한 서비스 제공자로서 가장 적합한 서비스 제공자에는 어떤 인력이 있는 지에 대한 분석도 병행하게 된다.

앞서, 시각장애 학생의 학교입학 문제 대하여, 학생이 원하는 바가 집에서 가까운 지역에서 학교를 다니고 싶은 욕구인지 아니면 보다 효과적인 시각장애인 학교를 선택하여도 되는지를 파악하고, 시각장애인 학교를 선택한 경우 얻을 수 있는 학습상 이득과 기숙사 등 시설에 대한 정보도 파악한다.

그리고 일반학교를 원하는 경우 시각장애 분야를 제외하고는 일반 학급에서 수업을 제대로 할 수 있는 능력이 있는지, 그리고 교통이용은 어떤 방법으로 할 것인지 등을 분석하게 된다.

또한 교육지원청과 학교측에서는 이 시각장애 학생을 위하여 제공할 수 있는 서비스로서 어떤 방법이 있는지, 예산상 수월성은 어느 정도인지, 수업을 지원할 실무원 배치가능성은 어느 정도 인지를 파악하게 된다. 그리고 시각장애인을 위한 특수교사의 필요 및 능력 등도 파악한다. 또한 지역사회에서 시각장애인을 위한 학습시설은 어떤 시설이 있는지도 파악한다.

2) 계획

계획 단계에서는 서비스를 제공하기 위한 목표를 설정하고 이를 실천하기 위한 구체적인 계획을 마련한다.

예를 들어, 앞의 예를 이어 설명하면, 만일 시각장애인학교를 새로이 선택한다면, 시각장애인학교를 안내하는 절차를 계획한다. 만일 일반학교를 선택하는 경우 이 시각장애학생을 위한 특수교사, 학습지원을 위한 실무원, 그리고 지역사회 지원인력 등을 제공할 방안을 계획한다.

3) 개입

개입단계는 계획단계에서 수립된 서비스 계획에 따라 실행한다. 이 단계에서는 사례관리자와 장애인이 문제해결과 욕구충족을 위해 상호작용하는 방식과, 장애인을 위한 프로그램을 개발하거나 자문을 구하는 방식이 있다. 전자를 직접개입, 후자를 간접개입이라고 한다.

앞의 예에서 시각장애인을 위하여 시각장애인학교로 전학을 하기 위한 절차와 필요한 조치 등을 실행할 수 있고, 현 일반학교에서 공부할 수 있도록 실무원 배치와 특수교사를 배치하는 문제부터 장애인 활동보조원을 통하여 등·하교를 돕는 계획을 실행하게 된다.

4) 점검

점검은 사례관리가 계획대로 시행되고 있는지를 확인하는 과정이다. 이 과정을 통하여 설정된 목표에 도달하고 있는지를 확인하게 된다.

앞의 예에서 시각장애 학교로 간 경우, 학교생활과 기숙사 등의 생활은 어떠한지 새로운 욕구는 무엇인지를 정기적으로 확인하여 지원한다. 일반학교에서 공부하는 경우 특수교사의 지원, 실무원 배치 유무, 활동보조원 그리고 지역사회 지원자의 서비스 내용이 목표에 합당하게 이루어지고 있는 지를 점검한다.

5) 평가

평가는 종결을 앞두고 본 사례관리의 성과를 평가하는 과정으로서 사례관리를 통하여 서비스 사정 - 계획을 올바로 하였는지 등부터 실제로 제공된 서비스가 목표를 달성하였는지 등을 평가하게 된다.

앞의 예에서, 제공된 서비스가 시각 장애인의 욕구에 올바르게 부응하였는지, 학교생활이 원만하게 이루어졌는지, 시각장애 학생 본인 및 가족이 적절한 지원을 받았는지 등을 평가하게 된다.

6) 종결

사례관리자가 해당 사례관리를 마치는 것을 종결이라 한다.

엄마가 울고 있네
나보곤 울지말라 하면서
엄마는 울고 있네

제 11 장

장애인과 가족

Social Welfare for the Disabled

아이가 자라는 것이 두렵다

　자폐성장애아인 S는 잘 생겼다. S형이 들으면 기분 나쁠지 모르지만 엄마와 아빠는 S를 형보다 더 예쁘게 만든(?)것이 사실이다. S를 자폐아로 부르는 것은 사람들이지 이들 부부가 아니다.

　S는 언제나 어린 아기이다. 아빠가 엎드려 있으면 등에 올라타 말타기를 강요하는 몸집이 큰 어린 아기이다.

　그가 크고 있다. 10대가 되려한다. 그가 학교에 가고 그가 사회에 적응을 하여야 하는 것이다. 부부는 그가 자라는 것이 두렵다. 그가 자라서 징그러워지는 날이 오는 것을 느낀다.

　아침에 일어나 발기된 고추를 보면서 엄마는 '어떡하지?' 라고 말한다. 그 말속엔 S가 크고 있는 두려움을 함축하고 있는 것이다. 아이의 얼굴을 마주보고 아이가 자라는 것을 두려워하여 '어떡하지?' 라고 하는 엄마의 심정을 누가 알랴? 그때는 아빠도 같이 '그래! 어떡하자!' 라고 말한다.

　될 대로 되라는 것은 결코 아니다. S가 자라면서 겪게 될 아픔을 그리고 부모로서 아프게 될 그 아려움을 선험하자는 의미인 것이다.

　그런 예쁜 S가 요사이 부부에게 작은 기쁨을 주고 있다. 엄마가 아침에 일어나 '둥근 해가 떴습니다.' 노래를 율동으로 하면 S도 같이 따라서 율동으로 이도 닦고 얼굴도 닦고 목도 닦는다. 10살이 다 된 이 녀석의 이런 율동에 엄마 아빠는 기뻐하고 행복하고 웃어주고 박수도 치고…

　S의 형은 참으로 이들 부부가 웃기는 짓을 하고 있다고 느낄 것이다.

제 1 절

장애인과 부모

Ross(1964)는 정신분석학적 관점에서 장애자녀에 대한 부모의 반응을 언급한 바 있다. 그에 따르면 부모가 자녀의 장애를 인식하게 되면 바로 불안이 증가하게 되는데, 이 불안감은 자녀의 현 상태와 자녀에 대한 부모의 기대 사이의 모순을 인지함으로써 나타난다고 한다. 그리고 이때 부모는 불안감을 통제하고자 하나 이상의 대처기법을 사용한다고 한다.

장애자녀에 대해 부모가 감정적인 반응을 보이는 것은 위기에 처해 있거나 위기를 직감한 모든 부모에게 자연스러운 인간적인 반응이다. 그러나 모든 부모가 같은 대처기법(Coping Strategy)을 사용하지는 않는다. 부모의 반응이 부모마다 각기 다양한 것이다. 일반적으로 부모가 보이는 대처기법들에는 〈표 11-1〉과 같은 것들이 있다.

〈표 11-1〉 부모의 대처기법

대처기법	설 명
자격지심	부모는 부모로서, 인간으로서 자신의 가치를 의심할 수 있다. 아이를 낳고 기르는데 대한 무력감, 낮은 자존감 등을 보일 수 있다(Self-Doubt).
불행, 슬픔	자녀 문제가 너무 고통스럽다고 느껴서 부모의 삶의 낙이 사라져 버린다. 이러한 부모의 반응은 사랑하는 아이가 죽은 후에 일어나는 아픔과 비슷하다(UNhappiness & Mourning).
죄의식	자녀문제 원인에 대하여 자세히 알지 못하여 죄의식을 느낀다. 자녀문제가 자신의 실수라고 믿는다. 자녀장애 이유를 찾으려 극단적인 길로 치달아 그다지 중요하지도 않은 개인행동이나 과거 비난받을 만한 사건을 찾아내기도 한다(Guilt).
부정	자녀의 장애존재를 부정함으로써 자녀문제에 반응하지 않는 경우도 있다. 문제존재를 부정한다면 자신이 문제와 관련될 필요가 없기 때문이다(Denial).

대처기법	설 명
투사	다른 사람에게 비난을 가할 수 있다. 교사나 육아자, 상담자, 생활환경 조사원, 배우자, 간호사, 의사에게 자녀장애에 대한 비난을 가할 수 있다(Projection).
회피와 거부	손상을 받아 타인이나 자녀과 접촉을 피한다(Avoidance & Rejection).
당혹감, 사회적 고립	당황한다. 당혹감으로 사회적 고립된다. 부모와 자녀 모두 쇼핑이나 산책, 방문, 놀이에 가지 않는다(Isolation).
적대감	적대심을 나타내기도 하며 때때로 자녀에 대해 묻거나 쳐다보는 다른 사람들에 대해 공연히 화를 내기도 한다. 이 적대감과 분노의 대상은 버스승객, 거리의 사람, 친구, 이웃사람, 친지 등 누구든 될 수 있다(Hostility).
과다의존, 무력감	배우자나 자녀, 친지, 또는 전문가에게 지나친 의존으로 반응할 수 있다(Overdependence & Helplessness).
혼란	자녀문제로 혼란해 한다. 문제의 원인에 대해, 그 과정과 처방에 혼란을 일으킨다. 그 혼란은 실제 정보와 안내 부족 때문이다(Confusion).
좌절감	자녀를 위해 적절한 활동을 해야겠다고 결심한 부모들은 서비스를 얻기 위한 노력 중 좌절하고 만다. 부모들은 자질이 부족하고 냉정한 전문가에 직면한다. 공동사회에서 적절한 서비스 부족 때문에 좌절한다(Frustration).

제 2 절

장애 부모 상담

1. 장애부모상담의 필요성

1) 장애인 행동의 이해

장애인 부모상담은 먼저 서비스 담당자가 장애인행동을 이해하기 위한 것이다.

즉, 서비스 담당자가 장애인의 다양한 행동 양식을 이해하기 위하여 부모와 상담하는 것이다.

이와 같은 상담을 통하여 사회복지사 또는 상담사는 해당 장애인을 잘 이해할수 있고, 기관에서의 행동을 관리할 수 있고, 부모는 서비스 담당자로부터 자녀의 기관생활을 이해하고 가정에서 부모가 해야 할 일을 알게 되는 것이다.

한마디로 기관-가정간의 소통인 셈이다. 이와 같은 소통이 원만하게 이루어 질경우 장애인은 결국 더 많이 배우고 더 잘 적응하며 더 빨리 진보한다.

2) 부모역할 지원

좀 비약일지는 모르지만 '우리의 1년은 과거의 100년과 맘먹는다!'고 주장한다. 과거 이조시대에 인류 문화 발달속도는 1년 전이나 10년 전이나 별다른 차이가 없었다.

그러나 현대는 정보화 혁명으로, 우리 인류의 과학 발달로, 우리에게 너무나도 엄청난 변화를 강요하였다.

삐삐를 들고 불과 몇 년을 돌아다니더니, 냉장고 같은 휴대폰을 멋지게 들고 다닌 적이 바로 엊그제다. 그런데 이제 성냥갑보다 조금 큰 휴대폰으로 못하는 것이 없을 정도가 되었다.

결국 다른 분야도 마찬가지지만 자녀 양육문제에서도, 우리는 문화적 끈을 놓치고야 말았다. 즉, 현대는 할아버지가 아버지를 양육하였던 방식대로 나를 양육하였고 그 방식을 이어받아 내가 자녀를 양육할 수 있는 시대가 아닌 것이다.

요즈음 부모들은 그리고 학자들은 모두 장애인의 삶의 변화에 가장 중요하게 영향을 미치는 사람이 부모라는 사실을 인정한다.

그러나 문제는 부모가 부모역할에 관련하여 제대로 된 지식을 알지 못한다는 것이다. 장애인의 궁극적인 이익, 복지를 위해 부모가 할 수 있는 일에 대하여, 그리고 올바른 부모의 역할에 대하여 제대로 알지 못하는 것이다.

따라서, 서비스 담당자는 그 직업상 장애인에게 단순히 서비스를 제공하는데 그치는 것이 아니라 부모에게 장애인 교육에 관련한 서비스를 제공할 필요가 있는 것이다.

물론 상담을 통하여 가정과 기관 간 상호협력이 장애인의 욕구에 부합하도록 하는 방법이 효과가 있을 것이다.

2. 부모 상담에서 서비스 담당자 역할

장애인의 부모 상담에 관련하여 세 가지 역할 즉 상담을 통한 정보제공, 상담을 통한 정서지원, 상담을 통한 부모 역할 훈련을 설명하고자 한다. 〈표 11-2〉는 이를 요약한 것이다.

〈표 11-2〉 장애인 부모 상담

프로그램	내　　용
상담을 통한 정보교환	일차적으로 다양한 주제로 부모에게 많은 지식을 제공하고 제공받는다.
상담을 통한 정서지원	장애인에 관련하여 부모의 정서적 감정 조정을 위해, 그리고 장애인문제의 상담이나 치료에 가정의 참여를 유도하기 위하여 사용된다.
상담을 통한 부모 역할 훈련	부모가 장애인의 행동을 관리하고 효과적으로 장애인과 상호작용하도록 지원한다.

1) 상담을 통한 정보교환

상담을 통한 정보교환에서는 일차적으로 다양한 주제로 부모에게 많은 지식을 제공하는 것이며, 가장 중요한 목적은 정보의 전달이다. 이 과정에서는 (1) 장애인양육기술정보, (2) 장애인발달정보, (3) 가정에서의 프로그램 설계요령, (4) 장애원인과 치료정보, (5) 행동관리기술정보 등을 제공한다.

일반적으로 서비스 담당자는 가정에서의 장애인행동에 대해서는 자세히 알지 못한다. 따라서 서비스 담당자는 상담을 통하여 부모의 관찰과 보고를 듣고 전략을 마련하여야 한다. 또한 반대로 부모도 기관에서의 장애인행동에 대해서 자세히 알지 못하므로 서비스 담당자는 기관에서의 장애인행동 등에 대하여 부모에게 설명하여 주어야 한다.

또한, 서비스 담당자는 해당 장애인의 장애 상태를 고려한 양육정보를 여러 문헌을 통하여 정리한 후 부모에게 제공하여 가정에서 효과적인 양육을 할 수 있도록 돕는다.

그리고 현재의 장애인 발달 정보에 대해서도 서비스 담당자 능력 범위 내에서 성실히 제공하고 장애인을 위한 프로그램설계방법을 설명하여 가정에서 활용할 수 있도록 돕는다. 장애의 원인과 치료정보 역시 부모에게 여과 없이 제공하고 장애인에 대한 올바른 기대를 갖도록 돕는다. 마지막으로 행동수정이론에 의한 행동수정원리를 부모에게 설명하여 부모가 자칫 오해하지 않도록 하고 가정에서도 이를 활용할 수 있도록 한다.

2) 상담을 통한 정서 지원

상담은 장애인에 관련하여 부모의 정서적 감정 조정을 위해, 그리고 장애인문제의 상담이나 치료에 가정의 참여를 유도하기 위하여 사용된다.

서비스 담당자는 상담을 통하여 장애인관련 문제력(The History of Problem), 문제행동, 문제행동을 보일 때 나타내는 독특한 특성, 문제행동을 유발시키는 강화제, 부모와 다른 가족 구성원들 간의 책임과 역할, 부모의 기대와 요구, 이러한 기대와 요구의 합리성, 현재 사용하는 행동수정기법, 가정에서 사용하는 강화제, 행동빈도/비율 관찰 데이터 등을 알아낸다. 그리고 부모의 정신적, 심리적 상태에 대해서도 면밀히 검토한다.

그리고 정서장애인 어머니들은 자녀양육을 포함한 가사노동시간을 할애하기 위해서 어머니들의 생리적 시간과 사회문화적 시간을 줄여 사용하고 있다. 따라서 이와 같은 점도 고려하여 부모의 스트레스 해소를 위한 상담도 진행될 필요성이 있다.

3) 상담을 통한 부모 역할 훈련

가정-기관연계를 유지하기 위해서 그리고 가정-기관 연계 행동수정을 위해서 부모와 서비스 담당자는 긴밀히 의사소통 하여야 한다. 이를 위하여 대화장을 사용할 수도 있는데 대화장은 부모-서비스 담당자의 의사소통과 협력을 지속시키고 증가시키는데 효과적인 기술이다.

또 일일 보고 카드(Daily Report Cards)도 의미 있는 수단인데 일일 보고 카드를 통하여 장애인과 부모에게 장애인의 학업, 행동에 관련한 정보를 자주 제공하면 할수록 학업수준이나 생활능력이 더 향상된다고 한다.

부모훈련은 부모가 장애인의 행동을 관리하고 효과적으로 그들과 상호작용 (Interaction) 하도록 지원하는 프로그램이다.

가장 중요한 것은 기관과 가정간의 일관성 있는 교육인데, 부모와 서비스 담당자 상호간에 신뢰하고 있지 못할 경우 부모는 기관에서의 교육방식을 가정에서 일관성 있게 사용하지 않게 된다. 예를 들어 기관에서는 친구들과 뽀뽀하지 못하게 하였는데 가정에서는 아주 손쉽게 다른 가족들과 뽀뽀하도록 방치한다면 장애인의 뽀뽀 행동은 줄어들지 않을 것이다.

3. 장애인 부모 상담 가이드라인

서비스 담당자가 장애인부모와 상담할 때의 가이드라인(Guideline)은 〈표 11-3〉과 같다.

〈표 11-3〉 상담자 가이드라인

가이드라인	설 명
공손	서비스 담당자는부모와 상담할 경우 공손하게 대한다.
눈높이	서비스 담당자는 부모의 눈높이에 맞는 위치에서 상담을 한다. : 부모가 자녀의 장애를 받아들이는 수준을 고려한다.
탐색	상담 주제 건에 대하여 자세히 탐색하여 이해하여야 한다. : 부모가 충분히 이해하고 있는지를 탐색하는 것이 중요하다.

가이드라인	설　명
적절한 질문	상담 주제에 대한 탐색을 위하여 적당한 질문을 던진다.
이해	상담 주제에 대한 부모의 생각을 충분히 이해한다. 　:부모 스스로 대안을 마련하도록 돕는다.
반응	부모 스스로 질문하게 하고 그 질문에 적당하게 질문에 반응한다.
고통	부모가 죄의식이나 부끄러움을 갖지 않도록, 그 감정을 최소화하고 줄이도록 격려한다 :울거나 화를 내는 경우 이를 안정시키는 일이 중요하다.
의견	부모가 쉽게 자신의 의견을 말하도록 한다.
합의	서비스 담당자는 부모간 적용할 수 있는 방법을 상호 합의하에 개발한다.

이는 모든 일반적인 상담에서 유의하여야 할 지침이 되지만, 이를 장애인부모에 초점을 두어 설명하면 다음과 같다.

1) 공손

서비스 담당자가 부모와 상담할 경우 부모에게 공손하게 대한다(Be Polite). 만일 서비스 담당자나 부모 중 어느 한쪽이라도 자신의 감정을 통제하지 못할 경우 상담을 하지 않는 편이 낫다. 그리고 상담자는 서비스 담당자나 목사가 아니다. 마치 설교나 교육처럼 상담하는 것은 상담이 아니다.

2) 눈높이

서비스 담당자가 부모와 상담할 경우 부모의 눈높이에 맞는 위치에서 상담을 한다(Eye Contact). 이는 대화의 눈높이도 마찬가지일 것이다. 만일 부모가 자녀 장애에 대한 인정이 이루어지지 못한 경우 이를 인정하라고 강요하게 되면 상담 자체가 불가능할 수도 있다. 따라서 부모의 장애 수용정도에 따라 상담의 방법도 달라질 것이다.

3) 탐색

서비스 담당자와 부모는 상담 주제와 행동에 대하여 명백히 이해하여야 한다. 단순히 서비스 담당자와 부모가 서로 다르게 판단한다면 상담이 필요 없을 것이다. 따라서 상담주제에 대하여 내용을 자세히 탐색(Investigation)하여 이해하여야 한다.

4) 적절한 질문

서비스 담당자는 부모에게 상담주제에 대하여 적당한 질문을 던진다. 이 때 '왜'라는 질문은 가급적 피한다. 상담자는 행동의 배경에 초점을 두어야지 문제 행동 자체에 초점을 두지 않는다. 상담자는 참을성 있게 부모의 말을 끝까지 들어가면서 필요한 경우 적절한 질문(Question)을 한다.

5) 이해

서비스 담당자는 부모의 생각을 들어 그에 대한 부모의 생각을 충분히 이해한다(Understanding). 부모의 생각은 오해일 수도 있고 상황에 적절한 것일 수도 있다. 부모가 생각과 판단을 올바로 이해하였을 경우 문제의 배경을 올바로 파악할 수 있는 것이다.

6) 반응

부모가 질문할 경우 서비스 담당자는 적당하게 질문에 반응한다(Responding). 부모가 스스로의 의견을 자유롭게 하도록 하는 것이다. 부모의 마음을 읽어주는 일도 좋은 방법이다. 상담자의 적절한 반응은 부모와의 대화를 원활하게 하여주는 윤활유와 같다.

이는 일상대화에서도 상대방의 대화에 적절히 반응할 때 대화가 원만해지는 것과 같은 원리이다.

7) 고통

부모는 상담 자체만으로도 부끄러운 죄책감을 받고 있다고 생각할 수 있으며 자신의 문제, 자신의 생각이 잘못되었다는 점을 상담을 거치면서 알게 될 수도 있다. 이때 죄의식이나 부끄러움 등이 있을 수 있다.

따라서 부모가 죄의식이나 부끄러움으로 고통 받고 있다면, 그들의 감정을 최소화하고 줄이도록 격려한다(Encouraging).

8) 의견

서비스 담당자는 부모가 쉽게 자신의 의견을 말하도록 한다. 만일 부모가 자신의 의견을 말하는데 어려움이 있을 경우에는 이를 도와준다(Facilitating).

상담은 최대한 부모의 의견을 밖으로 표출하도록 하는 과정이다. 따라서 상담자는 이를 위하여 최선을 다하고 도와주어야 한다.

9) 합의

부모와 서비스 담당자는 조심스럽게 그리고 인내심 있게 서비스를 장애아동에게 적용할 수 있는 방법을 상호 합의하에 개발한다(Acceptable Plan).

이 때 부모의 동의가 중요한데 부모가 동의하지 않을 경우 강요하지 말고 좀 더 시간을 갖고 스스로 판단하도록 돕는다.

제 3 절
장애인 가족의 정서문제

본 절에서는 장애인 가족의 정서문제를 연구자들의 논문(이민호 외, 2004)을 통하여 살펴보고자 한다.

대부분의 부모들이 처음 부모가 되는 과정에서 부모의 역할 수행에 어려움을 겪지만 장애아동의 부모들은 더 많은 어려움을 겪을 것임은 자명하다.

특히 대인관계형성에 문제가 있는 아동, 전반적인 발달에 있어서 심한 지체를 나타내는 자폐아의 부모들은 다른 부모보다 더 많은 문제점을 갖게 된다(김미숙, 1998).

최근 들어, 부모들이 자신의 아이들이 산만하고 과잉행동을 하며 학습에 있어서 집중을 하지 못하는 문제로 상담을 의뢰하는 경우가 많은데 이러한 증상들은 소아정신과나 혹은 아동과 관련된 상담기관, 또는 교육시설에서 흔히 볼 수 있는 일이다.

특히 주의력결핍과잉행동장애(ADHD) 아동들은 행동상의 문제로 반사회적인 행동(Antisocial Behavior), 즉 공격성(Aggression)을 나타내는 것이 중요한 문제이다. 이러한 공격은 가족 내의 복합적인 문제인 부부관계의 불일치, 모친의 정신건강상태 문제, 부모의 심리적인 스트레스와 깊은 관련이 있으며, 아동과 형제관계를 부정적인 관계로 악화시키는 위험요인이 되기도 한다(Barkly, 1990).

1. 장애 가족의 스트레스

스트레스가 높은 생활 사건은 개인의 신체기능장애와 심리적 적응력에 영향을 미치는 것으로 나타나고 있다(이종복, 1995). 장애아동의 가정에 미치는 영향을 조사한 연구 결과에서도 부모, 형제, 자매들의 가족원은 장애 사실로 인해 어느 정도는 스트레스를 받으며 가정은 사회, 경제적 문제에 직면하게 된다고 하였다.

장애아동 가족이 겪는 스트레스는 대체적으로 상호작용으로서의 스트레스라고 할 수 있다. 많은 연구들이 장애아동을 가진 가족들이 병리학적인 결과를 가질 수 있는 수많은 어려움에 처해 있다는 것을 시사해 주고 있지만, 위험 상황에도 불구하고 만성적이고, 극단적인 스트레스들에 성공적으로 잘 적응하고 있는 장애아동 가족들도 있다.

장애아동이 가족에게 미치는 영향에 관한 연구를 수행한 Farber(1959)는 중증 지적장애의 출생이 가족의 생애주기(Life Cycle)를 마비시켜 특수학교의 어머니들이 받는 스트레스가 높다고 하였다.

Turnbull 등(1986)은 생활주기에 따른 장애아동 가족의 특성에 대하여 출산, 취학 전기, 학령기, 청소년기, 진출기(사회적 활동시기), 부모후기, 노년기 등에 걸쳐 시기별로 특정한 스트레스를 경험하게 된다고 하였다.

2. 장애 부모의 양육태도

가정에서 자녀를 양육하는데 있어서 성장발달에 따른 보편적인 양육태도 외에 가정의 환경과 부모가 자녀에게 기대하고 희망하는 바램에 따라서 자녀를 양육하는 태도가 다를 수 있다.

특히 장애아동을 둔 가정의 부모는 비장애자녀를 양육하는 부모와는 또 다른 유형의 양육태도를 가지고 자녀를 양육한다고 할 수 있다. 예를 든다면 정신적으로나 신체적으로 비장애아동과 비교적 차원에서의 기대감을 가지고 양육하는 태도, 사회성에 대한 기대감, 학습에 대한 기대감, 또래관계에 있어서 기대감, 가정생활에 있어서 가족이라는 관계형성에 대한 기대감 등의 다양한 욕구와 기대감을 가지고 자녀를 양육한다고 할 수 있다.

하지만 장애자녀에게서 나타나는 장애의 특징적인 문제들로 인하여 부모들의 양육태도에 많은 어려움을 겪게 되는데 자폐성 장애 아동의 사회성 결함은 그들의 가장 뚜렷한 양상 가운데 하나이며(변찬석, 1994), 이들이 보이는 사회성 결함은 애착결여, 주시행동회피, 정서표현 및 정서인지 결함 등을 주된 요인으로 지적되고 있다. 이러한 문제들로 인하여 자폐성장애 자녀들은 부모나 양육자와의 사회적 애착을 발달시키는데 어려움을 갖는다.

일반적으로 어머니들이 자녀를 양육하면서 스트레스를 받는데 자녀 발달에 따른 특수한 자녀행동이나 자녀 문제가 발생했을 때 양육스트레스를 경험하게 되고, 장애아의 경우 특수한 문제행동으로 인해서 혹은 장애아의 특정한 능력이 부족함을 인식할 때 어머니는 양육스트레스를 받을 것이다.

많은 부모들이 이상적인 부모상과 동일한 부모역할을 하려고 노력함으로써 양육스트레스가 더욱 증가되는데 장애아 부모들이 일반 아동의 부모보다 더 많은 스트레스를 경험하게 되는 것도 현실적인 문제와 이상적인 문제의 차이로 겪게 되는 일이라고 볼 수 있다.

아동의 적절하지 못한 정서인식 및 정서표현은 아동 자신의 문제를 야기시키고, 아동을 둘러싼 주요 양육자가 아동의 정서를 적절하게 이해하고 반응해주지 못하면 그로 인하여 아동문제를 지속시키게 된다.

아동에 대한 부정적인 정서 인식과 부모의 양육태도의 관련성에서, 아동의 부정적인 정서 인식이 부모의 거부적이고 모순적이며 불일치적인 행동에 가장 큰 영향을 미치며, 아동의 정서적 측면에 따라서 부모의 양육행동이 영향을 받아서 아동에게 각기 다른 정서 반응을 유도하게 된다(방성연, 1998)).

Belsky(1984)는 스트레스라는 상황적 요소가 양육의 주요 결정 요소이며 직·간접적으로 아동발달에 영향을 줄 수 있다고 하였다.

한편 양육자와 아동 간 갈등은 유아기부터 시작되어 학령기 및 청소년기로 이어지는데 어머니보다는 아버지가 갈등을 겪을 소지가 적지만 이러한 문제가 없는 아동의 아버지들에 비하면 아버지의 갈등도 확연히 차이가 나는 것으로 나타났다(이효신, 2000).

신체장애 아동의 부모 131명을 대상으로 한 부모의 양육태도 연구결과, 아동의 장애 종류와 정도에 따라 부모의 양육 태도가 다른 점을 발견하게 되었다.

즉, 맹(盲) 아동의 부모가 취하는 태도는 과보호적이고, 농(聾)아동의 경우는 과다하게 허용적이며, 지적장애 아동의 경우는 징계적이고, 뇌성마비 아동의 경우는 허용적이고, 또한 경증 장애를 가진 아동의 경우는 거부적이며 중증 장애를 가진 아동의 경우는 과보호적이라고 하였다(주현숙, 1996).

Marcus(1977)는 자폐아 부모가 걱정하는 영역은 언어, 이상행동, 대인관계이며 자폐아동의 대인관계부족은 부모에게 지속적인 어려움을 제공하게 되므로 가정에서 어머니가 양육과정에 가장 많은 어려움을 겪게 된다는 것이다.

발달장애아동의 아버지들은 일반아동의 아버지에 비해 아동양육에 관련된 행동이 더 적고, 아동의 장애가 심할수록 아버지보다는 어머니의 역할이 증가한다고 하였다.

이효신(1997)은 자폐아 출현에 따른 가족문제 연구를 통해 자폐유아의 양육관련 문제에서 자폐유아의 교육을 위하여 대부분의 어머니가 경제적 어려움을 감수하겠다는 의견이었지만 생활이 더욱 절망감에 휩싸이고, 좌절하게 됨을 무시할 수 없는 문제로 보았다. 지적장애아동을 가진 부모들은 정상또래와의 자유로운 접촉기회를 제한하기 때문에 적절한 사회적 기능을 학습할 기회가 적으며, 가정의 심리적 환경, 부모의 양육행동 뿐만 아니라 부모의 부부관계까지도 자녀의 행동 특성에 의해서 영향을 받으므로, 가정 전체의 심리적 환경과 구체적 문제가 개인에게로 향해지는 부모의 자녀 양육 행동은 서로 다를 수 있다(Frick, 1993).

정창곤(1991)은 장애아동에 대한 부모의 심리적 태도변화 과정에 대한 연구에서 장애 자녀를 두고 있는 부모의 태도와 심리상태는 바로 그 가정의 분위기를 좌우하여 장애아 자녀의 삶의 방향을 결정짓는 결정적인 요소로 작용하게 된다고 하였다. 곧 장애아 자녀의 양육태도는 부모의 심리적 상태에 따라 달라질 수 있는 것이라고 볼 수 있으며, 정신적·신체적 장애를 가지고 있는 자의 어머니라 할지라도 그 어머니는 자녀에 대한 최초의 교사이며, 영원한 교사로서 자녀의 초기 경험의 양적·질적 측면에서 자녀양육에 대한 중요한 역할을 담당하는 것이다.

장애아동에 대한 초기의 충격과 부정에 이어 나타나는 특징적인 부모들의 반응은 죄책감, 분노, 적대감, 우울, 비통, 낮은 자아존중감, 슬픔, 부끄러움 등이다. 하지만 이 단계를 성공적으로 극복하면서 부모는 아동의 상태에 대한 지적, 정서적 수용이 가능하게 되어 부모들은 아동에 대한 기대를 현실에 맞게 수정하게 되고 존재를 받아들이며, 바람직한 삶을 다시 시작하여 만성적인 정서적 혼란을 극복하게 된다.

따라서 장애아동을 둔 부모들의 양육태도는 장애 종류와 장애 정도에 따라서 다소 개별적 차이는 있을 수 있으나 시간의 흐름과 심리적 안정 등에 의해 결코 부정적인 것만이 아니라 비장애아동 부모들과 다를 바 없는 지극히 일반적인 양육태도도 가지고 있다고 할 수 있다.

제 4 절
장애자녀와 형제관계

인간이 태어나서 최초로 맺는 사회적 관계는 가족집단 내에서 이루어지며, 가족집단 내에는 다양한 체계들의 관계로 이루어지고 있다. 부부체계, 부모-자녀체계, 형제관계들의 체계가 있다. 이 중 형제관계는 아동끼리 이루어지는 관계로 아동과 성인(부모)이 주고받는 영향과는 다른 영향을 주고받는 관계이다(전인해, 1999).

형제관계는 사회화의 주된 기능을 제공하는 동등한 독립의 연합관계로 볼 필요가 있다. 형제에 대해 갖는 지각, 태도, 믿음, 감정들뿐만 아니라 이들 간에 형성되는 상호작용행위, 언어적, 비언어적 의사소통으로 형제관계를 정의할 수 있다. 즉 형제관계는 행위적, 인지적, 애정적 구성요소가 모두 포함 되어 있는 것으로 오랫동안 존속되는 관계라고 하였다. 또한 형제관계는 부모-자녀관계에 비하여 더욱 부정적 영향을 받기 쉬우며 어떠한 경우에 있어서는 부모보다 더욱 강하게 영향을 받는다.

장애아동의 형제들은 어릴 때부터 평생에 걸쳐 장애아동과 지속적이고 밀접한 관계를 맺게 되고 그들만의 독특한 요구를 지니고 있다(국립특수교육원, 2000). 선행 연구에서 볼 때에 장애아동과 형제간에 긍정적, 부정적 영향 모두가 발견되고 있는데 먼저 긍정적인 측면에서 볼 때에 나이가 많은 형제가 의료, 처치 등 장애아동을 돕는 것이 보통이다(Taylor, 1980). 또한 장애아동의 형제들은 개인차에 대해 보다 큰 공감을 하고 이해를 하며, 인내심을 발달시킨다.

한편, 장애아동의 형제들에게 나타날 수 있는 부정적 특성은, 장애아동의 형제들은 공격적 행동이나 위축적 행동, 장애아동에 대한 거부 및 이들에 대한 비현실적 책임감을 보이며(Alper, Schloss & Schloss, 1994), 열등감과 죄의식을 느끼고, 장애아동에게 주어지는 관심에 질투를 하며, 장애아동과 자신을 과잉 동일시하여 자신도 장애를 지녔다고 생각하거나 장애를 지니게 될 것으로 염려하는 경우가 있고, 가정에서의 불공평한 대우 및 미래에 대한 계획 시 장애아동으로 인해 자유롭지 못한 것에 대해 분노하게 된다. 또한 장애아동의 형제들은 일찍부터 성인역할 즉, 대리 보호자 역할을 해야 하거나 그렇게 해야 한다고 느끼며(Bowe, 1995), 부모가 보상심리에 의해 이들에게 과도한 기대를 하기 때문에 겪는 성취에 대한 압박을 매우 크게 느끼는 등 또래에 비해 어려움의 요소가 많다.

박민경(1996)이 조사한 연구를 종합해 보면, 장애아동을 둔 일반형제들이 가장 흔하게 느끼기 쉬운 사회적, 심리적 갈등을 몇 가지로 나타나고 있다. 우선 자기 비하심을 가지기 쉽다는 것이다. 장애아동의 문제를 자신과 연관시켜 생각해서 자신을 열등한 존재로 볼 수 있다는 것이다. 두 번째로, 장애 형제가 있다는 사실이 친구들에게 알려질까봐 부끄러움이나 수치심을 가지기 쉽다는 것이다. 세 번째로, 일반형제 자신이 장애 아동을 미워하거나 싫어하는 감정을 가지는 것에 대해 죄책감을 가질 수 있고, 네 번째로, 부모가 장애아동에 대한 기대가 사라짐에 따라 일반형제에 대해 지나친 기대를 하게 됨으로써 이에 따르는 심리적인 압박감이나 부담감을 느낀다는 것이다. 다섯 번째, 장애아동에 대해 분노를 느끼기 쉽고, 마지막으로는 장애아동의 장래가 어떻게 될까하는 두려움과 걱정에 대해 제일 고민하는 것으로 나타났다.

자폐장애인 가족의 실태와 의식구조에 대한 한국과 일본의 비교 연구를 살펴보면 한국의 경우, 형제 문제는 자폐아 형제관계의 부조화가 많고, 그 중에는 자폐아형제를 공포의 대상으로까지 생각한다고 응답한 형제가 전체 응답자 46명 중 10명으로 나타난 반면에 일본 형제의 경우 자폐아동이 공포의 대상으로까지 생각한다고 응답한 사람은 전체 응답자 39명 중 한 사람도 없는 것으로 나타났다(서화자, 1999).

그리고 주의력결핍과잉행동장애 아동이 있는 가정은 일반적으로 가족구성원간 부정적인 상호작용을 경험하고 부모통제 경향이 짙으며 형제간에도 갈등이 심하다(이효신, 2000).

일반적으로 나이가 많은 일반형제들은 장애 형제에 대한 많은 부양 부담에 따른 책임감과 역할 긴장이 높으며, 장애아동과 상호 작용하는데 있어서의 두려움과 걱정, 자신이 건강하다는 것에 대한 죄책감, 미래에 장애아동을 낳지 않을까 하는 것에 대해 불안감을 가지고, 지적장애 아동의 감정에 대해 그리고 자신의 분노가 장애인에 대해 역할을 소홀히 하는 것에 대해서 분노하는 것을 언급하고 있다(이영호, 2000).

서화자(1999)는 자폐성장애아동의 생활에서 발생하는 주요 사건을 다음과 같이 기술하고 있다. 즉 가족은 자폐성장애아의 다채로운 장애에 강한 영향을 받고 그 장애는 개인으로서의 양친(부모)의 결혼생활, 친자관계, 형제관계라고 하는 문제에 영향을 주고 있다.

또 다른 연구에서 자폐아 형제들은 유아기나 소년기로부터 스트레스와 압박감을 자주 느끼고 있고, 사회적 성숙도가 높다고 하였다(서화자, 1999). 주의력 결핍 과잉행동장애아동은 다른 형제들에게 행동상의 공격성, 갈등, 우울감, 문제행동과 같은 부정적인 영향을 주게 되므로 가족 개입할 때 형제관계는 반드시 고려되어져야 할 문제이다.

돋보이려 깎아내다

되려 나만 깎였네

제 12 장

기타장애

Social Welfare for the Disabled

뚱뚱한 사람은 생산성이 높다?

저자는 보통의 건강한 사람과는 다른 체중을 가지고 있다. 한 마디로 뚱뚱한 편이라는 뜻이다. 그러면서도 저자는 음식을 많이 먹지 않는다. 물론 가끔가다 입에 당기는 음식이 있으면 호흡하는 시간이 아까워 숨을 고르면서도 먹는다. 그러나 그리 흔한 일이 아니다.

운동을 게을리 하는 편도 아니다. 일주일에 서너 번 땀을 등판에 줄줄 흐르게 하니 운동부족이라고 까지는 말할 수 없다. 그럼에도 불구하고 저자는 비만체중임을 의사로부터 선언 받는다.

반면에 내가 아는 사람은 먹는 것이나 운동하는 것이나 나와 별반 차이가 없다. 나와 함께 식사를 할 때 살펴보면, 젓가락이 왔다갔다하는 속도가 느림보인 나보다 훨씬 빠르다. 그런데도 그는 언제나 나와 차이 없는 키에 몸무게는 5Kg이상 차이가 난다.

그는 나에게 뚱뚱하다고 놀려댄다. 때로는 배둘레햄이라고 하다가 조금 심할 때면 배 나온 올챙이라고 농담섞인 어조로 말하기도 한다. 그럴때면 저자는 언제나 생산성을 말한다(물론 나도 심할 경우 말라깽이라고 응수하기도 한다).

무릇 생산성이란 투입과 산출로 설명되는데 투입이 동일하게 이루어졌다면 살찐 사람이 효과를 더 많이 보았으니 내가 더 생산성이 높은 사람이 아니냐는 주장이다.

저자가 여기에서 뚱뚱한 것에 대한 이야기를 하는 것은 비만도 병이라는 점과 그 정도가 심하면 장애라는 것이다. 비만장애가 그것이다. 그렇듯 요즈음 많은 장애 유형이 새로이 생겨났다. 적응장애도 그러하고, 게임중독도 그러하다.

물론 이와 같은 문제들은 하나의 현상일 수도 있겠으나 장애인복지를 공부하면서 사회적 병리에 대하여 한 번쯤은 생각할 필요가 있다는 것이다.

제 1 절
인격장애

인격장애는 사회생활에서 장기간 부적응 패턴을 보이는 것을 의미하는데, 청소년기나 청년기부터 발생한다. 이 장애는 인지, 애착, 상호작용, 충동통제 등에서 문제를 보인다.

이 장애는 대부분 여러 가지 개인적, 사회적 상황에서 유연하지 못한 패턴을 보이는 것이 보통이다. 이로 인하여 갈등이나 손상을 야기한다. 따라서 인격장애는 여러 가지 행동패턴을 보면 알 수 있다. 이 때 개개인이 보이는 심리적 갈등 표출방법은 사람에 따라 다르지만, 인격장애인은 매일같이 문제를 나타내며, 타인과의 상호작용에서 언제나 문제를 보이다. 이 문제가 개인에 따라 과잉의존, 친밀감 상실에 대한 두려움, 불안, 타인을 이용하려는 행동, 통제 불가능한 분노 등과 같이 다양한 양상을 보이지만, 그 양상으로부터 만족감을 얻는 것이 아니라 이들은 언제나 불행하고, 부적응적 모습을 보이다.

이들은 집단에 소속되어 있기는 하나 그 집단에서 따돌림을 받는 인간관계를 유지하게 되어 관계형성상 문제를 더욱 악화시킨다. 인격장애는 개인에 관련한 문제이기 때문에 심리장애 중에서도 가장 처방받아야 할 장애이다.

1. 인격장애의 의의

어떤 사람이 인격장애에 해당하는지 여부를 판단하기 위해서는 먼저 그 사람의 생활력(生活歷)을 살펴본다. 문제가 장기간에 걸친 문제인지 또는 전반적인 것인지, 아니면 특정 사건이나 특정 관계형성에서만 문제가 있는 것인지를 먼저 살펴보는 것이다.

만일 이 문제가 감정이나 행동 성격상 장기간 계속된 문제라면 이 사람은 인격장애에 해당할 것이다. 예를 들어, 같이 근무하는 사람이 자신을 좋아할지 여부에 대하여 걱정을 하고 있는 민감한 여성이 있다고 하자. 그녀는 자기가 밖에 있을 때, 같이 일하는 사람이 자신에 대하여 험담을 하지 않을까 걱정을 하고 있다고 생각하고 있다.

이와 같은 현상이 일시적인 것이라면 그녀는 인격장애에 해당하지 않지만, 반대로 타인이 자신에 대하여 험담하고 조롱하며 자신을 해치고 자신의 성공을 가로막을 것이라는 생각을 장기간하고 있을 경우에 이는 심각한 부적응 패턴으로서 인격장애의 징조로 볼 수 있는 것이다.

인격장애 중 어느 유형에 속하는지에 관련한 진단은 매우 어렵다. 왜냐하면, 여러 가지 인격장애가 유사한 특징을 지니고 있기 때문이다. 진단도구 DSM-Ⅳ-TR은 장기간의 실증연구를 통하여 진단변인을 정한 것이기는 하나, 진단 신뢰성과 타당성 면에서 아직도 미진한 점이 많이 있다.

인격장애의 출현율에 관해서도 특정 변인을 정하고 측정하는 과정 때문에 매우 다양하게 나타나고 있다. 예를 들어, DSM-Ⅳ에서는 부적절한 분노나, 통제하기 힘든 분노를 인격장애 진단 변인으로 정하고 있다. 이와 같은 진단변인 규정은 독자도 예상할 수 있는 바와 같이 치료사가 매우 자의적으로 해석할 수 있는 여지를 남겨두고 있다. 어떤 치료사는 문제 있는 분노로 볼 수도 있을 것이고 어떤 치료사는 문제없는 분노로 볼 수 있을 것이다.

2. 인격장애 유형

인격장애 진단상 중요한 사실은 사람이라면 누구나 인격장애 진단 증상을 지니고 있다는 사실이다. 또한 사람은 인생을 살아가면서 변화된 사회적 상황에 따라 성격이 변화된다는 사실이다.

DSM-Ⅳ에서는 인격장애를 3가지 하위 그룹으로 분리하여 진단한다. 하위유형(Cluster) A는 행동이 이상하고 흥분된 행동특성을 보이는 유형으로서 편집성(Paranoid) 인격장애, 분열성(Schizoid) 인격장애, 정신분열형(Schizotypal) 인격장애 등이 해당한다.

하위유형(Cluster) B는 행동이 불안과 공포 행동 특성을 보이는 유형으로서 반사회적(Antisocial) 인격장애, 경계성(Borderline) 인격장애, 히스테리성(Histrionic) 인격장애, 자기애성(Narcissistic) 인격장애 등이 이에 해당한다. 이들 집단은 감정이 불안정하여 변덕이 심하고 연극적이며 정서적으로 예측할 수 없는 모습을 보인다.

하위유형(Cluster) C는 회피적이며, 의존적이고, 강박 충동적인 인격장애를 보이는 유형으로서 모든 일에 지나치게 불안하고 걱정하고 두려워하는 성향을 보이는 유형이다. 여기에는 회피성(Avoidant) 인격장애, 의존성(Dependent) 인격장애, 강박성(Obsessive-Compulsive) 인격장애 등이 해당한다.

〈표 12-1〉은 인격장애의 유형을 정리한 것이다.

〈표 12-1〉 인격장애의 하위유형

하위유형	기본특성	유 형
하위유형 (Cluster) A	행동이 이상하고 흥분된 행동특성을 보이는 유형	– 편집성(Paranoid) 인격장애 – 분열성(Schizoid) 인격장애 – 정신분열형(Schizotypal) 인격장애
하위유형 (Cluster) B	행동이 불안과 공포 행동 특성을 보이는 유형으로 감정이 불안정하여 변덕이 심하고 연극적이며 정서적으로 예측할 수 없는 모습을 보인다.	– 반사회적(Antisocial) 인격장애 – 경계성(Borderline) 인격장애 – 히스테리성(Histrionic) 인격장애 – 자기애성(Narcissistic) 인격장애
하위유형 (Cluster) C	회피적이며, 의존적이고, 강박 충동적인 인격장애를 보이는 유형으로 모든 일에 지나치게 불안하고 걱정하고 두려워하는 성향을 보이는 유형이다.	– 회피성(Avoidant) 인격장애 – 의존성(Dependent) 인격장애 – 강박성(Obsessive-Compulsive) 인격장애

제 2 절
주의력결핍과잉행동장애

1. 주의력결핍과잉행동장애의 의의

　주의력결핍과잉행동장애(ADHD)[44]는 아동이 일반아동보다 심하게 주의력이 떨어지고, 행동을 하는데 있어서 충동적으로 행동하거나 과잉행동을 보이는 경우를 말하는데(송연주, 2014), 이와 같은 아동은 이로 인하여 학습에도 문제를 보이기도 한다.

〈표 12-2〉 주의력결핍과잉행동장애

주의력결핍과잉행동장애의 진단기준
* 아래 주의력결핍과 과잉행동-충동성 가운데 한 가지 이상이 만족되어야 한다.
주의력결핍 * 다음 중 6개 또는 그 이상의 증상이 나타나며, 최소 6개월간이 증상이 발달 수준에 맞지 않는 정도로 지속되어야 한다. -정밀한 일에 세심한 주의를 기울이지 못하거나, 학업, 직업이나 다른 활동을 할 때 조심성이 없어서 실수를 잘함 -계속하여 과제나 놀이에 집중하기 어려움 -다른 사람이 말하는 것을 직접 귀 기울여 듣지 않는 것 같음 -지시대로 따라 하지 못하며 빈번하게 학업, 간단한 일이나 과제를 끝내지 못함(이것이 적대적 행동에 의한 것이거나 지시를 이해하지 못해서 발생하는 것이 아니다) -조직적으로 작업 및 활동을 하기 어려움 -지속적인 정신력을 요하는 작업(학업이나 숙제 같은)을 피하거나, 싫어하거나, 거부함

---

44) Attention Deficit Hyperactivity Disorder

-작업이나 활동에 필요한 물건을 자주 잃어버림
 (예: 장난감, 숙제, 연필, 책 또는 도구)
-외부자극으로 생각이 쉽게 흩어짐
-일상적인 활동을 자주 잊어버림

과잉행동-충동성

* 다음 중 6개 또는 그 이상의 주의력결핍 증상이 나타나며, 최소 6개월간이 증상이
  발달 수준에 맞지 않는 정도로 지속되어야 한다.
* 다음 중 6개 또는 그 이상의 과잉행동, 충동성 증상이 나타나며 최소 6개월간 발달
  수준에 맞지 않는 정도로 지속되어야 한다.

과잉행동

-손이나 발을 움직거리거나 몸을 뒤트는 등 가만히 앉아 있지 못함
-가만히 앉아 있어야 하는 교실이나, 다른 장소에서 차분하게 앉아있지 못함
-부적절하게 어떤 장소에서 지나치게 뛰어다니거나 기어오름
 (청소년이나 성인은 안절부절 못한다는 느낌만으로 나타난다)
-평온하게 놀이나 여가활동을 즐기지 못함.
-계속하여 쉴 새 없이 움직임(마치 발동기계가 달린 듯이)
-말을 지나치게 자주 많이 함

충동성

-질문이 끝나기도 전에 불쑥 대답함
-차례를 기다리지 못함
-지주 다른 사람이 하는 말을 방해하거나 간섭함
 (예: 대화를 하거나 게임에 불쑥 끼어들어 참견한다)
* 과잉행동-충동적 증상이나 부주의증상으로 인한 장애가 7세 이전부터 나타나야 한다.
* 이런 증상으로 인한 장애가 두 가지 또는 그 이상의 환경(학교, 직장, 집)에서 나
  타난다.
* 임상적으로 사회, 학업 또는 직업 기능에서 심각한 장애가 있다는 근거가 확실하다.
* 증상이 주로 전반적 발달장애, 정신분열 또는 기타 정신질환 과정에서 발생되는 것
  이 아니며, 다른 정신질환에 의한 것이 아니다(예:기분장애, 불안장애, 해리장애[45],
  또는 인격장애).

부주의와 과잉행동

-충동성 중 어느 증상이 더 많은가에 따라 주 부주의형과 주 과잉행동-충동성형, 그
 리고 둘 다 비슷한 정도의 경우 혼합형으로 구분한다.

따라서 우리나라에서는 근래 광역자치단체별로 다르지만 과잉행동이나 부주의 문제를 조기에 해결하여 주고자 국가적인 사업으로 지원을 하고 있기도 하다. DSM-Ⅳ-TR에 의한 주의력결핍과잉행동장애의 진단기준은 <표 12-2> 와 같다.

주의력결핍과잉행동장애 아동은 보이는 증상이 일반적으로 일반 아동이 보일 수 있는 범위의 수준을 훨씬 넘게 보인다. 그리고 주의력결핍과잉행동장애의 진단을 위해서는 하나의 세팅(Setting)으로는 진단하기 어렵기 때문에, 두개 이상의 세팅에서 살펴보아야 한다[46].

왜냐하면 주의력결핍과잉행동장애 아동이라도 환경이 변화할 경우 경우에 따라 주의력결핍과잉행동장애를 보이기도 하고 보이지 않기도 하기 때문이다. 즉, 주의력결핍과잉행동장애 아동의 경우 처음 맞는 세팅에서는 탐색하는 기간에 조용하고 차분한 모습을 보이기도 하여 증상이 없는 것처럼 보이나 어느 정도 탐색기를 거치고 나면 여지없이 주의력결핍과잉행동장애를 보인다.

주의력결핍과잉행동장애 장애는 세 가지 타입으로 구분하는데, 첫 번째 하위 타입은 부주의타입이고 두 번째 하위 타입은 과잉행동 충동타입, 마지막 타입은 복합타입[47]이다.

주의력결핍과잉행동장애는 아동에게서 흔히 발생하는 정신적인 문제이다. 이를 어른들은 흔히 버릇이 없다거나 부모로부터 잘못 배웠기 때문으로 치부하기도 하는데 실제로 주의력결핍과잉행동장애 아동을 보면 그 정도가 심하여 부모나 또래를 괴롭히며 자기 자신의 학습에도 중대한 영향을 미친다.

2. 전개양상

주의력결핍과잉행동장애는 부주의, 과잉행동, 충동성이란 세 가지 특성을 보이

---

45) 해리장애는 일관된 자기로부터 분리되거나 분열된 상태를 말함.
　　자기 자신과 전혀 다른 생각이나 의식 또는 행동방식을 드러내는 사람으로 행세하는 경우
46) 7세 이전의 아동의 경우는 특히 그러하다.
47) 부주의와 과잉행동/충동이 같이 있는 타입

는데 같은 주의력결핍과잉행동장애이라 할지라도 타입에 따라 처방이 다르므로 부모나 교사는 이들 특성에 대하여 면밀히 살펴보아야 한다.

다른 정서행동장애도 마찬가지지만, 주의력결핍과잉행동장애 역시 생물학적 변화에 의한 진단보다는 밖으로 드러난 행동에 의하여 진단하는 경우가 많다.

그나마 주의력결핍과잉행동장애가 외부행동에 의한 진단 정도가 약한 편이다[48]. 따라서 이들 아동을 진단하고 사정하는 데는 아동을 둘러싼 환경과 아동에 대한 세밀한 관찰이 필요하다.

주의력결핍과잉행동장애의 원인은 아직까지 분명하게 밝혀지고 있지 않다. 그러나 산모의 임신 중 음주, 흡연은 주의력결핍과잉행동장애 특히 부주의와 관련이 있는 것으로 나타나고 있다.

또 출생전후 문제도 주의력결핍과잉행동장애와 관련이 있다. 예를 들어 태어날 때 산소결핍증, 뇌출혈 등이 있을 경우 그 발생율이 높다.

주의력결핍과잉행동장애의 원인이 무엇이든 간에 결론적으로 보면 자기규제(Self Regulation)[49]에 대한 반응이 결핍된 것이거나 자기 자신의 행동을 억제하는 능력이 결핍된 것이다.

〈표 12-3〉 주의력결핍과잉행동장애 전개양상

원 인	내 용
유아기	주의력결핍과잉행동장애 가능성이 있는 유아는 잘못된 섭식 수면패턴, 성냄, 정규적인 것에 대한 저항, 심한 무드기복, 예측불허 등을 보인다.
취학 전	통제가 어렵고 잘못된 행동을 보인다. 공격적인 경향, 화난 행동 등을 보인다.
학령기	과제완수, 조직화, 집중, 기억, 계획, 사회원칙 등에서 문제가 만성적으로 나타난다. 이들 아동 중 절반 정도는 반항과 적대적인 상태가 된다.
청소년기	또래들보다 학습문제와 반사회적 행동, 낮은 자존감 등을 보인다.
성인기	30~50%가 성인기에도 증상을 계속해서 보인다. 특히 부주의에서 나타난다.

---

48) 정서행동장애의 경우 생물학적으로 이상을 발견하기 힘들다.
49) Self Control의 의미

주의력결핍과잉행동장애 아동의 예후는 물론 정확한 예측이 어렵지만 다섯 단계로 구분한다. 이는 1) 유아기, 2) 취학 전 단계, 3) 아동단계, 4) 청소년기, 5) 성인기이다. 이를 요약하면 〈표 12-3〉과 같다.

그러나 예후를 좋게 하기 위해서는 조기에 중재하며, 약물치료 등을 병행하면서 교육적 중재를 하여야 한다. 이에 대해서 살펴보면 다음과 같다.

유아기(0～2세) 주의력결핍과잉행동장애에 대한 정보는 거의 없다. 그 이유는 아마도 부모나 의사 모두 이 시기 주의력결핍과잉행동장애 아동을 볼 때 장애아동으로 보지 않고 단순히 기질(Temperament)이 그러하여 양육하기 힘든 모습을 보인다고 생각하거나 설명하기 때문일 것이다[50].

이 시기 주의력결핍과잉행동장애 가능성이 있는 유아는 잘못된 섭식, 수면패턴, 짜증, 정규적인 것에 대한 저항, 심한 감정기복, 예측불허행동 등을 보인다.

취학 전 아동기(3～5세)에 주의력결핍과잉행동장애 아동은 장애 증상을 많이 보여 준다[51]. 대부분의 이 시기 증상은 과잉행동과 충동성이다. 특히 이 시기 아동은 무엇이든 입에 넣기 시작하는데 이에 대한 통제가 어렵고 잘못된 행동패턴을 보인다. 또한, 또래보다 더 자주 자리를 이탈하고 과다하게 말을 하며 타인의 행동을 방해한다.

취학 전 주의력결핍과잉행동장애 아동은 일반 아동보다 더 공격적인 경향을 보인다. 이때부터 적대적 반항 장애나 품행장애 증상 즉, 말싸움, 날카롭고 단순한 기질, 적대감, 언어적·신체적 공격, 부정적인 애착 등이 나타나기 시작한다.

취학 전 주의력결핍과잉행동장애 아동은 아동을 둘러싼 사건에 대하여 보다 큰 감정적 반응을 보인다. 예를 들면 자기를 귀찮게 하는 것에 대하여 일반아동보다 화를 더 내고 더 오랫동안 화가 풀리지 않은 채 있는 경향이 있다. 그래서 보통은 버릇없는 아이로 보이기도 한다.

취학 전 주의력결핍과잉행동장애 아동은 강한 부모-아동 간 갈등을 보인다. 이들 갈등은 주로 부모지시에 대한 만성적인 무관심 때문에 일어난다. 아동이 부

---

50) 보통 유아의 경우 힘든 기질의 아이, 수선을 떠는 아이정도로 생각한다.
51) 그러나 이 증상으로 주의력결핍 과잉행동이란 인지는 어렵다.

모가 지시하는 것을 무시하게 되면 부모는 이 문제를 명령불복종으로 해석하고, 아동은 지시를 무시하여 부모와 아동 간 갈등이 유지되고 발전하게 된다.

그러나 아직까지 취학 전 주의력결핍과잉행동장애 아동 사정은 용이하지 못하다. 왜냐하면 아직 구조화된 학습과정이나 정해진 틀에 의한 사회생활을 경험하지 못하기 때문이다.

학령기 중(6~12세) 주의력결핍과잉행동장애 증상은 학교에 다니면서 사회적 요구가 발생하여 명백히 드러나는데, 이는 아동에게 적절한 행동을 하도록 하는 기대 정도가 점차 증가하기 때문이다. 그리고 실패기회가 점점 더 많아진다.

이 시기 문제는 과제완수[52], 조직화[53], 집중, 기억, 계획, 사회원칙 등에서 만성적으로 나타난다. 이들 아동 중 절반정도는 반항과 적대적인 상태가 된다. 또 자기규제(Self Regulation) 결핍을 보여 결국 자기신변처리, 집안일 등을 하지 못하게 되고, 사회기술과 시간 지키기 등을 하지 못하게 된다.

청소년기(13세 이후)가 되면 부주의 과잉행동, 충동성은 많이 줄어든다. 그러나 증상의 정도는 일반인보다 훨씬 더 심각한 정도이다. 또 주의력결핍과잉행동장애 청소년은 또래들보다 학습문제와 반사회적 행동, 낮은 자존감 등을 보인다.

청소년기 주의력결핍과잉행동장애 주요 척도는 적대적 행동 정도, 품행장애 정도, 낮은 사회기술정도, 부모-아동 간 갈등 정도, 가족 역기능 정도, 짧은 치료기간 정도 그리고 부모의 우울정도 등이다.

성인기(20세 이후)의 주의력결핍과잉행동장애에 관련한 자료는 매우 적다. 그러나 이들 중 30~50%가 성인기에도 증상을 계속해서 보인다[54].

또 아동기에 주의력결핍과잉행동장애를 경험한 성인은 성인기에 약물남용이나 반사회적 범법행위를 할 수 있다. 주의력결핍과잉행동장애를 겪고 있는 성인은 보통 교육을 받지 못하였으며, 낮은 자존감, 낮은 사회기술, 자살시도 등을 한다.

그러나 주의력결핍과잉행동장애 모두가 반드시 성인기에 문제를 일으키는 것

---

52) 수업 중 아동에게 제공된 과제를 제대로 수행하지 못한다.
53) 아동능력에 맞는 체계적인 문제 해결력 부족, 주로, 상황을 제대로 파악하지 못한다.
54) 이는 특히 부주의에 대해서 나타난다.

은 아니다. 가족지원과 같은 다른 요인 등이 주의력결핍과잉행동장애의 장기적인 긍정적 효과를 증진시킬 수 있다.

3. 처방

주의력결핍과잉행동장애 아동의 처방은 의학처방과 행동수정을 통한 접근법을 사용한다. 이미 앞서 언급한 바와 같이 주의력결핍과잉행동장애 아동은 생물학적으로 자각되어 있지 못하며 행동절제 등에 결함을 보인다. 그래서 자극제 약물을 사용하면 이들 아동의 치료에 도움이 된다.

자극제[55]는 메칠페니데이트 또는 리탈린인데 아동에게 극적인 행동변화를 보인다. 이 자극제는 특히 과잉행동과 충동성에 관련한 증상에 좋다.

리탈린은 하루에 두세 번 투여한다. 이는 아침, 점심, 때로는 오후 늦게도 투여한다. 약물의 양은 다양한데, 대부분의 아동은 5밀리그램부터 시작한다. 약물의 양은 필요에 따라 수일 또는 수주 후에 조금씩 증가시키는데, 일반적으로 하루에 60밀리그램을 초과하지 않는다.

다른 신경자극제도 이들에게 투약할 수 있는데, 이들에는 덱시드린, 페몰린 등이 있다.

이들 약물은 주의력결핍과잉행동장애 아동의 3/4이 어느 정도 효과를 본다. 틱 장애가 있는 주의력결핍과잉행동장애 아동의 경우 또는 자극제 약물에 반응하지 않은 아동의 경우는 삼환계 항우울제를 사용한다.

자극제의 경우 부작용은 식욕부진, 체중감소, 불면증, 근심, 조바심, 울기, 틱, 그리고 장기간 성장 억제 등이 있을 수 있다.

부모가 잘못된 행동이나 낮은 학업성적에 대하여 구조적이고, 피드백을 하며, 지속적이고 적당한 훈육을 하면, 하지 않은 아동보다 통제가 잘된다. 따라서 주의력결핍과잉행동장애 아동 처방계획은 폭넓은 양육교육과 치료가 반드시 필요하다.

---

55) 일종의 흥분제

제 3 절

섭식장애

섭식장애에는 이식증, 반추장애, 그리고 요즘 유행하고 있는 다이어트로 인한 신경성 거식이 있다. 〈표 12-4〉는 이를 요약한 것이다. 여기에서는 이식증과 신경성 거식에 관하여 설명하기로 한다.

〈표 12-4〉 섭식장애

유 형	특 징
이식증	먹을 수 있는 음식물이 아니라, 먹어서는 안되는 음식을 먹는 증상
반추장애	한번 먹은 음식을 다시 토하여 씹어 먹는 증상
신경성거식	폭식증과 거식증으로 구분되며 보통 거식을 하다가 다시 폭식을 하는 경향을 보임

1. 이식증

1) 의의

아동이 이물질을 먹는 것은 생후 15개월 정도 이전에는 흔히 볼 수 있는 모습이다. 어떤 경우에는 임신한 산모가 입덧으로 이물질을 먹고 싶은 의욕을 보이기도 한다고 한다. 그런데 아동이 2~3세가 되어도 이물질을 먹고자 한다면 이는 문제가 될 수 있다.

아주 어린 아동이 15개월 이전에 여러 가지 물질을 입에 대는 것은 먹는다는 것보다는 탐색을 위한 것으로 프로이드가 말하는 구강기에 해당한 자연스러운 것으로 볼 수 있으나, 먹을 것과 먹지 못하는 것을 구별할 수 있는 2~3세에 이르러서는 이제는 그 분별력이 생겨야 함에도 불구하고 그렇지 못하여 이물질을 먹는다면 이는 실로 문제가 될 수 있는 것이다(김미경, 최기창, 2006).

이를 진단용어로 이식증(Pica)이라고 하는데 부모가 명심하여야 할 것은 이 이식증을 제대로 처방하지 않을 경우 그 이물질이 장내에 들어가서 발생할 수 있는 여러 가지 문제(장의 이상 등)들이 발생할 수 있다는 점이다.

2) 원인

이식증에 대한 원인은 분명하게 밝혀진 것은 없으나, 원인으로 볼 수 있는 것은 욕구불만에서 발생한다고 본다. 그럼 아동이 무슨 욕구불만을 가졌다는 것인가? 어린 유아의 경우 욕구불만은 두 가지에서 찾을 수 있다. 하나는 그 원인은 포만감이 없기 때문인데 이는 젖이 부족하거나 수유량이 적어서 무엇인가를 더 먹고 싶은 욕구가 이물질을 먹게 하였다는 것이다.

또 하나는 아동을 돌보는 양육자에 대한 욕구불만에서 원인을 찾을 수 있는데, 부모의 양육상 아동의 욕구를 충분히 만족시키지 못하여 아동이 그 욕구의 해소책으로 이물질을 먹는다는 것이다.

3) 치료

처방에 대하여 설명하기 전에 이물질을 먹는 아동의 부모에게 전달할 중요한 경고는 아동의 이물질 먹는 행동이 심각한 수준에 있다면 지체없이 전문의사에게 상담하라는 것이다. 여기서는 이물질을 먹는 행동의 정도가 가벼운 경우의 처방법만을 설명하고 있기 때문이다.

그렇다면 이처럼 이물질을 먹는 아동에 대한 처방은 어떤 방법이 좋을까? 먼저 중요한 것은 부모가 아동의 이물질 먹는 것에 대하여 면밀한 관찰이 필요하다. 아동이 잘 먹는 이물질의 목록을 작성하고 이들 목록의 내용물을 아동 가까이에 두지 않도록 하는 것이다. 앞에서 언급한 바와 같이 아동이 이물질을 먹어 제대로 소화할 수 있다면 문제가 심각하지 않겠지만 이물질을 먹어 다른 심각한 문제가 발생한다면 이는 걷잡을 수 없는 국면으로 가기 때문이다. 따라서 부모는 아동이 이물질을 먹는 문제를 가볍게 보지 말고 심각한 문제로 인식하여야 하며, 만일 이물질을 먹었을 경우 이에 대한 대처 시나리오도 미리 구상하여 둘 필요가 있다.

그리고 다른 양육자에게 아동을 맡길 경우 이물질을 먹는 것에 대한 충분한 정보를 제공하고 이물질을 먹었을 경우 그 대처방법에 대해서도 알려주고 맡길 필요가 있다.

아동의 이물질 먹는 행동이 만일 위에서 언급한 포만감 부족에 원인이 있다고 판단될 경우에는 충분한 양의 영양을 공급하고 먹을 수 있는 음식을 충분히 공급한다. 만일 아동이 음식을 충분히 먹음에도 불구하고 이물질을 먹는다면, 부모는 그 원인을 애정결핍 관심부족 등을 의심할 필요가 있다.

따라서 부모와 아동과의 관계가 보다 긍정적으로 형성되도록 하는 것이 중요하다. 또한 아동에게 부모가 좋아하고 싫어하는 것을 분명하게 보여줄 필요가 있다. 즉 아동이 행동을 하는 데 있어 '이런 행동을 하면 부모가 좋아할 것인지, 아니면 싫어할 것인지를 분명히 판단할 수 있도록 하여준다는 것이다' 이 방법은 강화와 벌을 가지고 교육할 수가 있겠는데, 강화는 아동이 바람직한 행동을 하였을 경우 정말 즐겁고 기쁜 마음으로 강화(칭찬, 보상 등)를 해주고, 이물질을 먹고 있거나 먹었을 경우에는 정말로 싫은 표정으로 벌을 주는 방법이다. 이때 벌은 발생 이후 즉시 단호하게, 그리고 일관성 있게 제공하여야 한다.

이와 같이 강화와 벌을 사용하면 아동은 부모가 자신이 먹을 것을 선택하여 먹으면 칭찬을 받고, 먹지 못할 물건을 먹으면 벌이라는 고통을 겪게 될 것이라는 것을 알게 되어 이물질 먹는 행동이 줄어들게 될 것이다.

2. 신경성 거식

1) 의의

다이어트를 하는 사람은 신체체중이나 신체외모를 유지하기 위하여 특정 음식을 과도하게 피하고 칼로리 섭취를 줄여, 건강에 해로운 행위를 하는 것이다.

　연구에 의하면, 다이어트를 한 십대소녀 21%가 1년 후에 신경성 거식이 되었다는 보고도 있다. 그러나 다이어트를 하지 않은 10대 소녀는 불과 3%만이 신경성 거식이 되었다. 또 다이어트를 할 경우 신진대사율이 낮아져서 체중감소가 더욱 어렵게 되어 결과적으로 더 심하게 다이어트를 하게 되고 더 폭식을 할 가능성이 높아진다.

　신경성 거식에서는 체중이 평균 이하임에도 불구하고 자기판단으로 살이 찐다고 걱정한다(박찬섭, 2009). 또 신경성 거식 여성은 적어도 3회 연속 월경이 없다. 신경성 거식의 진단기준은 〈표 12-5〉와 같다.

〈표 12-5〉 신경성 거식

신경성 거식 진단기준
1) 체중 미달임에도 불구하고 체중과 비만에 대한 극심한 두려움 2) 체중과 체형에 대한 인지왜곡 3) 여성의 경우 월경이 시작된 이후 무 월경 등
여기서 체중 미달이란 나이와 신장을 고려하여 정상이라고 간주되는 체중의 85% 이하인 경우를 의미한다.
1) 제한형(체중을 줄이고자 노력하나 폭식이나 하제[56]사용 등은 하지 않음) 2) 폭식[57] 및 하제 사용형(정기적인 과식이나 하제를 사용함)

2) 원인

　신경성 거식은 먼저 의학적 검사가 필요한데 그 이유는 신경성 거식으로 신체적인 문제를 유발할 수 있으며 심각하면 죽음에 이를 수도 있기 때문이다.

　신경성 거식이 불러올 수 있는 신체적 문제에는 위장병, 피부건조증, 고창증(鼓脹症)[58], 부종(Edema)[59], 어지럼증, 빈혈증, 탈수증, 심장혈관 이상, 전해질

---

56) 설사약을 먹거나 토하는 행동

57) 보통 사람이 유사한 상황에서 먹는 양보다 상당히 많은 양의 음식을 정기적으로 먹는 것을 의미

58) 위 내용물이 이상 발효하여 다량의 가스가 발생되거나 트림을 통한 가스배출이 원활하지

불균형, 신장 역기능, 혼수상태, 부정형 신경 패턴 등이 있다. 그리고 신경성 거식 중 먹은 것을 토해내는 사람은 이빨 표면에 마모가 일어난다[60].

신경성 거식 상담은 사회기술과 성적행동, 월경주기 등에 초점을 둔다. 또 신경성 거식 평가는 섭식태도검사, 가족환경 척도와 같은 가족사정 같은 검사를 하게 된다. 그리고 먹은 것을 토해내는 경우 문화적 요인에 관한 고려를 한다.

〈표 12-6〉 신경성 거식의 원인

원 인	내 용
생물학적 원인	신경성 거식과 우울은 코티솔과 신경전달물질인 세로토닌과 노르에피네프린(부신수질호르몬)의 변화와 관련이 있음
가족요인	신경성 거식을 가진 가족구성원을 가진 경우에 일반가정보다 신경성 거식을 가질 가능성이 높음
사회문화적요인	미디어를 통하여 많은 젊은 여성들이 다이어트에 대해 광적으로 관심을 가지고 있으며 마른 것을 선호

신경성 거식의 원인은 신체적 심리적 그리고 사회문화적 요인들이 복합적으로 혼합되어 있다. 그리고 우울증과 중복되어 나타나기도 한다. 〈표 12-6〉은 이들 원인을 요약한 것이다.

예를 들어 신체적 요인의 경우 신경성 거식과 우울은 코티솔과 신경전달물질인 세로토닌과 노르에피네프린(부신수질호르몬)의 변화와 관련이 있다.

기타의 생물학적 요인으로 유전과 선호 음식의 차이도 있다. 연구에 의하면 일란성 쌍생아에게서의 신경성 거식 증상은 이란성 쌍생아의 경우보다 8배가 높았다.

신경성 거식을 가진 가족구성원을 가진 경우에 일반가정보다 신경성 거식을

못할 경우 위내에 가스가 충만 되어 배가 부풀어 오르는 질병이다.
59) 조직 내에 림프액이나 조직의 삼출물 등의 액체가 과잉 존재하는 상태를 의미하는 용어로 피부와 연부 조직이 부풀어 오르고, 푸석푸석한 느낌을 갖게 되며, 누르면 피부가 일시적으로 움푹 들어간다.
60) 위액 분비에 의하여 이와 같은 현상이 발생한다.

가질 가능성이 높다. 그리고 폭식을 하는 사람들은 일반적으로 칼로리가 높은 음식에 더 잘 반응한다. 또 개인의 심리적 특성도 신경성 거식과 관련이 있다.

예를 들어 거식 청소년들은 유순, 규칙준수, 강박관념, 냉정한 성격 등을 지녔다. 폭식이나 하제를 사용하는 사람은 타인으로부터 승인을 받으려하고, 무드가 자주 변화하며, 충동적이고 소설 같은 자극을 좋아한다. 특히 폭식과 같은 신경성 거식에서 인지행동 이론은 정서와 강박적인 생각의 순환에 초점을 맞춘다. 예를 들면, 스트레스 상황, 낮은 자존감, 그리고 몸매로 다른 사람으로부터 관심을 얻고자 함, 체중에 대한 걱정은 이러한 시나리오를 가능하게 한다. 이때 폭식은 일시적으로 이러한 불안과 긴장을 줄일 것이다. 그러나 폭식을 한 후에 죄의식과 부끄러움이 생겨서, 이 사람은 이 감정을 줄이기 위하여 토한다. 그리고 이런 사이클이 반복된다.

신경성 거식에 대한 다른 심리학적 이론에서는 가족변인을 또한 강조한다. 정신분석이론에서는 신경성 거식을 내적인 갈등의 표출이라는 견해다. 즉 신경성 거식은 프로이드의 발달단계인 구강기에 만족스럽지 못한 경험에 대한 보상으로 나타나는데, 이는 주로 어머니와 아동간의 애착문제로 나타난다. 이때 아동은 불안정과 거부감을 느끼고 우울과 신경성 거식에 취약해지게 된다.

신경성 거식에 관련한 다른 가족이론은 가족구성원간의 상호작용에 초점을 둔다. 예를 들어 식욕부진을 보이는 청소년 가족이 이 청소년에게 밀착하게 된다는 것이다. 다시 말하면, 가족구성원이 다른 사람의 생활에 너무 관여하게 되어 사소한 일까지 관여하게 되고 큰 관심을 갖게 된다.

이 경우에 아마도 청소년은 부모에 의하여 통제받는다고 느끼게 될 것이고, 매우 개인적인 면까지도 통제를 받는다고 반항할 것이다. 그래서 청소년은 관심을 이끌어 내는 수단으로 체중 감소나 그에 관련한 의학적인 처방을 이용할 수 있을 것이다.

신경성 거식 청소년 가족을 살펴보면 과보호, 갈등 회피, 문제해결기술 부족, 부정적인 의사소통과 적대성 등을 보이기도 한다.

신경성 거식 원인에 관련하여 사회문화적 모델에서는 여러 매체를 통하여 많

은 젊은 여성들이 다이어트에 대해 광적으로 관심을 가지고 있으며 마른 것을
선호한다는 것이다. 사실 인기 있는 매체작품에서 이상적인 여성신체 사이즈는
과거 수십 년간 점점 말라만 갔다.

이와 같은 결과로 첫째는 많은 젊은 여인이 다이어트에 대한 압박을 느끼면서
신경성 거식이란 생물학적 유전인자를 갖게 되었고, 두 번째는 마른 것에 대한
사회적 요구에 실패하여 우울, 낮은 자존감, 이상한 식습관을 불러왔다.

이와 같은 사회문화적 견해는 왜 이상한 식습관이 서구사회에서 고소득층가족
에서의 청소년에게 더 많이 나타나는지를 설명해 준다.

신체 발달적 변인도 청소년 신경성 거식의 발생, 과정, 치료와 관련이 깊다.
즉, 왜 여자가 남자보다 더 신경성 거식을 더 겪는가에 대한 설명이다. 여성은
청소년기 성장을 하면서 남성보다 더 많은 지방질 양을 증가시키는 경향이 있다.

그리고 이는 매체에서 나오는 이상적인 신체 사이즈와 다른 모습이 된다. 이
것이 바로 왜 아동보다는 청소년기에 더 거식이 나타나는가에 대한 이유이다.
신경성 거식을 유발하는 다른 신체 요인은 초경과 유방의 발달을 들 수 있다.
따라서 이러한 사건에 대한 양육반응이 매우 중요한 것이다.

이와 같은 행동으로 신경성 거식에 대한 생물학적 심리적 취약성이 촉발되는
것이다. 또 다이어트를 하는 사람은 점차 통제가 불가능하게 느껴진다.

그래서 폭식 효과를 완화하기 위하여 하제를 쓰기로 한다. 거듭된 신경성 거
식으로 우울증이 동반되어 영향을 미칠 수 있다. 신경성 거식만을 보이는 여성
과 신경성 거식과 우울을 동시에 보인 여성을 비교한 결과 2년 후 신경성 거식
과 우울을 보였던 여성은 신경성 거식만을 보인 여성보다 더 신경질환을 보이고,
회복이 미약하였다. 따라서 우울증 동반여부가 효과적인 처방에 중요한 요인이
된다.

3) 처방

(1) 예후

신경성 거식의 예후는 다양한데 일부는 한번 체중감소 경험을 한 뒤 곧 정상적인 식습관과 체중으로 돌아오고, 일부는 점진적으로 체중이 감소하면서 심각한 증상은 나타나지 않는다.

그러나 일부는 심각한 체중감소가 이루어지고 처방을 하여야 할 수준에 이르기도 하고, 그 처방으로 결과가 좋거나 좋지 않기도 하다. 그러나 신경성 거식 중 약 10~15%는 심장질환, 전해질 불균형, 자살 등으로 결국 사망에 이를 수도 있다.

신경성 거식 패턴은 이 장애가 후에 전개되는 방향에 따라 약간 다르게 나타난다. 대부분의 모습은 이 장애가 더 심화되거나 호전되는 것 중 하나이다.

이 장애의 진행과정은 처방 후에 비교적 좋은 예후를 보인다. 그러나 재발율은 매우 높다. 신경성 거식 대부분은 계속해서 넓은 의미의 다이어트, 하제(설사)사용, 운동 등과 같은 낮은 수준의 섭식문제를 보인다. 신경성 거식 예후가 나쁠 경우의 요인은 약물남용, 낮은 수준의 인격장애, 심각한 몸매에 대한 지각적 인식 문제, 불안과 우울 등이다.

따라서 좋은 예후를 보이기 위해서는 인지행동치료와 고립감을 줄여가는 방법이 좋다.

(2) 처방

신경성 거식에 대한 처방은 입원치료와 통원치료가 있다. 입원치료는 거식에 대한 의료적인 처방이 바람직하거나 그 사람의 행동이 생명에 위협을 줄 때 실시한다. 의학적 처방은 체중회복(25% 이하일 경우), 전해물질 불균형 처방, 심장문제 해결, 심각한 탈수 방지 등이다. 또 심각한 우울 증상과 자살 행동 등도 처방될 수 있다. 입원 중 치료의 주목적은 그 사람의 건강회복, 체중회복, 영양 증가이다. 특히 의사는 가장 적절한 목표체중을 설정하여 시행하여야 한다.

통원치료는 약물과 집단, 개인, 가족치료를 하게 된다. 약물치료는 항우울제 치료인데 이는 아미트립티린, 또는 풀루옥세틴(프로잭) 등이다. 이 약물은 거식을 촉발할 수 있는 강박관념이나 우울행동을 줄일 수 있어 효과를 본다. 또 항불안 제 역시 긴장을 줄여서 폭식 및 하제사용의 유혹을 줄일 수 있다.

그러나 약물치료는 낮은 수준부터 시작하여야 하며 관련 가족구성원이 이 약물사용에 대하여 교육을 받아야 한다. 그리고 부작용도 보고되어 있다.

인지행동 이론에 의한 치료방법은 먼저 치료자가 정적인 치료관계를 형성하는데 많은 시간을 사용한다. 처음 3번의 세션은 정적인 관계를 유지하고, 적절한 식습관에 대하여 교육하는데 중점을 둔다. 예를 들어 치료사와 함께 크게 살이 찌지는 않으나 영양이 공급될 수 있는 일일식단을 설계한다. 또 현재의 체중이 좌절할 정도로 높은 체중이 아니라는 점에 동의하도록 한다. 특히 스스로 치료사 앞에서 체중을 달게 한다.

신경성 거식의 개별 치료에서 어려운 점은 폭식과 하제 그리고 신체에 대한 왜곡된 인지의 수정이다. 폭식과 하제를 줄이는 방법은 이 행동이 밖으로 나왔을 때, 주위사람이 적극적으로 통제하는 방법이다. 폭식과 하제에 대한 치료법은 치료실에서 그 사람에게 높은 칼로리 음식을 먹게 하고 토하지 못하도록 하는 방법이다. 이 접근법은 강박관념을 갖는 사람의 경우와 유사하다. 즉 토하지 못하게 하여[61] 결국 불안이 줄어들게 하는 것이다. 그와 같은 방법으로 그 사람에게 폭식이나 토하는 사이클이 스트레스를 줄이는데 불필요한 것임을 알게 한다.

예를 들어 치료사는 동의를 얻고 30분 만에 많은 아이스크림, 캔디바, 컵라면 등을 먹게 한다. 그리고 화장실에 가지 못하도록 하고 마음의 평정을 갖는 법을 가르친다. 또 일단 먹으면 칼로리가 신체에 빨리 흡수되어 버리기 때문에, 고의로 토하고 폭식을 하는 것은 좋지 못한 방법이라는 점을 가르쳐준다.

신경성 거식의 개별 치료에서는 인지왜곡을 다루어줄 필요가 있다. 이와 같은 인지왜곡은 음식, 체중, 몸매뿐만 아니라 자포자기, 자발성 손실, 죄의식 등에서 나타난다.

먼저 치료사는 체중감소와 증가에 대하여 체중이 약간 증가하였다고 하여 친

---

61) 하제사용을 억제하여.

구들이 신경을 쓰지 않을 것이라는 점을 알려준다. 또 신체에 대하여 생각하는 방식에 대하여 피드백을 제공하고, 부정적인 생각이 사회관계에 미치는 효과를 피드백 하도록 한다.

예를 들어, 타인으로부터 무시당할 것이라는 걱정이 자신을 위축시켜 더 큰 고립감을 갖게 된다는 점을 알게 하는 것이다. 그래서 이러한 생각을 버리고, 사회적 교류를 증가시키며, 우울증을 줄이기 위한 일련의 활동을 함께 계획한다.

가족치료에서는 섭식치료에 주안점을 둔다. 특히 치료사는 가족의 패턴을 알아본다. 여기에서는 어머니가 딸의 외모, 사회생활에 대하여 과잉 통제하는 경향은 없는지 면밀히 살펴본다.

끝이 보이면
행복합니다

제 13 장

장애인복지의
전망과 과제

Social Welfare for the Disabled

유니버셜 디자인(Universal Design)

　환경이론 측면에서 보면 사람는 장애(Disability)가 없다고 가정한다. 그리고 사람이 장애가 있는 경우라면 사람이 장애가 있는 것이 아니라 환경에 문제가 있는 것으로 본다. 따라서 장애를 처방하는 것은 장애인을 처방하는 것이 아니라 장애인의 주변 환경을 조정하는 것이다.

　생각해 보라! 20층 아파트에 엘리베이터가 없다면 그 아파트 꼭대기에 사는 사람은 아마도 모두 장애인이 될지도 모른다. 하루에도 여러 번 아파트를 오르내리다 보면 관절이 망가질 수 있기 때문이다. 이와 같이 아파트에 엘리베이터가 없으면 사람이 문제가 아니라 건물에 장애가 있는 것이다.

　이와 같은 논리를 조금 더 비약하면 편의시설(便宜施設; Convenlent Facilities)에 관련하여 해답이 명료해진다. 즉, 우리들이 생활하는 모든 건물에 엘리베이터가 없거나 경사로가 없거나 자동문이 없을 경우 그리고 도로에 점자블록이 없는 경우, 건널목 신호등에 소리신호가 없는 경우, 이 모두를 우리는 편의 시설이라고 하는데 환경 이론에서 보면 이런 시설들은 장애인 편의시설이 아니라 당연히 있어야 할 시설이고 만일 이런 시설이 없는 경우라면 사람이 장애인인 것이 아니라 그 건물이나 시설이 장애시설인 것이다.

　모든 사람이 편리하게 이용할 수 있게 건물이나 시설을 설계하는 것을 유니버셜디자인(UNiversal Design)이라고 한다. 보편적 설계라고 번역되겠지만 한마디로 말하면 모든 사람에게 장애가 없는 무장애 시설을 의미하는 것이다.

　이런 시대가 조속히 오길 기대한다.

제 1 절

장애인복지의 변화 전망

1. 장애인의 삶의 질 중심

우리나라 장애인복지는 지난 수십 년간 비약적인 발전을 보여 왔다. 비록 충분하지는 못하지만 장애인 연금제도와 장애인 활동 보조제도, 장애인에 대한 차별금지, 장애인을 위한 자립지원센터, 주간보호센터, 단기보호센터, 보호작업장 그리고 발달장애인법 등은 우리나라 장애인복지를 한 차원 높여가고 있는 것이 사실이다.

물론 이와 같은 결과는 장애인 단체들의 지속적인 요구와 노력의 결실로 받아들여진다. 더구나 2016년 고령화 사회를 눈앞에 두고 있는 현시점에서 중·고령 장애인의 삶의 질에 대한 관심은 전반적인 우리사회 구성원의 삶의 질 향상을 위해서라도 필요한 시점이다(이순희, 2014).

일부의 학자들은 우리나라 장애인복지가 아직 낮은 수준이라고 말하고 있지만 복지재정이 충분하지 못한 여건에서 선진 법률을 도입하고 이를 통한 지원체제를 구축하여 가는 모습을 보면 우리나라 장애인복지의 전망은 밝다고 할 수 있을 것이다.

특히, 사회복지를 위한 국민들의 자원봉사에 대한 긍정적인 인식은 우리나라의 장애인복지를 밝게 하고 있는 것이다.

2. 수요자인 장애인 중심

근래 장애인복지의 동향은 장애인의 삶의 질(Quality of Life)에 있다. 결국

장애인의 집단적 생명유지를 중심으로 하는 시설 중심 장애인복지가 아니라 장애인 개개인의 삶의 질을 강조하여 보다 인간다운 삶을 영위할 수 있는 방법으로 장애인복지가 변화하고 있는 것이다.

본 서에서도 이와 같은 주장을 계속하여 펼치고 있는데 이와 같은 장애인복지는 결국 공급자 중심 장애인복지서비스에서 수요자 중심의 장애인복지로 이동하고 있음을 반증하고 있는 것이다.

이와 같이 장애인을 수요자로 보는 시각은 자립생활 패러다임 이동으로부터 발생된 개념인데 향후 오랫동안 아주 중요한 개념으로 자리 잡을 것으로 보인다.

3. 장애인 범주 및 서비스기관 확대

1) 장애인 범주 확대

장애인 범주는 어느 선까지를 장애인 범주에 포함 시키는가에 대한 문제로서 장애인복지의 중요한 논제 일 수 있는 바, 현재까지의 15개 유형의 장애 범주 외에 장애 범주에 해당될 수 있는 영역들에 대한 논의가 필요할 것이다.

예를 들어, 반사회적 인격장애나 품행장애 등도 고려될 수 있는 정신적 장애 영역이다. 또한 학습장애 영역도 고려할 만하다.

특히, 약물중독과 인터넷 및 게임중독 등도 관심을 갖고 논의해 볼 필요가 있다.

2) 서비스 기관 확대

서비스 기관은 향후 확대될 것으로 보인다. 예를 들면, 발달장애인 지원센터나, 장애인 평생교육원 등은 비약적인 확대를 이룰 것이고, 장애인의 탈시설화가 가속화됨에 따라 공동생활가정(그룹홈)이 크게 확대 될 것이다.

반면에 장애인 생활시설은 가급적 소규모화 되어 마치 조금 큰 그룹홈의 형태를 유지할 것으로 보인다. 현재와 같은 대단위 장애인 생활시설은 구시대의 유물로 남을 것으로 보인다.

또한 장애인 및 노인에 대한 서비스 제공이 현재까지는 부족하지만 이들의 주거 생활보장 측면에서 주거복지센터 등의 형태로 서비스 기관이 증가할 것으로 보인다.

물론, 장애인복지를 위한 민간단체는 복지법인 만이 아니라 장애 유형별 단체를 중심으로 그 활동 범위가 늘어 날 것으로 보인다.

4. 사회통합

사회통합은 주류화 운동의 후속 운동으로서 탈시설화와 맥락을 같이 한다. 즉, 장애인을 한사회의 일원으로 받아들이고 이들의 인간다운 삶을 보장하기 위한 여러 가지 서비스가 제공될 것이다.

예를 들어 앞서 언급한 장애인을 위한 편의 시설 확충을 통한 무장애시설, 장애인 활동보조 활성화, 장애인의 직업 훈련 및 알선, 장애인 주거지원, 그룹홈 확대 등과 같은 서비스를 통하여 장애인도 일반사회에 통합되어 생활할 수 있는 여건을 보장받게 될 것이다.

제 2 절

장애인복지 전문인력 전망

1. 사회복지사

장애인복지를 위한 전문인력으로 사회복지사를 들 수 있다. 그러나 사회복지사는 사회복지분야 전반을 담당하는 인력으로 그 중요성을 인정할 수는 있지만,

장애인복지를 전담하기 위해서는 추가적인 자격요건이 요구된다. 또한 사회복지사 자격을 취득하기 위하여 필요한 장애인복지관련 과목은 장애인복지론 오직 1개 과목에 불과하여 보다 심도 있는 장애인 관련 전문가를 얻기란 쉽지 않다.

따라서, 향후 사회복지사 제도는 각 분야별 전공자를 구분하여 전공하게 하고 그에 합당한 자격을 부여하는 것이 마땅하다고 본다. 예를 들어, 노인복지사, 장애인복지사, 아동복지사 등이 그 예이다. 물론 그 속에 의료사회복지사도 함께 포함시켜 보다 전문적이고 심도 있는 복지활동 체제를 마련할 필요가 있는 것이다.

또한 장애 유형별 전문성을 담보하는 방안도 고려할만하다. 예를 들어 신체장애인복지와 정신적 장애인복지는 그 접근 방식 자체가 다르다. 따라서 이들에 대한 전문성을 위하여 대학원 등에서 전공구분을 지체장애인복지, 발달장애인복지, 정서장애인복지, 시각장애인복지, 청각장애인복지 등으로 구분하여 접근하는 방식이 필요할 것이다.

2. 특수교사

장애인복지에 있어 특수교사의 역할은 매우 중요하고 절실하다. 왜냐하면 장애인 중 상당수가 특수교육적 배려가 필요하기 때문이다. 우리나라에는 현재 여러 대학에 특수교육관련 학과가 개설되어 있다. 그러나 아직까지는 사회복지관 등에서는 구인난을 겪고 있는 상황이다.

특수교사의 경우도 앞서 언급한 사회복지사와 마찬가지로 그 전공이 명백히 구분되어야 할 것이다. 즉, 시각장애, 청각장애 특수교육이 다르고 정서장애, 지적장애 특수교육이 다르기 때문이다.

3. 직업재활사

우리나라의 직업재활사는 학회에서 발급하는 민간자격으로서 아직까지는 그 역할이 매우 미흡하다고 할 수 있다. 그리고 그 영역도 특수학교에서는 작업재활을 특수교사가 담당하고 있고, 보호작업장에서는 사회복지사가 담당하고 있어 그 운신의 폭이 좁은 것이다.

따라서 향후의 직업재활사 제도의 국가자격화와 직업재활기관 및 시설에서의 채용기준을 직업재활사에 한정하는 방향으로 노력하여야 할 것이다.

4. 장애인 평생교육사

우리나라의 경우 장애인을 위한 평생교육사는 아직까지 전무하다시피하다. 일반시민을 대상으로 하는 평생교육사는 평생교육원의 확대와 더불어 매우 증가하고 있으나 장애인을 위한 평생교육사는 그 수요가 좁은 탓도 있지만 그 필요성을 느끼지 못하고 있다.

그러나 향후에는 장애인대상 평생교육의 중요성이 강조되면서 제도 개선을 통한 장애인 평생교육사 양성을 하게 될 것이고 그 수요도 증가할 것이다.

5. 각종 치료사

장애인을 위한 치료사는 그 수요와 필요성에 맞추어 앞으로도 많은 발전을 보일 전망이다. 비록 장애가 없다 할지라도 정서적인 지원이라는 측면에서도 이와 같은 치료기법들은 의미있는 치료법이 될 것이다.

그러나 치료법이 많다는 것은 곧 제대로 된 치료법이 없다는 의미가 된다. 따라서 장애인의 특성에 맞는 올바른 치료법을 선택하는 일이야 말로 매우 중요한 선택과정일 것이다. 〈표 13-1〉은 각종 치료사의 예를 간단히 요약한 것이다.

<표 13-1> 치료사의 예

치 료	치료사명	설 명
언어치료	언어재활사	언어장애가 있어서 의사소통이 어려운 사람을 대상으로 언어발달을 유도하고 의사소통이 이루어지도록 돕는 재활치료분야
작업치료	작업치료사	신체적, 정신적 장애를 지닌 사람에게적절한 치료를 통하여, 최대한 스스로 독립적인 생활이 가능하도록 돕는 재활치료분야
물리치료	물리치료사	열, 광선, 전기, 초음파, 운동 등을 이용하여 사람의 재활을 돕는 재활치료분야
음악치료	음악치료사	음악이라는 표현매체를 사용하여 아동의 심리적, 정서적 문제를 개선하는 방법
미술치료	미술치료사	미술을 통하여 의사소통, 사회화, 창조성, 자기표현, 자기탐구, 환경의 조작과 같은 도움을 줄 수 있는 중재방법
놀이치료	놀이치료사	아동이 자신의 감정을 표출할 수 있는 환경을 조장하여 줄 놀잇감을 통하여 돕는 중재방법
애완동물치료	동물치료사	정서장애아동과 신체장애아동, 노인병, 슬럼프에 빠진 사람, 그리고 정신질환자들을 위한 중재방법
신체활동치료	운동치료사	운동 및 신체활동으로 자신의 감정을 표출하도록 도와주는 중재방법
독서치료	독서치료사	독자와 작품 간 상호교류를 통하여 간접적인 치료목적을 달성하고자 하는 치료중재법
모래치료	모래치료사	아동 자신이 모래놀이 과정에서 자기를 표현하고 그에 의하여 스스로를 치유하는 중재방법
원예치료	원예치료사	식물관련 여러 가지 원예활동을 통하여 사람의 신체적, 정신적 세계의 질적 향상을 도와 장애 상태를 개선하고, 환경에 적응하며 사회복귀를 촉진하는 중재방법

1) 언어치료

언어치료는 언어재활사가 그 치료사 명으로 언어장애가 있어서 의사소통이 어려운 사람을 대상으로 언어발달을 유도하고 의사소통이 이루어지도록 돕는 재활치료 분야이다. 이는 국가자격으로서 대학에서 3년 이상의 전공을 하고 시험에 합격하여야 한다. 언어치료 행위는 의사의 처방 없이 단독으로 수행할 수 있다.

2) 작업치료

작업치료는 작업치료사가 그 치료사 명으로 신체적, 정신적 장애를 지닌 사람에게 적절한 치료를 통하여, 최대한 스스로 독립적인 생활이 가능하도록 돕는 재활치료 분야이다. 작업치료사는 국가 면허에 해당하며, 3년제 대학 이상의 작업치료과를 졸업하고 시험에 응시하여 합격하여야 한다. 작업치료 행위는 반드시 의사의 처방에 의하여 이루어진다.

3) 물리치료

물리치료는 물리치료사가 그 치료사 명이며 열, 광선, 전기, 초음파, 운동 등 물리적인 매체를 사용하여 사람의 재활을 돕는 재활치료 분야이다. 물리치료사는 작업치료사와 마찬가지로 국가면허에 해당하며, 3년제 대학 이상의 물리치료과를 졸업하고 시험에 응시하여 합격하여야 한다. 물리치료 행위는 반드시 의사의 처방에 의하여 이루어진다.

4) 음악치료

음악치료(Music Therapy)는 음악이라는 표현매체(Expressive Media)를 사용하여 아동의 심리적, 정서적 문제를 개선하는 방법으로서(홍화진, 2012), 이는 미술치료와 마찬가지로 의사소통 통로를 음악이라는 비구어적 매체를 통하여 자신의 의사를 표현하거나 심리적 안정을 구하고자 하는 음악분야의 일부분이다. 즉, 음악치료는 음악을 하나의 치료적 도구로 사용하여 아동의 발달을 촉진시키는데 그 목적이 있다(이한우, 2004).

음악치료사는 민간자격에 해당하므로 권위 있는 치료사와 양성기관을 잘 선택하여야 할 것이다.

5) 미술치료

미술치료는 심리치료 이론을 기초로 하여 미술활동을 통한 자아표현, 자아수용, 승화, 통찰에 의해 개인의 갈등을 조절하고 심리문제를 해결하며 자아성장을 촉진시키는 심리치료의 한 분야이다(신소영, 2013). 미술치료는 미술치료사가 자격이며 궁극적으로 어려움을 겪고 있는 사람을 대상으로 하여 그들의 미술작업 다시 말하면 그림이나 소조, 디자인 기법 등과 같은 미술활동을 통해서 그들의 심리를 진단하고 치료하는데 목적이 있다(이근매, 2004).

미술치료사도 민간자격에 해당하므로 권위 있는 치료사와 양성기관을 제대로 선택하여야 할 것이다.

6) 놀이치료

놀이치료(Play Therapy)는 Axline(1947)이 제안하였는데, 자격은 놀이치료사이다. 이 방법에서는 아동에게 놀이시설에서 관심있는 놀이를 자유롭게 할 수 있도록 보장한다. 활동의 제한은 최소한으로 한다. 그리고 교사나 부모의 역할은 관찰자로서의 역할이며 활동을 용이하도록 돕는 자의 역할이다.

놀이치료사는 민간자격에 해당하므로 권위 있는 치료사와 양성기관을 잘 선택하여야 할 것이다.

7) 애완동물치료

애완동물치료(Pet-Facilitated Therapy)는 정서장애아동과 신체장애아동, 노인병환자(Geriatric Patients), 슬럼프에 빠진 사람, 그리고 정신질환자에게 적용되어 왔다. 애완동물에는 개나 고양이, 토끼, 말 등과 같은 다양한 동물들이 사용된다(김미경, 최기창, 2009).

그러나 여러 종류의 애완동물치료 후 행동이 극적으로 향상되었다는 주장이 때때로 신문에 등장하기는 하지만 이 접근의 개입효과에 대한 통제된 실험 평가는 없다(이한우, 2004).

애완동물치료 자격은 동물치료사가 보편적인데 민간자격에 해당하므로 권위 있는 치료사와 양성기관을 잘 선택하여야 할 것이다.

8) 신체활동치료

신체활동(Physical Activities)은 자신의 감정을 표출하도록 도와주는 방법이다(Chace, 1958). 신체활동의 예는 자연이나 동물 흉내 내기, 다양한 상황에서 사람의 감정표현하기 등이다. 또한 장애인의 기존 움직임들을 통한 치료효과를 위하여 운동을 하도록 하기도 한다. 이들 치료를 운동치료라고 부르기도 하며 치료사 명은 운동치료사로 불리운다.

운동치료사의 경우도 민간자격에 해당하므로 권위 있는 치료사와 양성기관을 잘 선택하여야 할 것이다.

9) 모래치료

모래치료(Sand Therapy)의 시초는 소아과 의사인 로웬펠트(Lowenfeld)에 의해 아동 심리치료기법의 하나로 고안되었다(박행자, 2012). 로웬펠트는 모래치료가 아동의 내적세계 표현을 가능케 한다는 뜻에서 '세계기법(The World TechnIQue)'이라 불렀다. 모래치료는 아동 자신이 모래놀이 과정에서 자기를 표현하고 그에 의하여 스스로를 치유한다는 원리를 지닌다.

모래치료를 수행하는 사람을 모래치료사라고 부르며, 이 자격은 민간자격에 해당하므로 권위 있는 치료사와 양성기관을 잘 선택하여야 할 것이다.

10) 원예치료

원예치료(Horticultural Therapy)는 식물 관련 여러 가지 원예활동을 통하여 사람의 신체적, 정신적 세계의 질적 향상을 도와 장애상태를 개선하고, 환경에 적응하며 사회복귀를 촉진하여 준다고 한다(이선자, 2013). 원예활동을 치료나 재활(Rehabilitation) 개념으로 활용하게 된 것은 근래의 일이다. 자격은 원예치료사이다.

우리나라의 경우 원예치료에 대한 연구는 근래에 관심이 증가되고 있다. 그런데 이들의 연구를 보면 치매노인, 지적장애인, 아동의 문제행동, 시설아동, 지체장애인 등 그 대상이 매우 다양하다.

그러나 원예치료사 역시 민간자격에 해당하므로 권위 있는 치료사와 양성기관을 잘 선택하여야 할 것이다.

제 3 절

장애인복지의 과제

1. 탈시설화

장애인의 탈시설화는 사회통합을 위한 가장 기본적인 전제가 된다(홍기원, 2009). 그러나 장애인의 탈시설화로 인하여 발생할 수 있는 문제들을 현재 사회가 제대로 대응할 수 있겠는가 하는 점이 과제로 남는다.

장애인의 자립생활을 보장하기 위하여 주거문제, 의료문제, 그리고 직업문제 등을 고려하여야 하고 장애인 이동권 보장을 위한 편의제공 등의 문제도 고려하여야 한다. 따라서 탈시설화를 위한 사회적 서비스 지원망 구축을 통한 지원체제를 조속히 마련하여야할 것이다.

특히 탈시설화로 인한 주거문제는 매우 심각한 문제로 대두될 것이 자명하다. 현재 장애인자립생활센터에서 실시하는 주거복지지원사업은 장애인 한 가정 당자원금액이 100~200만원 정도에 불과하다. 그리고 그 용도도 상당히 제한되어 있다. 따라서 이에 대한 대폭적인 지원 확대와 용도확대가 필요할 것이다.

2. 장애인자립생활센터 강화

장애인자립생활센터는 장애인 탈시설화 운동으로 인한 문제 해결에 좋은 방안이 될 수 있다. 장애인 개인의 목적과 생활방식을 스스로 선택하도록 하면서 전문가들에게 빼앗긴 통제권과 선택권을 이용자들에게 찾아 주고자한다는 점에서 논의한다면 자립은 매우 의미가 있는 것이다(이종환, 2012).

예전에는 장애인이 시설에서 생활하면서 일정한 프로그램에 참여하였지만 탈시설화로 인한 사회통합을 이룩할 경우 이들 장애인들이 갈 곳이 없어지게 되는 것이다. 또한 시설 장애인이 비록 사회적응훈련을 일정부분 받고 사회에 진출하였다 하더라도 기본적인 사회적응훈련에 머물 뿐 현실세계에서는 쉽게 적응 하지 못할 수가 있는 것이다. 따라서 장애인자립생활센터를 통하여 사회적응훈련을 하고 직업을 배우며, 유사한 장애인들과의 교류를 통하여 사회에 진출하기 위한 교두보를 마련하여야 한다.

이와 같은 배경에서 장애인자립생활센터의 기능을 강화하는 것은 매우 중요한 과제가 될 것이다. 또한 현재까지는 장애인자립생활센터의 경우 장애인이 운영하도록 되어 있어 그 활동범위가 제한될 수 있으므로 보완적으로 장애인 가족까지 포함하는 운영주체를 확대할 필요성도 제기된다.

3. 편의시설 확충

편의시설은 앞서 언급한 바와 같이 장애인만의 시설이 아니다. 그럼에도 불구하고 편의시설의 확충은 장애인에게 가장 간절한 문제일 것이다. 그 이유는 장애인의 사회통합에 있어 가장 기본적인 요인이 되기 때문이다.

장애인을 위한 편의시설 확충은 이제까지 공공시설에 중점을 두어왔던 것이 사실이다. 따라서 관광시설, 숙박시설 등과 같은 경우는 아직까지 미흡하다 할 수 있다. 특히 휠체어를 타야하는 장애인의 경우 고속버스를 제대로 탈 수 있는지를 상상해 보면 장애인의 이동권 보장이 아직까지 얼마나 미흡한 것인지를 실감할 수 있을 것이다.

저상버스의 경우도 일부 도시에 일부만이 운영되고 있는 점도 문제이거니와 체육관 등 각종 문화체육시설의 경우도 장애인의 접근이 불편한 곳이 너무나 많다.

4. 정보격차 해소

정보화 시대를 맞아 홍수처럼 밀려드는 정보에 대한 접근이 용이하지 못할 경우 이 역시 차별이라 할 수 있다.

비단 장애인만의 문제는 아니겠으나 장애인의 경우 정보에 접근하는 것이 원천적으로 봉쇄되어 있는 경우도 있다. 특히 방송 소외계층을 위한 지원 정책이 중요한 이유는 정보격차 외에도 방송은 우리 사회의 문화를 구성하는 하나의 중요한 수단인 동시에 여가를 즐기는 중요한 도구이기 때문이다. 방송 소외는 이들의 사회참여기회를 제한하는 것은 물론 개인적, 사회적 범주의 불평등을 강화시키는 악순환 요인이 될 수 있다(남영진, 2011).

예를 들어 인터넷 홈페이지에 시각장애인이 접근할 수 없는 문제라든지, 많은 서적들이 점자화 되지 않은 경우가 그것이다.

최근 선진국에서 점자용 스마트폰을 출시하여, 시각장애인이 정보에 쉽게 접근할 수 있도록 지원하고 있는 사례는 우리에게 시사하는 바가 크다.

참고문헌

강필수(2011). "사업체의 장애인고용 결정요인에 관한 연구". 강남대학교 사회복지전문 대학원 박사학위논문.

곽지혜(2011). "학교-지역사회 네트워크 중심의 장애인 평생교육 프로그램에 관한 연구". 단국대학교 대학원 박사학위논문.

구명회(2006). "장애인기본권보장에 관한 연구". 창원대학교 대학원 박사학위 논문.

국민연금공단 http://www.nps.or.kr.

국윤경(2014). "중증장애인의 자립생활 과정에 대한 근거이론적 접근". 원광대학교 대학원 박사학위 논문.

국제장애분류(International Classification of Impairments, Disabilities, and Handicaps).

김두영(2014). "장애인 평생교육 프로그램 분류체계 연구". 단국대학교 대학원 박사학위 논문.

김미영, 최기창(2011), 자폐범주성장애아동교육, 형지사.

김미영, 최기창(2009), 행동수정, 형지사.

김미영, 최기창(2006), 행동수정의 이론과 실제, 청목출판사.

김미숙(1998). "자폐자녀를 둔 어머니의 스트레스와 사회적 지지에 관한 연구". 서울여 자대학교 대학원 석사학위 논문.

김송이(2014). "바우처 도입에 따른 한국 사회서비스 공급체계의 행위자간 관계 변화와 그 의미". 중앙대학교 대학원 박사학위논문.

김영대(2013). "재가중증장애인의 장애태도가 자립생활에 미치는 영향". 청주대학교 대 학원박사학위논문.

김은주(2008). "건강장애학생을 위한 병원학교 운영 지원체계의 타당화 연구". 이화여자 대학교 대학원 박사학위논문.

김종민(2012). "지적장애아 어머니의 양육경험에 대한 질적 연구". 단국대학교 대학원 박사학위논문.

김주영(2005). "장애인 고등교육 지원 제도와 방법에 관한 연구". 단국대학교 대학원 박 사학위 논문.

김혜령(2014). "특수교육지원센터 교사의 직무수행활동에 대한 인식과 지원요구 분석". 한국교원대학교 대학원 박사학위논문.

남영진(2011). "장애인의 방송접근권 정책의제형성에 관한 연구". 고려대학교대학원 박 사학위논문.

대한민국법제처 http://www. moleg. go. kr.

문현정(2013). "취약계층 재가노인의 사례관리 성과와 영향요인에 관한 구조모형 구축". 서울대학교대학원 박사학위논문.

박민경(1996). "장애형제를 둔 정상형제자매 프로그램에 관한 연구". 숭실대학교 대학원 석사학위 논문.

박행자(2012). "아동의 모래놀이치료과정에서 나타나는 카오스, 죽음, 재탄생". 명지대학교 대학원 박사학위논문.

박찬섭(2009). "청소년의 자아개념 및 완벽주의와 섭식장애와의 관계". 원광대학교 대학원 박사학위 논문.

발달장애인 권리보장 및 지원에 관한 법률(2014. 5. 20 제정).

방성연(1998). "영아기 정서성 및 부모의 양육행동에 따른 3세아동의 행동실태". 대한가정학회지. 36(4), 19-33.

변찬석(1994). "자폐성아동의 정서인지 연구". 대구대학교 대학원 박사학위 논문.

보건복지부(2012). "2011년도 장애인실태조사보고서".

보건복지부(2014). "2014 장애인복지 사업안내".

서선호(2008). "장애인의 무장애 공간 확보방안에 관한 연구". 상명대학교대학원 박사학위논문.

서울복지재단(2005). "사회복지프로그램매뉴얼개발연구". 서울복지재단

서혜미(2012). "장애인복지관 사례관리 수행요소가 사례관리자 자기효능감에 미치는 영향에 대한 연구". 경기대학교 대학원 박사학위논문.

서화자(1999). "장애아 가족 원조론". 서울: 홍익제.

손정녀(2014). "장애인 직업재활 참여자의 직업유지에 영향을 미치는 요인에 관한 연구". 한일장신대학교 대학원 박사학위논문.

송연주(2014). "부모, 교사, 또래 변인이 ADHD 성향 아동의 또래관계에 미치는 영향에 관한 구조 분석". 부산대학교 대학원 박사학위논문.

신소영(3013). "추상표현 중심 미술치료 프로그램의 개발과 프로그램이 통합학급 장애학생의 내재화 증상에 미치는 효과". 전남대학교 대학원 박사학위논문.

신유리(2011). "여성장애인의 직업활동에서의 적응유연성 과정에 관한 연구". 부산대학교 대학원 박사학위 논문.

안지연(1999). "아동의 정서인식능력이 어머니 양육스트레스와 대처 방략에 미치는 영향". 영남대학교 대학원 박사학위 논문.

오단이(2013). "한국 사회적 기업의 형성 및 성장과정 연구". 성균관대학교 대학원 박사학위논문.

위계출(2012). "장애인차별금지법의 실효성 확보방안에 관한 연구". 서울시립대학교 대학원 박사학위논문.

윤순이(2010). "지체장애인의 자립생활에 영향을 미치는 요인". 백석대학교 대학원 박사학위 논문.

윤재영(2010). "장애인 자립생활의 의미와 측정". 성균관대학교 대학원 박사학위 논문.

이근매(2004). "자폐성 아동의 미술치료. " 한국정서행동장애아교육학회, 행동치료사 자격연수자료집. 101-106.

이명호(2013). "사회서비스에서 바우처 공급방식 활용의 적실성에 관한 질적 연구". 동신대학교 대학원 박사학위논문.

이미선(2010). "행동주의 이론을 통한 집단따돌림 극복 사례연구". 대불대학교 대학원 석사학위 논문.

이민호, 최기창, 이원령, 김미경, 최신애(2004). "장애아동가족의 일상생활에서 나타나는 정서문제", 특수교육재활과학연구, 43(1).

이선자(2013). "구성주의 학습 이론이 도입된 원예치료 프로그램의 적용 및 모델제시". 단국대학교대학원 박사학위논문.

이순희(2014). "중·고령 장애인의 경제적 노후준비가 삶의 질에 미치는 영향" 한서대학교 대학원 박사학위논문.

이영미(2005). "장애인의 자기결정력증진 프로그램 개발 및 효과성 연구". 연세대학교 대학원 박사학위논문.

이영호(2000). "장애아동 부모 어떻게 도울 것인가?". 서울: 학문사.

이종복(1995). "부모의 생활사건과 관련된 스트레스가 아동 기대에 미치는 경향". 발달장애 연구. 1(1).

이종환(2012). "장애인자립생활센터 서비스 수준 평가지표 개발과 적용". 경기대학교 대학원 박사학위논문.

이채식, 이은영, 이형렬, 김재익, 전영록 (2013). "장애인복지론". 창지사.

이한우(2004). "발달장애아동 어머니의 생활시간 제약 영향요인분석. " 한국정서행동장애아교육학회. 12. 65-88.

이한우(2004). "자폐성 아동을 위한 기타 대체요법들. " 한국정서행동장애아교육학회, 행동치료사 자격연수자료집. 271-290.

이효신(1997). "자폐유아 출현에 따른 가족문제 연구". 대구대학교 대학원 박사학위 논문.

이효신(2000). "ADHD 아동의 특성과 중재에 관한 고찰". 정서·학습장애아 교육학회 16(1), 167.

임종호, 이영미, 이은미(2013). "장애인복지론". 학지사.

장애인 등에 대한 특수교육법(2013. 12. 30. 개정).

장애인복지법 시행령(2014. 6. 30. 개정).

장애인복지법(2013. 10. 31. 개정).

장애인복지법시행규칙(2013. 10. 31.).

장애인연금법(2014. 7. 1.).

장애인차별금지 및 권리구제 등에 관한 법률(2013. 8. 13 개정).

전은수(2013). "감각장애인의 금융관련 문제 대처 과정에 관한 질적연구". 경기대학교대학원 박사학위논문.

전인해(1999). "주의력결핍 과잉행동장애 아동과 정상아동의 형제관계 비교연구". 가톨릭대학교 대학원 석사학위 논문.

정무성, 양희택, 노승현(2013). "장애인복지론". 정민사.

정재우(2013). "장애인차별과 완화정책에 관한 연구". 한영신학대학교 대학원 박사학위 논문.

정진경(2004). "공공부조수급자의 복지의존 특성 및 영향 요인에 관한 실증 연구". 이화여자대학교 대학원 박사학위 논문.

정창곤(1991). "장애아에 대한 부모의 심리적 태도변화과정". 지체부자유아 교육. 18, 18-32.

주현숙(1996). "뇌성마비 부모 의식에 관한 연구". 대구대학교 대학원 석사학위 논문.

최기창, 유경훈(2010). 특수교육학개론, 태영출판사.

최기창(2010). 이상아동발달론, 청목출판사.

최기창(2010). 정신건강론, 청목출판사.

최경화(2011). "중증장애아 어머니의 삶과 정체성". 경북대학교대학원 박사학위논문.

최서연(2013). "장애인 소득보장정책 분석 및 개선방안 연구". 성결대학교 대학원 박사학위 논문.

특수교육진흥법(1977. 12. 31).

한상일(2012). "시각장애인의 사회적 통합에 관한 연구". 상명대학교 대학원 박사학위 논문.

홍기원(2009). "장애인 생활시설의 탈시설화에 관한 연구". 호남대학교대학원 박사학위논문.

홍푸르메(2013). "실존주의 심리학 관점에서 본 미술치료". 계명대학교 대학원 박사학위 논문.

홍화진(2012). "장애아동의 형제자매의 심리적 안녕감 증진을 위한 음악치료 프로그램 개발". 창원대학교 대학원 박사학위논문.

황미애(2013). "특수교육기관의 전환교육프로그램 실행수준과 연계성에 관한 연구". 대구대학교 대학원 박사학위논문.

Alper, Schloss, & Schloss(1994). Families of Student with Disabilities. pp 119-120.

Bailey, A., Phillips, W., & Rutter, M.(1996). Autism: Towards an Integration of Clinical Genetic Neuropsychological and Neurobiological Perpectives. Journal of Child Psychology and Psychiatry, 37.

Barkly, R. A.(1990). "Attention Deficit Hyperactivity Disoder": A Handbook for Diagnosis and Treatment. New York, Guilford.

Baron-Cohen, S., Leslie, A. M., & Frith, U.(1985). Does The Autistic Child Have a Theory of Mind?. Cognition, 21, pp 37-46.

Belsky, J.(1984). The Determinants of Parenting: A Process Model. Child Development, 55, pp 83-96.

Bowe, F.(1995). Birth to Five: Early Childhood Special Education. New Youk: Delmar Publishers Inc.

Bregman, J. and Gerdtz, J.(1997). Behavioural Interventions. In D. Cohen and F. Volkmar(EDS), Handbook of Autism and Pervasive Developmental Disorders(Second Edition, pp 606-631. New York: Wiley.

British Psychological Society(1994). Purchasing Clinical Psychology Services: Services for People with Learning Disabilities and Their Carers. Briefing Paper Number 11. Leicester: British Psychological Society.

Chace, M.(1958). Dance in Growth or Treatment Settings. Music Therapy, I, pp 119-121.

DSM-IV(Diagnostic and Statistical Manual of Mental Disorders, 4th Edition).

Frick, P. J.(1993). "Childhood Conduct Problems in A Family Context" School Psychology Review, 22, 1993, pp 376-385.

Gerhart, U. C.(1990). Caringforthechronicmentallyill. Tasca, Il : Peacock.

Hermelin, B. and O'connor, N.(1970). Psychological Experiments with Autistic Children. London: Pergamon.

Hobson, R.(1993), Autism and the Development of Mind. Hillsdale, Nj:

Lawrence Erlbaum. Hodges, J. and Tizard, B.(1989). IQ and Behavioural Adjustment of Ex-Institutional Adolescents. Journal of Child Psychology and Psychiatry, 30, pp 53-75

Koegel, R., Schreibman, L., O'Neill, R. and Burke, J.(1983). The Personality and Family Interaction Characteristics of Parents of Autistic Children. Journal of Consulting and Clinical Psychology, 51, pp 683-692.

Marcus, L. M.(1977). Patterns of Coping in Families of Psychotic Children. American Journal of or Thopsychiatry, 47(3), pp 388-399.

Ross, A. O.(1964). The Exceptional Child in The Family: Helping Parents of Exceptional Children. New York: Grune & Stratton.

Scott, S.(1994). Mental Retardation. In M. Rutter, E. Taylor and K. Hersov(Eds), Child and Adolescent Psychiatry: Modern Approaches(Third Edition, pp 616-646). Oxford: Blackwell.

Sigman, M.(1995). Behavioural Research in Childhood Autism. in M. Lenzenweger and J. Haugaard(eds), Frontiers of Developmental Psyhopathology(pp 190-206). New York: Springer.

Taylor, S.(1980). The Effect of Chronic Childhood. Illness upon well Siblings. Maternal-Child Nursing Journal, 9, pp 109-116.

Tsai, L.(1987). Pre-, Peri-, and Neonatal Complications in Autism. in E. Schopler and G. Mesibov(eds), Neurobiological Issues in Autism (pp 179-189). New York: Plenum.

Turnbull, A. P., Summers, J. A., & Brotherson, M. J.(1986). Famiy Lief Cycle: Theoretical ABD Empirical Implication and Future Direction for Families With Mentally Retarded Members in J. Gallagher & P. Vietze(eds.), Families of Handicaped Person. Baltimore: Paul H. Brookes. pp 45-66.

Volkmar, F., Klin, A. and Cohen, D.(1997). Deagnosis and Classification of Autism and Related Conditions: Consensus and Issues. in D. Cohen and F. Volkmar(eds), Handbook of Autism and Pervasive Developmental Disorders(Second Edition, pp 5-40). New York: Wiley.

WHO(1997). ICIDH-2: International Classification of Impairments, Activities and Participation. A Manual of Dimensions of Disablement and Functioning. Beta-1 Draft for Field Trials. Geneva: Author.

WHO(2001). ICF: International Classification of Functioning, Disability and Health. Geneva: Author.

INDEX

| ㅊ |